축제의 정치사

윤선자 지음

한길사

이상의 도서관 10

축제의 정치사
지은이 · 윤선자
펴낸이 · 김언호
펴낸곳 · (주)도서출판 한길사

등록 · 1976년 12월 24일 제74호
주소 · 413-756 경기도 파주시 교하읍 문발리 520-11
      www.hangilsa.co.kr
      E-mail: hangilsa@hangilsa.co.kr
전화 · 031-955-2000~3   팩스 · 031-955-2005

상무이사 · 박관순 | 영업이사 · 곽명호
기획 및 편집 · 이현화 윤은혜 박근하 | 전산 · 한향림 | 저작권 · 문준심
마케팅 및 제작 · 이경호 | 관리 · 이중환 문주상 장비연 김선희

출력 · 지에스테크 | 인쇄 · 현문인쇄 | 제본 · 쌍용제책

제1판 제1쇄 2008년 5월 30일

값 17,000원
ISBN 978-89-356-5882-4 03900

• 잘못 만들어진 책은 구입하신 서점에서 바꿔드립니다.

이 도서의 국립중앙도서관 출판시도서목록(CIP)은
e-CIP 홈페이지(http://www.nl.go.kr/cip.php)에서 이용하실 수 있습니다.
(CIP제어번호: CIP2008001553)

1789년 6월 20일 제3신분 대표들이 베르사유 궁전 실내 테니스 코트에 모여
헌법 제정까지 국민의회를 해산하지 않을 것을 맹세하고 있다.
의장 바이이(중앙 단상 위), 로베스피에르 (우측, 양손을 가슴에 얹은 인물)가 보인다.
다비드, 「테니스 코트의 서약」

바스티유 점령 직후의 장면.
1789년 7월 14일 파리 민중들은 바스티유 감옥을 습격하여 함락시키고 감옥 사령관인 로네를 체포하여 처형하였다.

1789년 10월 6일 파리의 아녀자들과 시민들이 베르사유 궁으로 몰려가
왕과 왕비 그리고 식량을 끌고 왔다. 그들이 행진할 때 손에 들고 있던 미늘창에는
당시 살해된 사람들의 머리가 꽂혀 있었다.

1790년 7월 14일 바스티유 함락 1주년을 기념하는 연맹제를
거행하기 위해 수많은 파리 시민들이 자발적으로
행사장 건설 공사에 참여하여 일하고 있다.
E.-Ch. Le Guay, 「손수레의 날들」

1790년 7월 14일 연맹제에서 국민방위대 사령관인 라파예트가 왕에 대한 선서를 하고 있다. 이날 혁명을 상징하는 삼색 휘장이 국가의 공식적인 상징으로 채택되었다.

1790년 7월 18일 바스티유 폐허 위에서 열린 무도회.
바스티유 함락을 기념하는 공식적인 연맹제가 끝나자 파리 곳곳에서는
이같이 자유롭고 비공식적인 행사들이 다채롭게 펼쳐졌다.

혁명 기간에 숨진 '자유의 순교자들'이나 계몽 사상가들을 팡테옹에
안치하는 의식은 당시 하나의 중요한 정치문화로 자리잡았다.
볼테르 이외에도 미라보·마라·루소 같은 인물들의 유해도
팡테옹에 안치되었다.

De Marchy, 「볼테르 유해의 팡테옹 안치식」

1792년 4월 26일 루제 드 릴르가 스트라스부르의 시민들이 모인 자리에서
병사들의 사기 진작을 위해 만든 자작곡 「라인 주둔군을 위한 군가」를 발표하고 있다.
이 노래는 열광적인 반응을 얻었고 그해 7월, 마르세유 연맹군이
이 노래를 부르며 파리로 입성하면서 「라 마르세예즈」로 불리게 되었다.

1792년 8월 10일 파리 민중과 국민 방위대가 튈르리 궁을 습격, 스위스 용병과 격전을 벌였다. 이날의 승리로 군주제가 폐지되어 이 사건을 '제2의 혁명'이라고 부른다.

처형 직전의 루이 16세. 공회에서 행해진 재판에서
사형 선고를 받은 왕이 1793년 1월 21일
혁명 광장에 설치된 기요틴으로 올라가고 있다.

1793년 7월 13일 마라를 살해하는 코르데.
당시 마라는 지롱드파에게 날카로운 비판을 가하는 펜을 휘둘러 민중들의
영웅으로까지 부상한 인물이었다. 하지만 그의 예리한 펜도
기습적으로 다가온 한 어린 소녀의 검을 당할 수는 없었다.

1794년 6월 8일에 행해진 최고 존재의 축제는
국민적 통합을 성취하고 공화국을 확립하기 위해 마련된
새로운 종교를 제시하는 축제였다.
De Marchy, 「최고 존재의 축제」

축제를 이해하는 새로운 안목을 기대하며
• 머리말

　축제와 정치? 축제와 혁명이라니? 흔히 축제하면 유희적이고 민속적인 차원의 행사를 떠올리는 우리에게 이 책의 제목과 주제가 엉뚱하게 느껴질 수도 있을 것 같다. 하지만 축제와 정치라는 전혀 어울릴 것 같지 않은 이 두 단어들이 사실은 서로가 서로의 존재 이유를 설명해주는 '찰떡궁합'이라는 점을 아는가? 이 책은 프랑스 대혁명기의 축제들이 갖는 정치적 측면을 다룬다. 필자가 굳이 대혁명 시기를 택한 이유는, 역사상 그 시기만큼 축제가 순수하게 정치에 봉사한 경우를 찾아보기 힘들기 때문이다. 이 책을 읽어가며 독자들이 이런 축제와 정치의 긴밀한 연관성을 자연스럽게 인정하게 될 것이라 믿는다.

　책에 들어가기 전에 독자의 오해를 막기 위해 한 가지 지적해두고 싶은 것이 있다. 여기서 다루는 축제는 카니발이나 부활절, 수호성인축일과 같은 전통적 의미의 축제는 아니다. 그것들도 부분적으로 언급되겠지만 그보다는 공화력의 채택으로 등장한 일련의 혁명 기념제, 다시 말해 그 일종의 국경일 개념의 축제들이다. 축제 전문가들로부터 '정치적 축제'라고 질타와 비판을 받았던 것들이다. 그럼에도 불구하고 이 축제들은 대혁명기 정치문화의 실상을 파악하고 혁명적 이념이 확산되는 과정을 밝힐 수 있는 열쇠이다. 더 나아가 기념과 기억을 통해 하나의 집단 정체성이 형성되는 비밀을 드러내주는 무대이기도 하다.

축제의 정치적 측면을 다루는 만큼 이 책은 역사를 공부하는 전공자만이 아니라 정치문화를 다루는 여러 인문사회계열의 연구자들에게 많은 도움이 되리라 믿는다. 뿐만 아니라 역사의 중요한 전환점을 형성했던 프랑스 대혁명을 좀더 새로운 각도에서 바라보고 싶어 하는 일반 독자들 역시 이 책을 통해 대혁명의 또 다른 모습을 접할 수 있을 것이다. 낡은 제도와 관습이 파괴되고 전연 새로운 제도가 확립되는 전대미문의 격변기를 거치면서 당시 사람들이 혁명의 이념을 지키고 확산시키기 위해 얼마나 '기발한' 시도들을 했는지 확인할 수 있을 것이다.

이 책에는 1789년 혁명의 발발한 때부터 1799년 혁명이 끝날 때까지의 축제들이 시기적으로 배열되어 있다. 그런데 그 모든 축제들이 동일한 차원에서 동일한 틀로 정리된 것은 아니다. 예를 들면 어떤 축제들은 비교적 개괄적으로 소개된 반면 어떤 축제들은 지나치게 자세하고 세부적으로 파헤쳐져 있다. 이러한 '불균형'은 해당 축제의 중요성 때문이라기보다는 필자의 연구 내력 때문이라는 점을 밝혀둔다.

필자는 박사논문을 쓰기 위해 연구 주제를 모색하던 중 '대혁명기의 축제'라는 다소 낯설지만 무한한 비밀이 숨겨져 있을 것 같은 테마를 접하게 되었다. 단순히 호기심으로 시작된 연구였지만 연구를 해가면서 대혁명기의 축제가 그 시대를 이해하는데 얼마나 중요하고 그것이 당시의 시대적 대의에 얼마나 많은 기여를 하였는지를 알게 되었다. 그런데 연구 테마의 흥미로움과 그 중요성에도 불구하고 완성된 박사논문은 적이 실망스러웠다. 자료의 한계와 필자의 불성실함으로 인해 엉성하기 짝이 없는 논문이었다. 아마 대혁명 시기의 축제에 관한 본격적인 연구는 그때부터 시작되었던 것 같다.

그 뒤 몇 년 간에 걸쳐 박사학위 논문에서 미진했던 부분들, 예를 들면 샤토비유 축제나 8월 10일의 축제, 최고 존재의 축제를 더욱 보완하여 연구논문으로 발표하였다. 이 책은 박사학위 논문과 이렇게 차후 발표된 논문들을 종합한 책이다. 이 중에서 연구논문으로 발표된 축제의 내용들은 다른 축제들에 비해 좀더 구체적이고 세부적으로 분석된 측면이 있다. 책의 출판이 결정된 뒤 필자는 그 두 연구 성과들을 유기적으로 연계하고 전체적으로 통일성을 부여하기 위해 노력하였다. 이런 최종적인 과정을 통해 대혁명기의 축제들이 혁명을 지휘했던 혁명 엘리트들과 거기에 동참했던 민중들에게 어떤 정치적 의미를 갖는지 알게 되었다. 하지만 그것은 이 책을 집필한 필자의 개인적 결론에 불과하다. 또 다른 각도에서 이 책을 접할 독자에겐 또 다른 결론들이 기다리고 있을 것이다. 결국 하나의 역사적 사건을 어떻게 이해하고 해석하는가는 각자의 몫이자 권리이다.

이 책은 그 자체로 완결된 것이지만 필자의 또 다른 책 『축제의 문화사』와의 연속성, 연계성 속에서 집필되었다. 만약 대혁명기의 축제를 전체적인 축제사의 흐름 속에서 이해하고 싶은 독자가 있다면 『축제의 문화사』를 권하는 바이다. 이 두 책을 통해 축제라고 하는 문화적 형태가 전체 역사 속에서 어떠한 궤적을 그리면서 변화해왔는지 알게 될 것이다.

2008년 5월
윤선자

축제의 정치사

축제를 이해하는 새로운 안목을 기대하며 | 머리말 17

제1부 축제가 된 '혁명적 날들'

1. 대혁명 초기의 환희와 폭력 27
2. 오월주 41

제2부 연맹제와 국민 만들기

1. 대공포와 연맹적 축제 49
2. 손수레의 날들과 조국 대순례 55
3. 파리 연맹제와 지방의 연맹제들 73
4. 국민 탄생의 신화 83

제3부 공화주의를 향한 열망, 샤토비유 축제

1. 낭시 사건과 샤토비유 군인의 해방 91
2. 아! 사 이라 99
3. 자유의 축제인가, 공화주의의 축제인가 109

제4부 혁명의 서사, 8월 10일의 축제

1. 군주제의 몰락과 공화국 헌법을 기념하다 123
2. 다섯 개의 역사적 시간과 공간 129
3. 망각을 위한 기념식 139
4. 1793년 여름, 자코뱅파와 민중세력의 분열 153

제5부 공화력과 새로운 축제가 등장하다

1. 새로운 국민적 축제 만들기 161
2. 공화력과 새로운 축제 체제 167

제6부 부활하는 민중들의 카니발 관행

1. 이성의 축제 175
2. 인민의 벗을 위한 장례식 187
3. 왕의 죽음을 암시하는 반축제 197
4. 민중축제 속의 카니발 관행 203
5. 연극적 폭력과 현실적 폭력 219

제7부 최고 존재의 축제와 공화국 이념

1. 로베스피에르의 「플로레알 18일의 보고서」 225
2. 다비드의 「세부계획서」 233
3. 혁명의 종식과 국민 대통합을 향하여 247

제8부 축제를 통한 혁명 끝내기

1. 구체제와 폭력적 혁명의 기억 지우기 255
2. 축제의 교육성을 높이다 263
3. 자유의 나무와 나이별 축제 279
4. 국민적 통합에서 제국주의로 293

혁명기의 축제, 더 깊이 알아보기 | 보론 303
주 317
프랑스 대혁명 연표 347
찾아보기 357

제1부 축제가 된 '혁명적 날들'

1 대혁명 초기의 환희와 폭력

프로이트는 '금기의 파괴', 즉 일상적 억압을 벗어나는 '파괴적' 행위가 축제라고 하였다. 그 점에서 봉건적 억압을 타파하고 해방을 가져온 '혁명적 날'이야말로 진정한 의미의 축제일 것이다. 그것은 즉흥적이고 자율적이었기에 그만큼 더 순수하고 본질적인 축제였다.

혁명적 날들이 시작되다

혁명이 진행되는 동안 혁명의 이정표가 되었던 여러 '혁명적 날들'이 존재했다. 이 혁명적 날들은 대혁명이라는 거대한 역사의 수레바퀴를 돌리는 힘이었다. 원래 프랑스 역사에서 '날들'(journées)이라는 용어는 역사적으로 중요한 '그들 자신의 날들' 혹은 '바리케이드의 날들'을 의미한다. 민중 스스로 소요를 일으키고 바리케이드를 치고 저항한 날들이다. 하지만 프랑스 대혁명 기간 동안 거리에서는 바리케이드를 찾아볼 수 없었다. 1789년에서 93년까지 파리는 '해방의 거리'였고 따라서 민중들이 바리케이드를 칠 필요가 없었다. 대혁명 시기의 '혁명적 날들'은 그 자체가 하나의 연극이고 축제였다. 민중들은 그 무대의 주인공으로서, 곧 역사의 주인공이었다.[1] 일반적인 연극이나 축제와 다른 점이 있다면 그 무대에서의 죽음이 가짜가 아니고 진짜였다는 점이다. 프랑스 역사가 미슐레(J. Michelet)가 혁명을 '역사를 위한 민중들의 희생제의'에 비유한 이유는 그 때문이다.

최초의 '혁명적 날'은 1789년 7월 14일이었다. 제3신분 대표들이 국민의회를 선포하고 새로운 헌법을 요구하자, 루이 16세는 외국군을 불러들여 그들을 위협하였다. 이에 파리 민중들은 '국민의 대표'를 지켜야 한다며 무장을 결의하였다. 7월 14일 아침 파리 민중들이 바스티유 감옥으로 역사적 행진을 시작한 이유는 무기가 그곳에 보관되어 있다는 소문 때문이었다. 민중들이 몰려온다는 보고를 듣고 감옥 사령관 드 로네(de Launay)는 도망쳤지만 곧 시청에서 붙잡혀 그레브 광장에서 학살되었다. 구체제의 상징인 바스티유는 민중들에게 함락되었다. 그날 저녁 성당 참사회원이자 상인인 플레셀레(Flesselles)도 붙잡혀 살해되었다. 같은 날 밤 바스티유 함락을 축하하는 축제가 그 앞에서 거행되었다. 드 로네와 플레셀레의 머리는 축제를 위한 제물이 되었다. 사람들은 두 사람의 머리를 미늘창에 꽂아 팔레 루아얄 광장에서 바스티유 감옥까지 행진한 후 그곳에서 밤늦도록 춤을 추며 승리를 만끽하였다.[2]

두 번째 '혁명적 날'은 그로부터 약 두 달이 더 지난 1789년 10월 5일이었다. 그날은 생 탕트완느(Saint-Antoine) 교외와 레알(Les Halles) 구역에서 온 6~7천 명의 여인들이 시청에서 베르사유 궁전까지 행진한 날이다. 직접적인 이유는 이틀 전 열린 베르사유 궁전의 연회에서 스위스 병 친위대들이 혁명의 상징인 삼색 휘장을 모욕했기 때문인데, 사실 그밖에도 루이 16세가 인권선언을 승인하지 않는 것에

로네의 체포 장면.

베르사유를 향해 행진하는 여성들.

대한 정치적인 불만과 집안에 빵이 없다는 평범한 아낙네의 불만 등이 복합적으로 작용하였다. 그들은 비가 추적추적 내리는 날 여섯 시간을 걸어 베르사유 궁전까지 행진한 후 '빵집 주인(왕)과 그 마누라(왕비)'와 밀가루 수레를 끌고 파리로 돌아왔다.

그날의 행진은 그 자체로 즐거운 축제였다. 국민방위대와 그들의 대포를 선두로 왕의 가족과 밀가루 수레들이 뒤따랐다. 전리품인 밀가루 수레는 미늘창을 든 여인들에 의해, 왕 가족이 탄 수레는 미국 독립전쟁 영웅 라파예트(Lafayette) 장군에 의해 호위되었다. 그 뒤에는 수많은 여인들과 군중들이 따라가며 '우리는 빵집 주인과 그 마누라와 자식들을 데리고 간다'고 외쳤다. 마치 카니발 행렬을 연상시키는 듯한 이 괴상한 행렬은 평범한 축제에서 볼 수 있는 것이 아니었다. 여인들의 미늘창 끝에 살해된 사람들의 머리가 꽂혀 있었기 때문이다. 그러나 그런 환희와 현실적 폭력의 공존이야말로 혁명 초 축제들의 특징이다. 미슐레는 그 행렬에 여인과 어린이들이 많이 참여한 점에 주목하여 이날이야말로 혁명 중에 벌어진 진정한 축제였다고 강조하였다.[3]

혁명 속 왕의 운명

파리의 튈르리 궁에 '감금'된 루이 16세는 1791년 4월 생 클루(Saint-Cloud)로 도주를 시도했지만 실패하고 다시 6월 20일 좀더 치밀한 계획을 세워 도주를 시도하였다. 왕과 그 가족들은 하인복으로 변장하고 궁을 빠져나가 중간 도착지인 바렌느까지 무사히 도주하였다. 국왕의 도주 소식에 분노에 찬 파리 민중들은 몰려다니며 왕의 흉상을 부수고 왕의 상징인 백합 휘장을 파손하였다. 그런 상황에서 루이 16세가 도주에 실패하고 다시 파리로 귀향한 6월 25일은 파리 민중들에게 또 다른 승리, 또 다른 축제날이었다. 수많은 군중들이 왕의 모습을 보기 위해 모여들었다. 그들은 분노와 원망의 시선으로 왕을 응시하였다. 선거구 위원회 위원이었던 페티옹(Pétion)은 당시 분위기를 이렇게 묘사하였다.

> 거대한 민중의 무리가 모여들었다. 마치 파리와 그 교외의 모든 사람들이 다 온 것 같았다. 거리의 지붕 위에도, 울타리와 나무 사이에도 남녀노소들이 빽빽이 들어섰다. 그들 중 어느 누구도 모자를 벗지 않았고, 단지 장엄한 침묵만이 흐르고 있었다.[4]

바로 이 부분이 6월 25일을 축제라고 부를 수 있을지 주저되는 대목이다. '혁명적 날들'이 진정한 의미의 축제라고 주장한 미슐레조차 '6월 25일은 기쁨과 환희보다는 분노와 절망의 날이었기에 축제라고 할 수 없다'고 주장하였다. 그러나 온건한 지롱드파였던 메르시에(Mercier)는 그날을 '왕을 민중의 희생양으로 만드는 일련의 반(反)축제'의 하나로 보았다.

루이 16세의 도주는 국민에 대한 배신 행위였다. 그 사건 이후 프랑스 내에 공화주의운동이 고조되기 시작하였다. 그럼에도 불구하고 당시 입헌군주파들이 장악하고 있던 의회가 '왕은 사실 도주한 것이 아니고 유괴된 것이다'라는 구차한 변명을 하며 왕을 변호했다. 그러자 공화주의자들이 포진하고 있었던 코르들리에(Cordelier) 클럽과 우애협회를 중심으로 왕의 폐위 운동이 벌어졌다. 그 운동은 결국 7월 17일 샹 드 마르스의 대규모 시위로 이어졌다. 거기 모인 민중들은 왕의 폐위를 요구하는 청원서를 '조국의 제단'에 바치는 의식을 거행하며 축제를 벌였다. 그러나 그날의 축제는 라파예트의 총격에 의해 비극으로 끝나고 말았다.[5]

라파예트의 공격으로 입헌군주파들이 권력을 장악하였고 공화주의자들은 잠적하였다. 그때부터 다음 해 봄까지 수개월 동안 혁명은 잠시 보수적으로 선회하였다. 혁명의 방향을 다시 급진적으로 좌경화시킨 계기는 전쟁이었다. 프랑스는 1792년 4월 대유럽과 교전에 들어갔으나, 잇단 패전과 경제적 위기로 민심이 크게 동요하기 시작했다. 전쟁과 경제적 위기는 민중을 혁명에 다시 끌어들였고, 혁명이 입헌군주제를 넘어 공화제로 나아가도록 이끈 요인이 되었다. 1792년 5월 20일부터 생 마르코(Saint Marceau) 지역의 민중들은 혁명가요 「사 이라」(Ça ira)를[6] 부르면서 집회를 여는 등 소요를 일으키기 시작하였다.

　민중의 동요에 가장 불안해한 사람은 누구보다 '튈르리 궁의 주인'이었을 것이다. 사실 불만을 품은 민중들의 표적은 왕과 그의 부인인 '오스트리아의 여인'이었기 때문이다. 민중들은 전쟁의 원인도 패전의 원인도 모두 그들에게 있다고 보았다. 급기야 1792년 6월 20일 생 탕느완느 교외의 양조업자 상테르(Santerre)와 상퀼로트들(Sans Culottes)이 테니스코트 서약 2주년을 기념하는 의례를 마친 후 의회(Salle de Manège)로 몰려갔다. 상퀼로트란 주로 소상인과 소장인으로 구성된 사회계층으로, 대혁명 시기 민중운동을 선동하고 주도한 급진적 투사들을 말하는데 당시 수많은 상퀼로드들이 붉은 혁명모자를 쓰고 미늘창을 휘두르며 의회장을 에워쌌다. 그들 중 일부는 의회에서 튈르리 궁으로 통하는 대문을 부수고 궁 안으로 들어갔다. 상퀼로트의 공격을 받은 루이 16세는 어쩔 수 없이 그들이 요구하는 붉은 혁명모자를 쓴 채 어색한 미소를 지으며 조국을 위해 건배했다. 그러자 혁명모자를 쓴 왕의 모습에 감동한 상퀼로트들은 '왕 만세'를 외치며 궁에서 철수하였다. 그날의 축제는 그렇게 '미완'으로 끝났다.

　다음 달 7월 14일 제3회 연맹제가 개최되었다. 그러나 그 해의 분위기는 전과는 매우 달랐다. 더 이상 누구도 2년 전처럼 왕을 사랑하지 않았다. 연맹제에 참석하기 위해 지방의 급진적인 국민방위대가 속속 파리로 입성했다. 파리에서 멀리 떨어진 마르세유의 국민방위대는 7월 30일 뒤늦게 「라 마르세예즈」를[7] 부르면서 파리에 입성하였다. 그 노래는 당시 파리에 있던 지방 국민방위대들에 의해 전국으로 확대되었고, 나폴레옹 전쟁 하에서 전 유럽에 메아리쳤으며 주지하다시피 오늘날은 프랑스를 상징하는 국가(國歌)가 되었다.

The war song of the army of the Rhine becomes the "March of Marseilles".

「라 마르세예즈」는 원래 스트라스부르의 루제 드 릴르가 작사, 작곡한 「라인 주둔군을 위한 군가」에서 비롯되었다. 1792년 마르세유의 국민방위군이 파리에 입성할 때 부르면서 전국적으로 유명해졌다.

8월 10일 파리 민중들은 지방의 국민방위대와 협력하여 튈르리 궁을 다시 침입하였다. 그날의 사건은 좀더 용의주도하게 진행되었다. 새벽 파리 시내에 경보음이 울리면서 '역사적 날'이 시작되었음을 알렸고, 그 소리에 각 구(Section)의 대표위원들은 시청으로 몰려가 '봉기위원회'를 결성하였다. 그런 후 국민방위대 사령관 망다(Mandat)를 살해하고 그 자리에 상퀼로트 출신인 상테르를 앉힌 뒤 이어 곧장 튈르리 궁으로 몰려가 600여 명의 왕실친위대를 사살하였다. 왕이 의회로 피신하자 생 탕느완느 교외의 소상인과 장인·노동자 들이 미늘창을 들고 의회 주변에 집결하여 시위로 위협하였다. 그러자 결국 의회는 왕권의 정지와 왕의 투옥, 임시행정위원회의 설립을 선포했다. 민중들은 의회의 선포에 환호하며 열광했다. 민중들에게 그날은 6월 20일의 '어색한 화해'를 무효화한 완벽한 승리, 완벽한 축제의 날이었다.

계속되는 혁명

1792년 9월 공화제 선포 이후 민중들의 소요는 잠시 가라앉았다. 그러나 1793년이 되면서 군사적 패배와 식량 위기·방데 반란 등 '혁명의 위기'로 인해 민중들은 다시 동요하였다. 특히 의회 내 온건세력인 지롱드파에 대한 민중들의 불만이 증대했다. 이 시기쯤 정치적 불만을 해결하기 위한 민중의 대응방식은 어느 정도 정형화되어 있었다. 사전모의와 시위·습격·축제 등이 그것이었다. 지롱드파가 마음에 들지 않은 민중들은 그들의 근거지인 국민공회를 습격하는 것 외에 다른 대응책을 알지 못했다.

사전모의를 주도한 것은 시테(Cité) 구였고 여기에 파리 시내 48개의 구 중 33개의 구가 참여하였다. 뒤푸르니(Dufourny)를 회장으로 한 봉기위원회가 결성되었고 국민방위대의 지휘는 점원인 앙리오(Hanrriot)에게 맡겨졌다. 5월 31일 여느 때와 마찬가지로 경보음이 울리고 공포(空砲)가 터지자 각 구의 청원자들이 몰려나와 국민공회 앞에 집결하였다. 저녁 다섯 시경 간신히 공회에 들어간 청원자들은 20여 명의 지롱드파 의원의 숙청을 요구하는 청원서를 낭독하였다. 그러나 그들의 청원은 즉각 수락되지 않았다. 이에 민중들은 6월 2일까지 무장을 해제하지 않고 공회 앞에 배수진을 치고 저항하였다.

6월 2일은 마침 일요일이어서 많은 장인과 노동자 들이 휴업하고 공회 앞 집회에 동참하였다. 일설에 의하면 100여 대의 대포와 8만여 명의 민중들이 공회를 에워싸고 공포분위기를 조성하였다고 한다. '지원 부대'에 힘을 얻은 앙리오는 재차 공회에 들어가 지롱드파 의원을 넘겨줄 것을 요구하였다. 결국 국민공회 의원이었던 쿠통(Couton)은 29명의 지롱드파 의원과 두 명의 장관을 체포하는 것에 동의하였다. 공회 주변에 인산인해를 이룬 민중들은 그 승전보를 전해듣고 환호성을 지르며 축제를 벌였다. 하지만 축제에 도취된 민중들 중 그 사건의 결과를 미리 내다본 사람은 거의 없을 것이다. 그 사건으로 국민공회는 직접적인 타격을 받아 효과적으로 권력을 행사하지 못하게 되었다. 직접민주주의에 대한 민중적 열망은 의회주의를 공격하였으나, 그것은 결국 혁명 자체를 공격한 꼴이 되고 말았다. 그때부터 혁명은 걷잡을 수 없는 혼란의 소용돌이 속으로 빠져들었고, 그 결과이자 해결방안으로 나온 것이 공포정치이다.[8]

1793년 6월 이후 민중운동은 더욱 급진적이 되었다. 앙라제파(Enragés)의 자크 루(Jacques Roux)와 바를레(Varlet)는 생필품 값의 폭등을 막기 위한 최고가격제 도입과 반혁명적인 혐의자 처벌을 주장하며 민중을 선동하였다. 9월에 접어들면서 흉년으로 인한 식량 위기가 고조된 데다가 프랑스 남동부의 툴롱이 영국군에게 함락되었다는 소식까지 전해지자 민중들이 여기저기서 움직이기 시작하였다. 9월 4일, 선박과 군수품 제조 노동자들이 빵을 요구하며 그레브 광장에서 시위를 벌였다. 그때 급진적 혁명 지도자였던 쇼메트(Chaumette)는 '빈자와 부자의 전쟁이 시작되었다'라고 주장하였고, 상퀼로트들을 이끌던 에베르(Hébert)는 '내일 모두 공회로'라고 외치며 민중 시위를 선동했다. 9월 5일에는 각 구의 민중들이 모두 집결해 '폭군에게 전쟁을!' '귀족에게 전쟁을!' '매점매석자에게 전쟁을!'이라고 외치며 공회를 향해 행렬을 벌였다. 당시 민중 대표였던 파슈(Pache)는 공회에 진입하여 매점매석자와 유산가들을 공격했으며, 쇼메트는 곡물 운송을 담당하는 혁명군의 창설을, 국민공회 내의 급진적 인물이었던 비요 바렌(Billaud Varenne)은 혐의자 체포를 요구하였다.

급진적 민중운동의 쇠퇴

1789년 이래 '혁명적 날들'을 주도했던 민중들의 권력은 1793년 가을부터 다음 해 초봄까지 절정에 달하였다. 민중들의 부상과 그들의 급진적 요구는 당시 정부를 장악하고 있던 혁명 부르주아(로베스피에르와 당통)와의 분열을 가져왔다. 급진적 민중들도 혁명 부르주아들도 서로를 더 이상 혁명적 동지라고 생각하지 않았다. 하지만 그 싸움은 급진적 민중에게 불리하였다. 1793년 6월 2일의 사건 이후 약화된 공회를 대신해 공안위원회가 새로운 권력의 중심으로 부상하였고, 공안위원회의 실세였던 로베스피에르에 의해 급진파는 점점 제거되었다. 로베스피에르는 민중들에게 '당근과 채찍'을 동시에 사용하였지만 '당근의 달콤함'보다는 '채찍의 가혹함'을 더욱 신뢰했던 것 같다.

1794년 봄이 되면서 급진적 민중세력은 서서히 쇠퇴하였다. 1794년 2월에서 3월까지 코르들리에 클럽은 식량 위기와 인플레를 기회로 봉기를 모의했지만 성공하지 못했다. 당시 코르들리에 클럽의 핵심 회원이던 카리에(Carrier)는 더 이상 인권선언을 지지하지 않는다는 표시로 클럽 내의 인권선언을 휘장으로 가린 후 '성스러운 봉기'를 선동했다. 그러나 그의 주장은 쇼메트와 파리 코뮌(시 자치체)의 지지를 얻지 못하였을 뿐만 아니라 오히려 3월 13일과 14일 클럽의 지도자들이 대거 체포되어 처형되는 결과를 낳았다. 그때부터 파리 코뮌은 민중들의 자율적인 제도라기보다는 로베스피에르의 하부조직처럼 되었다.[9] 민중들의 세력이 약화되면서 축제로 이어지는 '혁명적 날들'도 사라졌다.

파리의 '혁명적 날들'은 지방에도 파급되었다. 이른바 전국을 폭력과 환희로 휩쓴 '대공포'(Grand Peur)였다. 그것은 폭력과 공포가 난무했지만 승리의 환희가 지배한 축제이기도 했다. 농민들은 영주의 성을 불태우고 마을로 귀향하는 '투사'들을 위한 환영식을 벌였다. 그들은 화톳불 주위에서 춤을 추며 연회를 벌였다. 그리고 성과 대저택과 국립집기저장소(Mobilier National), 베르사유 궁전을 약탈한 이후에는 '경매잔치'를 벌여 약탈품을 나누어 가졌다.

1790년 마르세유 시민들은 '그들의 바스티유'(생 니콜라 요새)를 공격해 그곳을 지키고 있던 관리들을 죽이고 그들의 내장을 창끝에 걸고 둥근 원을 그리며 추는 파랑돌(farandole) 춤을 추며 도시를 돌아다녔다.[10] 그리고 1791년 아비뇽에서 지방애국주의자들[11]은 반혁명파에 의해 빼앗겼던 마을을 다시 점령한 후 '박쿠스적인 마차'를 앞세우고 카니발적인 행렬을 벌였다.[12]

지방의 '혁명적 날들'은 파리에 비해 훨씬 더 폭력적이고 즉흥적이었다. 보벨(M. Vovelle)은 혁명 초기 지방의 '혁명적 날들'의 특징을 다음의 세 가지로 설명하였다. 첫째, 그것은 천한 측면, 즉 공포와 취기, 사디즘적인 충동이 포함되어 있었다. 예를 들면 관리들을 죽인 후 그들의 창자를 창에 꽂아 다닌 것이나 반혁명적인 귀족들의 사지를 절단하여 그것을 들고 행진한 점 등이 그러하다. 둘째, 그것은 바흐친이 정의한 '여러 장르가 혼합된 라블레적인 세계'로서 조롱과 유머·환희가 뒤섞여 있다. 마지막으로, 혁명적 날들에 발생한 폭력에는 '민중적 정의' 개념이 작용하고 있다.[13] 민중적 정의란 전통적으로 내려온 농민들의 자율적인 심판 방식으로, 교회나 세속당국이 정의를 구현하지 못한다고 판단될 때 자신들이 대신해 정의를 구현하기 위해 폭력을 사용하는 것을 말한다. 이러한 특징들은 혁명적인 상황 속에서 현실과 축제의 경계를 넘나들며 더욱 폭력적으로 표현되었을 뿐 사실 전통적인 카니발 축제에서 흔하게 볼 수 있는 관행들이다. 따라서 대공포 아래에서 보이는 농민적 폭력과 환희의 뒤섞임을 지나치게 병리학적인 것으로만 판단할 수는 없다. 그것은 그 당시 농민들이 보여준 정치적 표현의 한 양상이다.

2 오월수

구체제 하에서 오월수는 축제가 시작되었다는 상징이었다. 대혁명 초기에도 마을 중앙에 오월수가 꽂히면 어느새 그 주위로 민중들이 몰려나와 춤을 추고 한바탕 축제가 벌어졌다.

'혁명적 날들'의 축제성을 상징하는 것 중 하나가 오월수(五月樹, mai)이다.[14] 이후 그것은 '자유의 나무'로 공식화 혹은 제도화되긴 하였지만, 혁명 초 오월수는 혁명적 폭력을 마무리하는 자율적이고 즉흥적인 축제의 상징이었다. 방화와 약탈·살인, 귀족들의 반혁명적 음모가 난무하는 '대공포' 하에서 농민들이 서로의 안전을 확보하고 우애적 동맹을 맺기 위해 이웃 마을로 '무장 여행'을 떠나는 것이 관례화되었다. 두 마을의 무장한 농민들은 동맹을 맺는 자리에서 '반(反)봉건적 의식과 오월수 심기'를 하였다. 그 의례의 순서는 처음에는 지방과 마을마다 천차만별이었지만 점점 정형화되었다. 대개 대저택 위에 꽂힌 귀족의 상징인 바람개비를 떼어내고 성직자에 대한 불만의 표시로 교회의 의자를 꺼내와 태우는 반봉건적 의식이 끝나면, 그 해방과 승리를 축하하기 위해 광장이나 사거리에 오월수를 심는 순이다. 그 과정은 매우 소란스럽고 어수선하게 진행되었다. 일 드 프랑스 지방 생 프 멤(Sainte-Mesme) 마을의 한 대장장이의 진술을 들어보자.

"마을은 뒤죽박죽이 되었고, 사람들은 의자를 묘지 광장에 들고 나왔다. 어떤 사람들은 나무망치로 의자를 부수었고, 다른 사람은 불태울 물건을 정돈했고, 또 다른 사람은 불을 붙이기 위한 재료를 찾으러 집집마다 돌아다녔다."

농민들은 오월수를 심는 행위를 통해 귀족에 대한 적대감을 고조시키고 서로간의 연대성(solidarité)을 강화하였다. 혁명 초 '대공포'가 삽시간에 전국을 혁명으로 끌어들인 것과 마찬가지로 오월수 심기도 빠르게 전국으로 확산되었다.

혁명 초기 오월수의 모습은 살아 있는 나무라기보다는 일직선 모양의 기둥이나 막대를 땅에 꽂아둔 형태였다. 그래서 심지어 사람들은 좀더 '오월수답게' 보이도록 하기 위해 산 나무의 가지를 잘라버릴 정도였다. 오월수를 심는 목적이 그 나무의 생존이 아니었기 때문이다. 이렇게 가지를 잘라낸 앙상한 오월수는 각종 섬뜩한 상징들, 이를테면 지대 영수증이나 귀족의 상징들로 장식되었다. 이 상징들이 의미하는 것은 귀족들에 대한 응징과 복수, 정치적 선동이었다. 그 까닭에 온건한 관리와 부르주아들은 오월수를 의심의 눈초리로 바라보았다. 로(Lot) 도의회(directoire départemental)는 오월수를 '비합리적이고 병리적인 소요의 표징'이라고 표현했으며, 페리고르 지방의 사를라(Sarlat)시의 코뮌 대표자들은 '민중들이 유산자의 집을 약탈하고 법

혁명 초 오월수는 파괴와 폭력의 상징이었다. 그림은 오월수 주위에서 폭력을 선동하는 장면이다.

에 대한 불복종의 표시로 오월수를 심고 있다'고 기록하였다. 한편 성주와 유산자들에게 오월수는 무서움과 공포의 상징이었기 때문에 종종 오월수가 교수대에 비유되기도 하였다.[15]

그러나 모든 오월수가 다 복수와 봉기를 선동하는 정치적 함의를 가졌던 것은 아니다. 단순하게 해방의 기쁨과 환희를 표현하기 위한 오월수도 있었다. 어떤 것이 폭력을 환기시키고 어떤 것이 기쁨을 표현하는 것이냐의 구별은 대개 그 오월수의 장식물을 통해 확인할 수 있다. 예컨대 바람개비와 메귀리·도량형·지대영수증 등으로 장식된 오월수는 복수와 봉기를 선동하는 것이고, 반대로 월계수와 리본·꽃 등으로 장식된 오월수는 해방의 기쁨을 표현하는 것이라고 보면 정확하다. 그리고 오월수가 어디에 세워져 있느냐에 따라서도 그 의미는 달라질 수 있다. 귀족이나 유산자·성직자의 문 앞에 세워진 오월수는 그들에 대한 적의감과 복수심의 표현이지만 존경하는 명사들의 집 앞에 세워진 오월수도 그렇다고 보기는 어려울 것이다. 마지막으로 오월수가 언제 세워졌느냐에 따라서도 그 의미는 다르다. 만약 오월수가 소요와 봉기 이전에 세워졌다면 그것은 그 소요를 선동하는 요인이었을 것이다. 하지만 소요 이후에 세워졌다면 그것은 그 소요와 그로 인한 해방을 기념하는 것이 분명하다.[16]

그런데 폭력과 파괴를 위한 오월수인지 해방을 축하하는 오월수인지를 구별하는 것이 그렇게 의미 있는 것은 아니다. 그 두 의미는 마치 동전의 양면처럼 서로 떨어질 수 없는 것이기 때문이다. 폭력과 파괴 없이는 해방과 재생이 불가능하지 않은가! 오월수의 이런 모호성과 이중성은 그 자체 내에 이미 다른 의미로의 변화 가능성을 내포하고 있음을 보여준다. 점점 소요 직전이 아니라 소요 이후에 오월수를 심는

혁명이 진행되는 과정에서 오월수는 점차 파괴와 폭력보다는 해방의 상징이 되었다. 그러면서 그것은 '자유의 나무'가 되었다. 그림은 자유의 나무 주위에서 민중들이 춤을 추고 있는 장면이다.

관행이 일반화되기 시작하였다. 연쇄적 폭력의 요인으로서의 오월수는 점차 사라지고 그 대신 이미 행해진 폭력을 완결시키고 그것을 정당화하기 위한 요인으로서의 오월수가 증가한 것이다. 이때의 오월수는 폭력적인 파괴 이후 그 흔적으로 나타난 것이긴 하지만 더 이상 폭력을 선동하는 것이 아니라 오히려 그 폭력으로 인해 확립된 질서를 유지하고 보존하자는 의미를 담고 있다. 이런 맥락에서 오월수는 폭력의 완결과 해방의 자유를 표현하기 위한 기념수, 즉 '자유의 나무'가 되었다.[17]

오월수가 자유의 나무가 되면서 반봉건적 의식과 오월수 심기도 자율적이고 즉흥적인 것에서 벗어나 점점 의례화되었다. 민중들은 성주의 저택에서 바람개비를 뜯어내고 교회의 의자를 꺼내오기 위해 이전처럼 무질서하게 몰려가지 않았다. 그들은 그 행동을 의례적으로 하였다. 그들은 북을 치며 줄을 지어 성주의 저택까지 걸어가 바람개비를 떼어내는 의례를 행하였고, 또 교회의 의자를 꺼내와서도 그것을 한 곳에 모아놓고 그 주위에 둥글게 원 모양으로 둘러서서 화형식을 거행했다. 그런 후 그 모든 행위를 마무리하는 행사로 오월수를 심었다. 그때 심어진 나무는 이미 자유의 나무였다.

제2부 연맹제와 국민 만들기

1 대공포와 연맹적 축제

각 지방의 '혁명적 날들'에서 비롯된 해방의 축제는 1790년 7월 14일 파리 샹 드 마르스의 연맹제로 이어졌다. 그 연맹제는 대혁명 기간 국민통합의 이상을 가장 잘 구현한 축제로 평가되었고 이후 모든 정치적 축제들이 추구한 이상적이고 신화적인 모델이 되었다.

앞에서 대공포 기간 동안에 농민들이 언제 어디서 나타날지 모르는 '도적떼'에 대비하기 위하여 이웃 마을과 동맹을 맺었다고 하였다.[1] 그 동맹은 마을과 마을, 지역과 지역을 단단히 결합시켰다. 특히 국경 지방의 상호 우애는 더욱 단단해졌다. 그 동맹을 축하하기 위한 자발적이고 즉흥적인 축제는 앞에서 살펴본 대로다. 그 동맹식은 점차 일정한 경향을 띠기 시작했다. 대체로 일요일 미사와 저녁 기도 후 이웃 마을의 원정대가 마을에 들어오면 마을 사람들은 우애의 환영식을 베풀고 원정대가 제안한 '행사'를 거행하였다. 그것은 교회에서 의자를 끌어내오고 지붕에서 귀족의 상징인 바람개비를 떼어낸 후 그것들을 광장에서 불태우고 오월수를 심는 순이었다.[2]

전국에 동맹식이 확대되고 농민과 농민, 민중과 민중이 만나는 과정에서 그들의 정치적 주장이 기호로 연결되었고, 그 속에서 수많은 정치적 상징들이 탄생하였다. 예컨대 우애를 상징하는 키스, 반혁명을 상징하는 바람개비, 혁명을 상징하는 삼색 휘장들이 정치적 함의를 가지기 시작한 것이다. 뿐만 아니라 한때 그 자체로 폭력이었던 행동들이 상징적이고 의례적인 제스처로 변하였다. 즉 바람개비를 떼어내 파괴하기보다는 오월수에 매달아 해방의 표시로 사용했으며, 교회의 의자도 불살라버리지 않고 술집 의자로 사용해 종교적 신성함을 비하하고 조롱하는 데 사용하였다. 이제 사람들은 아무 때나 교회로 난입해 들어가 의자를 끌어내오지 않았다. 그보다는 기존 축제들의 한 의례로 '교회 의자를 끌어내와 불태우는 행위'가 편입되었다. 의례 자체도 좀 더 절도 있고 계획적으로 진행되었다. 음악도 사용되었다. 영주의 목장에 건초를 약탈하러 갈 때도 이전처럼 무질서하게 몰려가서 빼앗기보다는 북을 치면서 행진하는 등 의례적 요소들이 첨가되었다. 그렇게 '태초의 폭력'이 점차 의례화되고 그 자체가 새로운 축제적 관행으로 확립되는 과정에서 연맹제의 진정한 맹아가 싹트기 시작하였다.[3]

  마을과 마을, 도시와 도시를 잇는 이런 모임과 축제를 통해 그들의 결속과 안전, 우애가 강화되었다. 전국의 결속과 우애를 한 장소에 모여 동시에 확인한 형태가 바로 1790년 7월 14일 파리 샹 드 마르스 연맹제이다. 이런 점에서 연맹제의 진정한 시작은 대혁명 초기 무기를 들고 모인 민중들의 자발적 모임이었고, 이것이 바로 연맹제가 가지고 있던 '민중성과 자발성'의 진정한 기원이다.

  혁명 초의 자발적 소요가 점차 의례화된 형태가 연맹제의 전신인 '연맹적 축제'이다.[4] 연맹적 축제의 주역은 각 마을과 도시의 무장한 민병대, 즉 국민방위대였다. 따라서 그것은 군사적 성격이 강한 축제

위 | 1790년 5월 18일 디종에서 있었던 '연맹적 축제'. 이 시기에 오면 이미 초기의 무질서한 연맹적 축제는 매우 질서정연한 의례로 변한다.
아래 | 연맹적 축제 때 디종에 세워진 자유의 제단.

이며 그 점은 연맹적 축제의 하이라이트인 연맹 조약의 서명 순서에서도 확인된다. 그 순서는 정규군 장교와 국민 방위대 장교를 시작으로 해서 성직자·시장·시 관리·지역 유지 순으로, 군인들이 특별한 지위를 점하고 있었던 것이다. 이 서명 순서는 이후 행렬의 순서에도 그대로 적용되었다.

연맹적 축제는 도시 밖에서 안으로 진입하는 국민방위대와 정규군의 행진, 성직자들의 강론과 군기 축성으로 이루어진 야외 미사, 연맹 조약의 작성, 그 조약의 서명을 위한 면사무소로의 행렬,[5] 면사무소에서의 조약 서명, 즐거운 연회와 무도회, 불꽃놀이의 순으로 진행되었다. 이런 형식은 점차 모든 지역에서 동질화되었다. 연맹적 축제가 연맹 조약과 군사 퍼레이드를 핵심으로 하는 군사적 축제이긴 했지만 성직자의 군기(軍旗) 축성에서도 알 수 있듯이 종교적 성격도 여전히 남아 있었다. 이런 종교적 성격을 완전히 벗어버리는 '축제의 세속화'는 이제 혁명과 함께 더욱 가속화될 것이다.

1790년 3월 브르타뉴와 앙주의 국민방위대가 '바스티유 함락 1주년을 기념해 파리에서 전국적인 연맹 조약식을 개최'하자고 파리 시에 요청하면서 지방의 연맹적 축제가 파리의 연맹제로 결집될 계기가 마련되었다. 파리 시가 그 요청을 받아들이면서 '연맹조약을 위한 60개 구의 대표자 모임'이 결성되었다. 이후 1790년 5월 파리 시장 바이이(Bailly)의 주관 하에 그 모임 대표자들이 준비모임을 가졌고, 곧 의회에 연맹제에 대한 승인을 요구하였다. 의회의 승인이 내려진 날 바이이는 의회에서 파리 코뮌의 이름으로 '7월 14일 정규군과 국민방위대의 대연맹제가 파리에서 개최될 것'이라고 선언하였다. 그때 그는 파리가 개최지로 선택된 이유는 왕과 입법자가 거주하는 지역이기 때문

이라는 사실도 덧붙였다.[6)]

그 직후 연맹제 개최의 실무 문제를 전담할 연맹제 위원회(Comité de Confédération)가 조직되었다. 그 위원회는 파리시 평의회(Conseil de Paris)에서 여섯 명, 대표자 모임에서 114명의 위원을 임명해서 총 120명으로 구성되었고 시장이 전체를 관할하였다. 국민의회는 7월 4일 법령을 발표해 각각의 역할을 배분하였는데, 시장과 여섯 명의 위원은 예산 집행을 담당하고 나머지 114명의 위원은 연맹제에 참가하는 지방 대표자의 자격을 검토하고 의사록을 작성하는 일을 맡았다. 이 외에 시장과 국민방위대 사령관은 파리 시내 치안과 질서를 담당하였다. 이 단계에서 자발적 욕구로 상승된 축제에의 열망이 정부에 의해 수용되면서 조직화 · 계획화에 들어감을 확인할 수 있다.[7)]

2 손수레의 날들과 조국 대순례

샹 드 마르스는 역사적 흔적이 없는 순수한 원시적 공간이다. 그래서 국민통합의 의례를 거행하기에 더없이 적절한 공간이다. 그러나 정작 국민적 통합을 구현한 것은 의례 그 자체보다는 그 행사의 준비과정에 생겨난 '손수레의 날들'과 '조국 대순례'였다.

자연과 순수성의 상징, 샹 드 마르스

연맹제를 파리에서 개최하기로 결정은 했지만, 파리의 어느 곳에서 거행할 것인지, 행사 장소의 공간을 어떻게 배치할 것인지, 어떤 장식물을 사용할 것인지를 두고 열띤 논쟁이 벌어졌다. 그러한 논쟁 중에 축제에 대한 혁명가들의 이상주의적이고 주의주의(主意主義, volontarisme)적인 관념이 표현되고 다듬어졌다. 그들은 계몽사상가의 충실한 후예들로서 축제의 교육적 효과, 특히 연맹제의 공간 구축과 관련해서 축제의 공간이 미치는 교육적 영향에 대해 확신하고 있었다. 18세기의 계몽적 지식인들(건축가·위생설계사·예술가)은 건축이 '사회적 일반의사'(l'omni-praticient)의 역할을 한다고 생각했다. 즉 건축을 적절히 배분함으로써 개인의 행복과 공적인 행복을 조화시킬 수 있고 법도 효율적으로 실현할 수 있다고 믿었던 것이다. 그 믿음을 이어받은 연맹제 기획가들은 축제의 목적을 충분히 달성할 수 있는 행사 장소와 행렬 경로를 선택하는 것이 중요하다고 생각하였다. 연맹제의 목적은 혁명의 해방성과 국민적 통합을 구현하는 것이다. 따라서 그들은 어떠한 억압과 부조화, 갈등도 환기시키지 않는 유토피아 같은 시원적(始原的) 공간을 요구하였다.[8]

여기서 시원적 공간이란 역사적 기념물이 없는 '야생의 공간'을 말하는 것으로, 기념물들에 의해 환기되는 억압과 대립의 역사의 기억이 없는 것이다. 순수하고 깨끗한 원시적인 공간만이 이제 새로운 세계로 진입하려는 축제의 이상을 잘 표현할 수 있을 것이고 또 '확 트인 넓은 공간'만이 모임 그 자체를 하나의 감동적인 스펙터클로 만들어 국민적 통합을 구현할 수 있을 것이다. 따라서 그것은 모든 운동을 한눈에 즉시 보고 해독할 수 있는 거대한 빈 공간이어야 했다. 그래야만 수많은 군인과 시민의 스펙터클과 파노라마가 가능하고, 그것을 보며 모든 참가자들이 증오와 선입견을 버리고 형제애를 느낄 수 있을 것이기 때문이었다.[9] 이점은 이미 루소도 충분히 강조하였다. 그는 '넓은 공간은 상호간의 개방된 시선을 가능하게 해서 인민 그 자체가 스펙터클이 되고 참가자들이 서로 하나 되는 축제 공동체를 가능하게 한다'고 주장하였다. 18세기 계몽사상가들이 축제를 위한 이상적인 장소로 로마의 원형경기장을 선호한 것은 이 때문이었다.[10] 확 트인 공간의 교육적 의미는 그뿐만이 아니었다. 그 공간에서 축제를 거행하는 사람은 주권자인 인민들인데, 주권자들을 어떤 울타리나 장애물로 한정해서는 안 된다고 생각하였다. 이 때문에 실제 1790년 연맹제 행사장 주

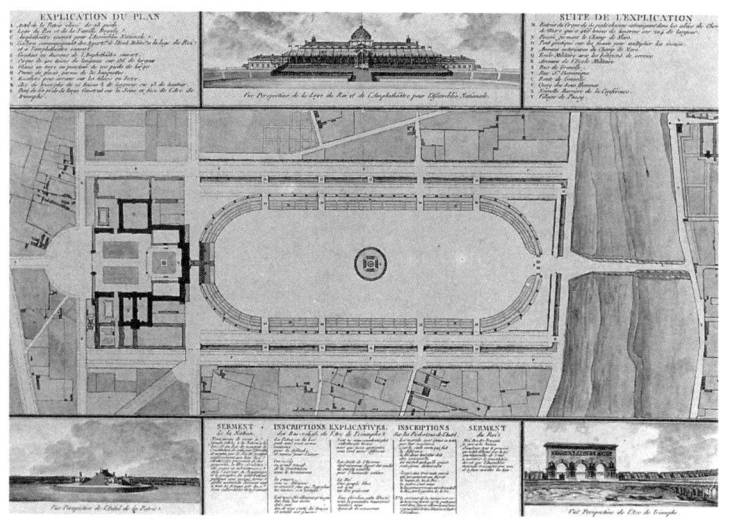

샹 드 마르스에 건설한 연맹제 행사장의 설계도.

변에는 어떠한 울타리나 장벽도 설치하지 않고 단지 삼색 리본만을 가볍게 둘러쳐 경계를 표시하는 데 그쳤다.

'순수하고 자연적인 확 트인 공간'이라고 해도 파리 시민이 그곳에 쉽게 접근할 수 없다면 무의미할 것이다. 따라서 축제 공간은 파리 시민들이 쉽게 접근할 수 있는 장소여야 했다. 파리 주변에 있는 넓고 자연적인 빈 공간, 그것은 샹 드 마르스였다. 샹 드 마르스가 수십만의 관객이 모이기에는 좁을 수 있다는 점이 지적되면서 한때 사블롱 평야와 클리쉬 평야가 거론되기도 했지만 그 접근 용이성 때문에 결국 샹 드 마르스로 결정되었다.[11] 그리고 그 접근 가능성을 더욱 높이기 위해 파리 중심부와 샹 드 마르스를 갈라놓는 센 강 위에 임시 다리를 놓자는 주장이 제기되었다. 행사장의 중앙무대와 직접 연결된 넓은 길을 만들자는 의견도 있었지만 그것은 재정적으로나 시간적으로나 불가능한 일이었다. 이처럼 샹 드 마르스의 탄생은 처음부터 국민적 통합을 향한 열망과 불가분의 관계를 가지고 있었다.

조국의 제단 만들기

샹 드 마르스가 연맹제를 위한 장소로 선택된 데에는 그 '자연적인 빈 공간성'이 결정적이었지만, 사실 빈 공간 그 자체만으로 축제의 감정을 고조시킬 수는 없다. 축제 공간의 장식에 대해 부정적이던 루소조차 '축제 공간의 중심에 나무나 푯말이 필요하다'라고 주장했고, 총재정부 하에서 수많은 축제를 기획한 뇌프샤토(Neufchâteau) 역시 '축제의 중심으로 자유의 나무나 조국의 제단이 필요하다'라고 주장하지 않았던가! 따라서 거대한 빈 공간은 감정을 고조시킬 수 있는 몇 가지 건축물과 장식들로 채워져야 했다. 그 건축물과 장식물의 구성에도 역시 왕과 국민, 의회의 통합을 어떻게 하면 잘 구현할 수 있느냐가 가장 중요한 고려 사항이었다.

샹 드 마르스에 세워질 건축물 중에서 가장 핵심은 '조국의 제단'이었다. 그것은 루소가 말하는 축제의 푯말과도 같은 것으로 그곳에서 의례의 하이라이트인 선서가 이루어질 것이었다. 조국의 제단은 여러 개의 부조(浮彫)와 글귀로 장식된 고대풍의 건축물 위에 네 개의 기둥이 세워진 모양이었다. 그 기둥이 의미하는 바는 확 트인 넓은 공간에서 무한히 옆으로 확대될 수 있는 흩어짐을 하나에 고정시킴과 동시에 하늘의 신성함에 접촉하려는 열망의 표현이었다. 이 하늘과의 신성한 접촉을 더욱 완벽한 것으로 하기 위해 제단 위에 닫집은 씌우지 않았다. 별다른 장식이 없는 조국의 제단 위에는 거대한 인공 산 하나만 우뚝 세워졌는데, 그 의도는 자연의 정신과 함께 초자연적인 것을 동시에 느끼게 하려는 배려였다. 조국의 제단 맞은편에는 연단이 세워졌고 그 연단 위에는 왕과 국회 의장이 앉을 의자가 놓여 있었다. 그런데 여기서 주목할 것은 그 의자의 모양이나 위치가 똑 같았다는 점이다. 그것이 의미하는 바는 이제 왕과 국민의 대표인 국회의장의 지위는 이전처럼 종속적인 관계가 아니라 대등한 관계라는 점이었다.[12]

그 밖에도 샹 드 마르스에는 오벨리스크와 피라미드, 다양한 기둥과 조각상들이 설치되었다. 인간 조각상들은 대개 알레고리 형태로 표현되었다. '법'과 '철학' '풍요' '종교'를 상징하는 조각상이 '왕'과 '국민'을 상징하는 조각상들을 둘러싸고 있는 군상(群像)은 왕과 국민, 종교 등이 통합된 혁명의 이상을 표현한 알레고리였다. 이런 알레고리 형태의 인간 조각상은 교육적 효과가 뛰어나 혁명 기간 내에 많이 등장하였다.[13]

이제 마지막으로 샹 드 마르스의 장식물을 구성했던 축제 미학을 점검해보자. 조국의 제단이 고대풍이었다는 점에서 알 수 있듯이 전반적으로 신고전주의적인 경향이 강하였다. 샹 드 마르스의 장식물들은 고대 건축물의 단순함과 웅장함을 모방해 대부분 단순하면서도 거대하였다. 사실 혁명가들은 웅장한 장식물로 시민들을 열광하게 했던 로마의 시민적 축제를 마음에 품고 있었던 게 사실이다. 그러나 혁명가들이 단순함을 추구한 이유는 고대풍의 취향을 넘어 귀족들의 사치와 타락에 반대해 검소함과 공정함, 순수한 원시성을 강조하려는 교육적 의도도 있었으며,[14] 거대함을 추구한 이유 역시 그 자체로 웅대하고 장엄한 감흥을 일으켜 교육적 효과를 높일 수 있기 때문이었다.

혁명가들은 단순히 고대 건축물을 모방하는 단계에 그치지 않고 거

1790년에 샹 드 마르스에 세워진 조국의 제단.

기에 18세기 계몽사상가들이 꿈꾸었던 이상을 결합하였다. 즉 그들은 시민들을 압도시킬 수 있는 웅장하고 장엄한 공간만이 아니라 축제 순간의 '현재적 충만함'을 잘 반영할 수 있는 순수하고 자연적인 공간을 추구하였다. 그 자연적 순수함을 위해서는 소란함과 괴기성이 끼어들 수 있는 전통적 축제의 관행을 일소해야 했다. 그래서 혁명가들은 공식적인 의례가 끝난 후 시내 곳곳에서 벌어진 연회와 무도회 때 군중을 향해 돈이나 식량을 던지는 행위, 술을 나누어주는 행위를 금지시켰다. 그러한 행위는 행사장을 금방 난장판으로 만들어버리기 때문이다. 이런 점에서 혁명가들이 추구한 축제는 중세 때 성행한 카니발과는 다른 축제였다. 그들은 중세의 전통적 관행을 넘어 고대적 영광으로 나아가고자 하였다.[15]

그러나 혁명가들이 연맹제에 대해 가지고 있던 의지와 열정에 비해 실제 그들의 현실적 능력과 여건은 몹시 제한적이었다. 그중 하나가 장식물들의 제작에 많은 돈과 시간을 투자할 수 없었다는 점이다. 샹 드 마르스는 이제 살펴볼 '손수레의 신화'가 없었다면 아마 그렇게 짧은 기간 내에 훌륭한 원형경기장으로 탈바꿈될 수 없었을 것이다. 하지만 장식물들은 여전히 혁명 초기의 미숙함과 부실한 소재에서 기인하는 일회성을 면할 수 없었다. 이런 이유로 1790년 연맹제 때 세워진 장식물들은 대부분 임시용이었다. 나무에 두꺼운 마분지들을 사용하여 만든 임시 장식물들은 비가 내리거나 하면 금세 초라하고 궁색한 모습을 드러내 축제의 열정과 감동을 지속시켜주지 못했다. 감동적 순간의 기념물을 영구히 간직하기 위해서는 대리석이 이상적이겠지만 그것은 현실적으로 불가능하였다. 그런 사정은 대혁명 기간 내내 별로 나아지지 않았다. 대부분의 건축물이나 장식물들은 실제로 사용이 불가능한 텅 빈 상징물이었다.[16]

손수레의 날들

샹 드 마르스가 행사장으로 결정되자마자 그곳을 축제의 장소로 만들기 위한 토목 공사가 벌어졌다. 샹 드 마르스의 토목 공사는 그 자체가 하나의 흥겨운 축제였다. 『파리의 혁명』(*Révolutions de Paris*) 제52호는 그 당시 샹 드 마르스 공사현장의 분위기를 다음과 같이 묘사하였다.

파리 시민들은 아침 일찍 각자 도구를 메고 수레에 흙을 싣고 행렬을 지어 샹 드 마르스로 들어온다. 그런데 그 수레는 마치 축제날처럼 나뭇가지로 장식되어 있다. (중략) 하루의 작업이 끝난 저녁 때도 그들은 행렬을 지어 한 곳에 모였다. 그들은 북을 치고 피리를 불며 나뭇가지에 깃발을 매달아 흔들었다. 또 서로 팔짱을 낀 모습은 우애와 질서를 동시에 보여준다.

그러나 샹 드 마르스의 공사가 처음부터 이렇게 순조롭고 활기차게 진행된 것은 아니다. 샹 드 마르스 토목 공사에 인력이 처음 투입된 시기는 1790년 6월 20일, 축제를 한 달여 앞둔 때였다. 그것도 자발적인 시민들이 아니라 한 해 전 파리의 실업자를 구제하기 위해 만든 자선 아틀리에(ateliers de charité) 소속의 임금 노동자들이었다. 그들은 아침 다섯 시부터 저녁 일곱 시까지 작업하고 매일 20수(당시 건축업 노동자의 하루 평균 임금은 30수)의 일당을 받았다. 처음 3,000명이던 노동자 수가 나중에 공사를 서두르기 위해 1만 명으로 증가하였다. 그들이 한 일은 주로 땅 파기와 원형경기장 주위의 둔덕 만들기, 행진이 이루어지는 센 강변의 길을 고르게 하기 위해 강의 모래를 퍼다 메우는 등의 단순직이었다. 그런데 그들은 혁명에 대한 열정과 헌신만으로 참여한 것은 아니기 때문에 늘 불평이었다. 불평의 원인은 작업량에 비해 보수가 너무 적다는 것이었다. 이에 임금을 30수로 인상하고 투입 노동자의 수도 늘렸다. 그러나 여전히 그들의 노동은 비효율적이고 더디기만 했다.

단순 토목 공사 외에도 조국의 제단과 연단을 만들고 그것을 장식하기 위해서는 좀더 숙련된 노동자, 즉 대목장이와 소목장이·자물쇠 제조공·장식화가 등이 필요하였다. 연맹제의 실무를 담당했던 '연맹제를 위한 대표자 모임'은 이 숙련노동자를 직접 고용하기보다는, 제단과 연단 제작 작업을 60개 항목으로 나누어 각 선거구의 기업가들로부터 신청을 받았다. 작업을 60개 항목으로 세분한 이유는 각 선거구에 균등하게 작업을 배분해주기 위해서였다. 샹 드 마르스에 투입된 숙련 노동자들은 이때 선정된 기업가들에 의해 고용된 사람들이었다.

숙련 노동자들이 맡은 작업은 샹 드 마르스의 건축물과 연단·골

1790년 연맹제 때 샹 드 마르스로 가기 위해 어떻게 센 강을 건널 것인가를 두고 논란이 많았다. 결국 강 위에 배를 띄워놓고 그 위에 임시 다리를 놓기로 하였다. 그러나 행사가 끝나고 많은 사람이 일거에 몰려나오면서 다리가 무너져 사람들이 물에 빠지는 소동이 일어났다.

조·좌석을 제조하고 그것을 장식하는 일이었다. 그들은 25미터의 개선문과 조국의 제단·연단, 경기장 주변의 계단 등을 만들고 마지막으로 행렬대가 센 강을 건너도록 개선문 바로 맞은편에 임시 다리를 건설하였다. 그 다리는 여러 개의 배를 이어 강 위에 걸쳐놓고 그 위에 가교를 설치한 형태였다. 그런데 행사 당일 의례가 끝나고 사람들이 샹 드 마르스를 나올 때 마침 비가 내려 센 강이 넘치는 바람에 다리 한가운데가 침몰되어 많은 사람이 물에 빠지고 부상자가 나오기도 하였다. 작업이 시작되면서 숙련 노동자들은 모두 공동 거주하게 되었는데, 그들 사이에도 점점 불화와 폭력, 불평이 싹트기 시작하였다. 노동자들의 잦은 불만과 불평으로 인해 행사 준비가 늦어지고 치안마저 불안해지자 시 당국은 국민방위대로 하여금 지속적으로 샹 드 마르스를 감시하게 하였다.

이런 침체되고 불안한 분위기 속에 활력을 불어넣고 '손수레의 기적'을 만든 것이 파리 시민들의 자발적인 자원봉사였다. 이 자원봉사를 이끌어낸 사람은 '삼위일체부대'(bataillon de la Trinité) 소속의 카르테리(Carthéri)라는 군인이었다. 그는 샹 드 마르스의 작업이 도무지 진척이 없다는 소리를 듣고는 군인들을 거기에 투입할 생각을 하게 되었다. 그는 각 부대별로 매일 열 명씩의 군인을 샹 드 마르스에 보내자는 제안을 하였고, 그 제안이 받아들여지면서 약 4,200여 명의 군인이 투입되었다. 군인들은 노동자들과 달리 매일 저녁 여섯 시까지 '자유의 축제'를 위해 헌신적으로 참여하였다. 그들의 헌신적인 희생에 고무된 파리 시민들은 각자 작업 도구를 들고 샹 드 마르스로 모여들었다. 시민들의 수는 점점 증가하더니 7월 8일에는 25만 혹은 30만 명으로 늘어났다고 한다.[17]

시민들의 이 자발적이고 헌신적인 참여에 의해 '손수레의 날들'(journées des brouettes)의 전설이 탄생했다. 행사를 앞두고 지지부진하게 진행되던 작업이 마치 기적처럼 '하루아침'에 완료된 것이다. 그것은 혁명을 향한 시민들의 열정과 사랑이 이끌어낸 기적이었다. '손수레의 날들'은 강제되지 않은 노동, 지치지 않는 운동, 질서와 조화의 축제날이었다. 시민들은 작업을 하러 갈 때와 끝나고 귀가할 때 행렬을 지어 움직였다. 그것은 북을 치는 사람을 선두로 해서 수레와 짐마차·삯마차·시민들이 뒤따르는 즐거운 행렬이었다. 뉘네츠(F. Nuñez)의 표현에 의하면 그것은 '흥분이 극도에 달한 끊임없는 박쿠스 축제이자 가장행렬'이었다.[18]

파리 주민들이 각자 도구를 들고 샹 드 마르스 작업장으로 향하고 있다.

'국민'에서 배제된 귀족

'손수레의 날들'은 연맹제가 추구한 국민적 통합을 보여준 대표적 사례가 아닐 수 없다. 파리 시민이 하나가 되어 '조국의 신전'을 건설하는 모습은 그 자체로 국민적 통합을 구현하기에 부족함이 없다. 하지만 국민적 통합의 이념이 가졌던 피할 수 없는 아이러니는 이미 이때부터 배태되어 있었다. 당시의 국민적 통합은 어떤 의미에서 전 국민을 아우르는 진정한 통합이 아니었다. 샹 드 마르스에서 배제된 사람들이 있었으니 그들은 바로 귀족이었다. 귀족에 대한 적의와 반감은 마치 축제적 환희와 기쁨의 그림자처럼 샹 드 마르스에 드리워져 있었다. 이 적의와 반감을 더욱 증폭시킨 것은 당시 파리에 나돌던 '귀족의

샹 드 마르스 작업장에서 다양한 계층의 사람들이 모여 연맹제의 행사장 건설을 위한 토목 작업을 하고 있다.

음모'에 관한 소문이었다. 그것 중 대부분은 근거 없는 허무맹랑한 것들이었다. 예를 들면 누군가 샹 드 마르스 토목 공사 중에 땅 속에 폭탄을 설치해 축제 당일 폭발시킬 것이라는 둥, 아니면 파리 시민들이 연맹제에 참석하기 위해 파리 시를 비운 동안 '강도'들이 시민들의 집을 약탈할 것이라는 둥의 소문이었다. 심지어 '자유의 적'들이 연맹제 당일 동물원의 맹수를 모두 풀어놓아 축제를 방해할 것이라는 소문까지 퍼져 시 당국이 동물원의 동물들을 모두 시 외곽으로 이동시키는 해프닝까지 벌어졌다. 사실 이런 근거 없는 소문들은 귀족의 실체를 표현하는 것이라기보다는 파리 시민들이 귀족들에게 가졌던 반감이 어느 정도였는지를 보여주는 것이었다.

귀족들에 대한 반감은 숯 굽는 사람들과 정육업자들 사이에서 가장 신랄하고 섬뜩하게 표현되었다. 정육업자들은 칼이 그려진 깃발과 함께 '귀족들아 두려워하라, 여기 정육업자들이 있다'라고 쓰여진 깃발을 들고 다녔다.[19] 그리고 숯 굽는 사람들은 '귀족들의 마지막 탄식'이라는 깃발을 걸어놓고 귀족을 위협하는 즉흥적인 가장행렬을 벌였다. 그들은 자신들 중에서 한 명을 뽑아 궁정 옷을 입히고 성직자의 상징(rabat)을 달아 '모리'(Maury)로 변장시킨 후 샹 드 마르스 내에서 끌고다녔다. 모리는 그 당시 왕과 귀족의 특권을 강력하게 옹호한 귀족이었다.[20] 그 외에도 또 다른 동업조합이 귀족과 성직자들을 위협하는 즉흥적인 모의 연극을 벌이기도 했다. 그들은 두꺼비와 살무사, 쥐로 장식된 영구차를 앞세우고 그 주위에서 노인으로 변장한 사람들이 훌쩍거리는 장면을 연출하였다. 여기서 영구차가 의미하는 것은 바로 귀족과 성직자들의 죽음이었다. 귀족에 대한 반감은 그런 상징적인 행위로 끝나지 않고 가끔 실제 폭력으로 이어지기도 했다. 어느 날 작업을 마치고 귀가하던 시민들이 길에서 마주친 나폴리 대사 부부를 구타하고 모욕한 사건이 그것이다. 그들은 부부를 두들겨 팬 후 그들의 문장(紋章)을 부수고 '귀족을 교수형에'라고 외쳐댔다. 귀족에 대한 강한 적대감을 표현한 혁명가요 「사 이라」가 처음으로 불려진 곳도 샹 드 마르스 공사장에서였다.

  이처럼 샹 드 마르스에 귀족은 존재하지 않았다. 그러나 어쩌면 그것이 파리 시민들의 통합을 더욱 완전한 것으로 만들었는지도 모른다. 근대적 통합의 원리는 이질적인 존재를 소외시킴으로써 스스로를 순수하게 만들고 그 순수성을 통일과 규율을 통해 평준화시키는 것이다. 파리 시민들은 귀족이 없는 혁명적 동지들만의 순수한 공간 속에서 더욱 하나 됨을 느꼈을 것이고 그로 인해 손수레의 기적도, 그날의

'귀족들아 두려워하라, 여기 정육업자들이 있다'라고 적힌 깃발을 든 한 정육업자.

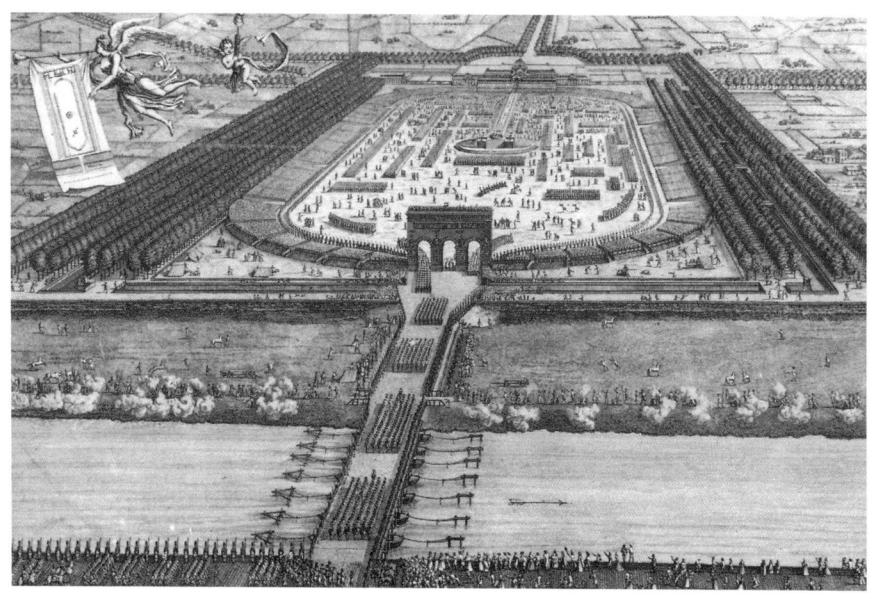

샤이요 언덕에서 바라본 연맹제. 이곳에서는 행사의 전체 경관이 한눈에 들어오지만 거리가 너무 멀어 세부적인 모습을 볼 수 없었고 행사장의 소리도 들리지 않았다. 샹 드 마르스 건설에 직접 참여한 파리 시민 대부분은 직접 행사장에 참석하지 못하고 이렇게 멀리 샤이요 언덕에서 바라보기만 했다.

축제도 가능했을 것이다. 전체 연맹제가 계획되고 준비되고 거행되는 과정에서 유일하게 민중들만의 축제가 있었다면 그것은 바로 '손수레의 날들'이었다. 정작 7월 14일은 국민방위대와 정규군, 라파예트의 축제였다. 민중들은 7월 14일의 주인공이 되지 못하고 멀리 있는 높은 경사지나 샤이요 언덕에서 관람객으로만 참석했다. 그 거리는 조국의 제단에서 행하는 연설 소리를 거의 알아들을 수 없을 정도로 멀었다.[21]

조국 대순례, 국토를 녹이다

연맹제는 각 지방의 국민방위대 대표들이 바스티유 함락 1주년을 기념해 샹 드 마르스에 모여 우애와 동맹을 확인한 축제였다. 따라서 전국 각지의 지방 국민방위대 대표들은 파리로 향하는 긴 여행길에 올라야 했다. 이 '조국 대순례'는 파리가 보여준 '손수레의 날들'에 비견될 만한 국민적 통합을 보여주는 또 다른 신화이다. 파리 시민들이 샹 드 마르스에서 '손수레의 신화'를 만드는 동안 국민방위대 대표들은 전국에서 '순례의 신화'를 만들고 있었던 것이다. 그들의 순례는 대공포로 인해 공포와 분열로 경직된 전국에 화해와 기쁨의 숨결을 불어넣었고, 그들의 순례 행로는 전 국민을 하나로 촘촘하게 묶은 그물망이었다.

조국 대순례는 평생을 작은 시골이나 소도시에서 보낸 대부분의 평범한 국민방위대원들에게 난생 처음 경험하는 독특하고 감동적인 순간이긴 했지만 쉽지만은 않은 여행이었다. 장기간의 행진과 도보로 인한 육체적 피로 외에도 도처에 위험과 고통이 도사리고 있었다. 그러나 그러한 요소들은 오히려 그들의 순례를 더욱 신성하게 만드는 조건이기도 했다. 그래서 그들은 각 지방 사람들이 베푸는 친절한 환영과 온정을 기꺼이 사양하고 여행의 역경을 감내했다.

국민방위대 대표들은 전 프랑스를 주유하면서 '대공포'로 얼어붙었던 국토에 '국민적 대해빙(解氷)'을 가져왔다. 마을을 지나는 국민방위대를 보기 위해 주민들은 공포를 떨쳐버리고 광장으로 뛰어나와 그들을 환영하고 해방의 기쁨을 공유했다. 국민방위대 대표와 주민들은 다른 지역의 소식을 묻고 답하는 과정에서 그들의 국토인 프랑스가 더 이상 분리된 공간이 아님을 확인하였다. 국민방위대 대표들이 강과 산을 건너면서 전 국토의 경계는 소멸되고 하나가 되었다. 오늘날의 프랑스 민족주의는 그들의 발자취를 따라 형성되었다고 해도 과언이 아니다.

지방 국민방위대 대표들이 파리의 연맹제를 마치고 귀향하는 순례도 매우 감동적이었다. 그들은 귀향 도중 여러 마을과 도시에서 성대한 환영을 받았다. 가끔 이러한 환영 때문에 그들의 귀향 일정이 늦어지기도 하였다. 예를 들어 7월 23일 파리를 출발한 낭시의 국민방위대는 고향 사람들의 기다림에도 불구하고 중간에서의 환영식 때문에 8월 6일에야 낭시에 도착할 수 있었다.

파리에서 귀향하는 국민방위대 대표들은 다양한 기념품들, 예를 들면 배지와 바스티유 모형, 인권선언 책자, 라파예트나 루이 16세의 조각상 등을 지니고 있었는데, 그중에서 가장 중요한 것은 단연 연맹제 때 사용한 깃발이었다. 국민방위대는 도중에 거치는 마을과 도시에 입성할 때 그 깃발을 앞세우고 행진하였다. 그러면 그 마을과 도시 주민들도 자기 마을과 도시의 깃발을 들고 나가 국민방위대 대표들을 반갑게 맞아주었다. 그 환영에 대한 보답으로 국민방위대 대표들은 파리 연맹제에서 행했던 선서를 낭독한 후 짧게 답사(答辭)를 했다. 그날 저녁에 국민방위대 대표들이 연맹제 때 사용했던 '신성한' 깃발은 그 마을과 도시에서 가장 중요한 홀에 전시되었다. 그러면 마을과 도시 주민들이 몰려와 그 깃발을 보면서 감동에 젖어 서로 적대의식을 버리고 화해했으며, 그 결과 마을과 도시의 불행은 사라졌다. 다음날 국민방위대원들이 떠날 때 주민들은 멀리까지 나와 그들을 배웅하였다. 조국 대순례는 이러한 감동적인 만남과 화해를 통해 프랑스를 하나의 지리적인 단위로 결합시켜주었을 뿐만 아니라 심리적으로 프랑스 인들에게 통일된 국민감정을 심어주었다.[22]

3 파리 연맹제와 지방의 연맹제들

파리의 연맹제가 혁명의 성과를 보호하고 질서를 확립하고자 하는 보수적인 성격을 띤 반면, 지방의 연맹제는 여전히 선동적이고 급진적이었다.

파리 연맹제의 풍경

7월 14일 샹 드 마르스 연맹제의 주역은 국민방위대와 정규군이었다. 파리 코뮌은 처음에 참가자의 절반 이상이 시민이어야한다고 주장했지만 실제 각 지방의 대표들은 시민의 자격이 아니라 군인의 자격으로 참가했다. 연맹제에 참가할 대표를 선출하는 방식은 단계적으로 이루어졌다. 우선 전국의 각 코뮌 소재 국민방위대가 100명당 여섯 명을 뽑아 1차 대표로 도청소재지(chef-lieu)에 보내면, 거기서 다시 100명당 두 명을 뽑아 최종 대표로서 파리의 연맹제에 올려보냈다. 최종 대표로 뽑힌 군인들은 대부분 일반 군인이 아니라 장교나 하사관 혹은 가장 오래 복무한 군인들이었다.[23]

7월 14일 아침 여덟 시, 파리의 거리에 샹 드 마르스로 가기 위한 긴 행렬이 펼쳐졌는데 군인들이 대부분이었기 때문에 마치 군사 퍼레이드와 같았다.[24] 무장한 군인 외에 일반 참가자로는 혁명 이후의 혁신적 요소로 평가되는 어린이와 노인의 행렬, 그리고 나중에 루이 15세 광장에서 합세한 국민의회 의원 정도였다. 행렬의 처음과 끝에는 파리 민병대와 기병·유탄병들이 위치해 국민방위대 대표들을 호위하였다. 국민방위대는 각자 자기 선거구의 현란한 깃발을 들고 행진하였다. 이 긴 행렬이 파리의 거리를 통과하는 데는 서너 시간이 소요되었고, 그들이 다시 샹 드 마르스 입구의 개선문을 지나 정렬하는 데는 두 시간이 소요되어 막상 의례는 오후 세 시가 다 되어서야 시작되었다.

샹 드 마르스에서 거행된 의례는 미사곡인 「테 데움」(Te Deum)이 울리는 가운데 파리 대주교 탈레랑(Talleyrand)이 진행하였는데, 성직자가 주재하는 이런 종교적 성격의 의례는 연맹제가 여전히 전통적 형식을 벗어나지 못하고 있음을 보여주는 것이었다. 한편 이 의례에서 혁명을 상징했던 삼색 휘장이 국가의 상징으로 공식적으로 채택되었다. 의례의 하이라이트는 루이 16세의 국민방위대 사열식과 국민방위대 사령관인 라파예트의 왕에 대한 선서였다. 국민방위대 대표로서 라파예트가 선서한 내용은 다음과 같다.

우리는 국민과 법, 왕에 영원히 충성하고 국민의회가 만들고 왕이 승인한 헌법을 수호하며, 법에 따라 개인과 재산의 안전을 보호하고, 모든 프랑스 인과 견고한 우애로 결합할 것을 맹세합니다.

라파예트의 선창이 끝나자 전 국민방위대가 '맹세합니다'라고 외치

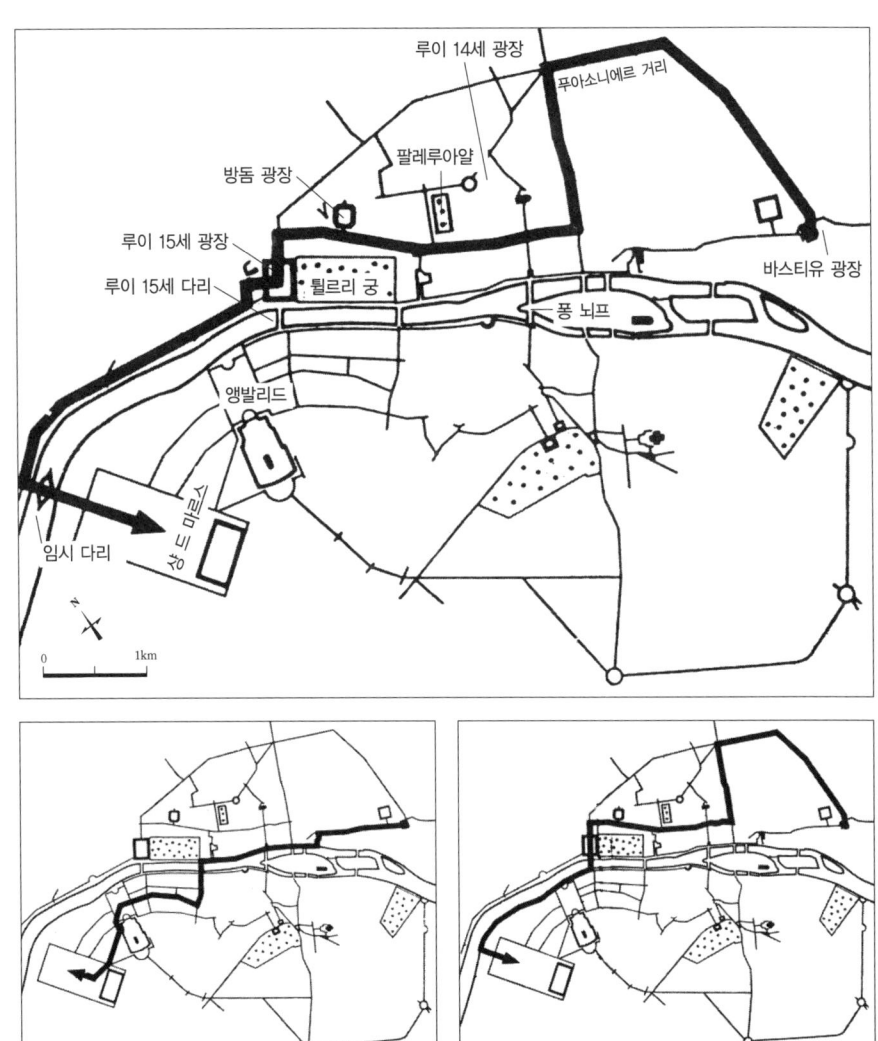

위 | 1790년 연맹제 행렬 경로.
아래 | 왼쪽은 1791년 연맹제, 오른쪽은 1792년 연맹제의 행렬 경로이다.

1790년 7월 14일 연맹제의 하이라이트는 선서이다. 당시 샹 드 마르스에 모인 국민방위대를 비롯한 시민들이 국민과 법, 그리고 왕에게 충성을 선서하고 있다.

면서 칼을 뽑아 흔들고 서로의 손을 교차하였다.[25] 원래 이 선서 양식은 혁명 초 연맹적 축제에서 지방 국민방위대끼리 동맹을 맺을 때 행한 관행을 모방한 것이다. 하지만 그 둘의 성격은 매우 달랐다. 혁명 초 지방 국민방위대들 사이에 맺어진 선서는 공포를 조장하고 그 공포에 방어하기 위해 민중을 선동하는 내용을 담고 있지만, 샹 드 마르스의 선서는 이미 확보된 재산과 곡식·물자·인명, 즉 혁명의 성과를 보호하자는 내용을 담고 있다. 혁명의 성과를 보호한다는 것은 현상의 유지와 질서의 확립을 의미하기 때문에 매우 보수적인 선서라고 할 수 있다.[26]

샹 드 마르스의 공식적 의례가 끝난 후 파리의 곳곳에서 다양한 오락과 스펙터클이 벌어졌다. 국민방위대를 위한 식사 모임, 폭소와 익

샹 드 마르스의 공식 행사가 끝나고 바스티유 광장의 폐허에서 무도회가 벌어졌다. 이곳에서는 공식 행사와 달리 혁명의 기쁨과 환희가 좀더 자유롭게 표현되었다.

살을 동반한 연극, 노래와 춤, 센 강에서 벌어진 수영 경기와 그 우승자의 개선 퍼레이드, 즉흥 팬터마임, 바스티유 폐허 위에서 벌어진 무도회 등이 그것이다. 그중 인상적인 이벤트는 7월 18일 샹 드 마르스에서 벌어진 열기구 띄우기 행사였다. 그날 국민방위대가 용감한 군인 몇 명을 태워 하늘을 향해 열기구를 띄운 목적은 '달에 착륙하여 그곳에 사는 사람들이 자유로운지 확인하고 만약 그렇지 않다면 인권선언을 읽어주고 온다는 것'이었다. 참으로 익살과 유머가 넘치는 독특한 발상이 아닐 수 없다. 샹 드 마르스의 공식 의례가 사람들에게 감동을 주어 통합의 신화를 만들었다면, 사람들에게 생기와 활기를 주고 그들을 웃게 만든 것은 이런 비공식적인 행사들이었다.

지방 연맹제와 전통 관행

연맹제는 샹 드 마르스에서만 거행된 것이 아니라 전국 각지에서 '동시에' 거행되었다. 파리와 전국이 같은 시간에 연맹제를 개최하고, 특히 똑같은 시간에 선서를 맹세해야 한다는 이 '동시성 개념'은 연맹제에 신성함을 부여하는 근거이기도 했기 때문에 거의 강박관념이 될 정도였다. 이 동시성이 전 프랑스 사람을 하나의 공동체로 만들어줄 것이라고 믿었던 것이다. 그래서 산악 지대에 사는 사람들은 자신들이 산에 갇혀 있어서 다른 지역 사람들과 조국애를 공감할 수 없을 것을 걱정하였다. 또 날씨 때문에 야외에서 모두가 함께 의례를 거행하지 못하는 곳에서는 각자 다른 방에서 거행하더라도 최대한 '동시에' 통일된 행동을 할 수 있게 하였다. 예를 들면 최소한 축배만이라도 동시에 들도록 배려하였던 것이다.

그러나 희화적일 만큼 강박적이었던 이런 동시성을 제외하곤 사실 샹 드 마르스의 연맹제와 지방의 연맹제 사이에는 같은 점이 거의 없었다. 우선 선서의 내용부터 달랐다. 지방의 선서는 샹 드 마르스의 선서에 비해 훨씬 격한 감정을 담고 있었다. 예를 들어 랑드(Landes)의 사브르(Sabres) 마을에서 행해진 선서는 '연맹군은 분리될 수 없는 하나이고 항상 서로 사랑하고 필요한 경우 형제의 안전과 방어를 위해 지원하자'라는 내용을 담고 있다. 그 선서 중에 등장하는 '방어'는 재산과 제도에 대한 방어가 아니라 형제의 안전을 위한 방어를 의미하는 것으로 필요하면 폭력의 사용도 불사하겠다는 의지를 담고 있다. 이것은 질서에 호소하는 샹 드 마르스의 선서와는 다소 다르다. 사실 파리 시 당국은 연맹제 때 가능한 한 폭력을 환기시키지 않기 위해 최선을 다했다. 그 연맹제가 바로 일 년 전의 '폭력적 사건'인 바스티유 함락을 기념하는 행사였는데도 말이다. 그러나 지방 연맹제에서는 대공포하의 폭력과 방화·살인 등이 더욱 직접적이고 사실적으로 환기되기도 했다. 예를 들어 르망(Le Mans)의 조국의 제단은 거대한 네 개의 돌기둥이 제단 위의 돔을 떠받치는 모양이었는데, 그 돌기둥은 무거운 쇠사슬과 포탄·총탄 등으로 장식되어 있었다. 또한 연맹제의 선서가 이루어지는 순간에 취기가 오른 민중들이 올라와 도끼로 그 쇠사슬을 부수고 '우리는 자유다', '우리는 형제다'라고 외치며 그 잔해를 짓밟았다. 이러한 장식과 그들의 제스처는 과거를 정화시키려는 의미와 함께 폭력 그 자체를 보여주고 환기시켰다.[27]

지방 연맹제의 또 다른 차이점은 전통적인 요소들이 훨씬 많이 포함되어 있었다는 점이다. 물론 샹 드 마르스의 연맹제에도 종교적 성격을 비롯하여 전통적 요소가 많이 있긴 했지만 형식과 내용에 있어 혁신적인 것들이 많았다. 이에 비해 지방 연맹제에는 전통적 관행이 강하게 남아 있었다. 예를 들어 베지에르(Béziers)에는 전통축제 때 참가자들에게 장갑과 구두를 나누어주는 관행이 있었는데, 연맹제 때에도 역시 총위원회(Conseil général)가 관행대로 장갑과 구두를 나누어주었다. 다른 점이 있다면 장갑에 삼색 리본이 달려 있다는 것이었다. 그리고 연맹제가 그 지역의 특정 동업조합의 축일과 겹칠 경우 그 조합원들이 연맹제에서 적극적인 역할을 하기도 하였다. 예를 들어 몽미노(Montminot)의 연맹제에서는 그날이 마침 숯 만드는 사람들의 축일인지라 그들도 국민방위대와 함께 행진하고, 함께 '가장 아름다운 체제인 프랑스 헌법을 지키기 위해 위험할 때 도끼를 들자'고 선서한 경우가 그러하다. 마치 전통적 축제에서처럼 '축제의 왕'이 연맹제를 주도하는 지방도 있었다. 샤토 포르시앙(Château-Porcien)의 연맹제에서 연설을 한 사람은 그해 '축제의 여왕'이었다. 그리고 드네제 수 르루드(Denezé-sous-le-Lude)의 연맹제에서 화톳불을 피우고 그 주위에서 춤을 춘 것도 마찬가지로 전통적인 관행의 흔적이다.

그리고 지방 연맹제의 종교적인 성격도 샹 드 마르스의 그것보다 훨씬 강했다. 지방에 따라 연맹제의 행렬에 십자가와 성체가 등장하기도 했고, 연맹제 의례 때 시장이 아니라 성직자가 연설을 담당하기도 했다. 전통적인 왕의 입성식을 모방하여 행사를 치른 지방도 있었다. 예를 들어 엑상프로방스의 연맹제에는 루이 16세의 초상화가 네 명의 국민방위군에 들려 북소리와 함께 입성했다. 그때 입성의 환상적 효과를 높이기 위해 국민방위대가 노래를 불러 루이 16세의 초상화를 환영하고 그 초상화가 국민방위대를 사열하였다고 한다.[28]

지방 연맹제의 새로운 면모

이처럼 지방 연맹제에 전통적인 요소가 강하게 남아 있긴 했지만 그렇다고 새로운 요소가 전혀 없었던 것은 아니다. 그 혁신성은 우선 행렬에서 확인할 수 있다. 전통적 행렬에 없었던 성과 나이별 구분에 의한 여성과 어린이 집단이 새로 등장한 것이다. 예를 들어 보포르 탕 발레(Beaufort-en-Vallée)의 행렬에 등장한 여성집단이나, 드네제 수 르랑드에서 벌어진 '여성 연맹제'가 그렇다. 돌(Dole)의 연맹제 행렬도 마찬가지다. 거기에는 관례대로 카르멜 수도회와 카푸친 수도회, 성 프란체스코 수도회·베네딕트 수도회·포도 재배업자·경작자·정원사 등 다양한 종교단체와 직업단체 들이 등장했지만 그 외에도 성에

국민과 법, 왕에 선서하는 자유를 상징하는 알레고리의 모습.

의해 구분된 소녀와 소년 집단이 등장해 눈길을 끌었다. 이런 전통과 혁신이 뒤섞인 다양한 집단의 등장은 군인으로만 주로 구성된 샹 드 마르스의 행렬과는 분명 다른 점이다.

연맹제에 등장한 다양한 시각적 상징물들도 이전에는 보지 못한 혁신적인 요소들이었다. 예를 들면 '서로 맞잡은 손'이나 '왕과 인민·법이 끝을 장식하고 있는 삼각자', '정규군과 국민방위대의 깃발을 동시에 잡고 있는 팔' 등 통합을 상징하는 이미지들이 그것이다. 자유를 상징하는 여성의 이미지가 만들어지고 확산되기 시작한 것도 그때의 일이다. 이 외에도 고대적 취향을 반영한 코린트식 기둥이나 도리아식의 기둥, 신전·오벨리스크, 태고시대를 상기시키는 지구와 천구의 모양, 이국적 취향을 반영하는 중국식 정자, 오렌지 나무와 석류나무, 조국의 제단 위를 장식한 천사들, 월계관·나침반·거울·펜대·병·잉크병을 들고 베일을 쓴 여성 등은 혁명 초 연맹적 축제가 확산되는 과정에서 새로운 시대와 사상을 표현하기 위해 만들어진 상징과 이미지 들이었다. 하나의 이미지가 하나의 이념을 표현하는 경우도 있고 여러 개의 이미지가 혼합, 결합하여 새로운 이념을 표현하는 경우도 있었다. 예를 들어 '자유의 모자를 쓰고 있는 화합과 지혜의 조상'이나 '삼색기를 휘날리는 천사들'이 그렇다. '상퀼로트 모자가 걸린 왕관' 역시 상퀼로트 모자와 왕관을 결합시켜 혁명 초 민중과 왕의 우호관계를 표현한 상징물이었다.[29]

이처럼 지방의 연맹제에는 모든 것이 뒤섞여 있었다. 환희와 폭력, 전통과 혁신, 왕을 향한 충성과 시민의 자유에 대한 확신, 종교와 혁명 등. 물론 이런 뒤섞임은 혁명 초의 어쩔 수 없는 현실이었다. 샹 드 마르스의 연맹제도 그 현실을 벗어날 수는 없었으며 지방의 경우 훨씬 심하였다. 지방 연맹제에 생동과 활력을 부여한 것은 바로 그런 다양한 뒤섞임이었다. 거기에는 각 지방 민중들의 자율성과 창의성이 마음껏 발휘되어 있었다. 하지만 그런 다양성과 자율성의 영역은 이후에 점점 줄어들었다. 파리의 중앙 정부가 공식적인 프로그램을 내려보내고 그것에 따라 지방 당국이 축제를 거행하는 방식이 관례화되었기 때문이다. 그 결과 혁명기의 축제는 통일적이지만 획일적인 것이 되었다. 이처럼 국민적 통합을 추구하는 과정에서 지방의 다양하고 자율적인 문화는 타격을 받았다.

4 국민 탄생의 신화

연맹제가 이후 역사에서 갖는 의미는 그것이 국민을 탄생시킨 신화라는 것이다. 연맹제는 바스티유의 습격을 기념하는 축제였음에도 불구하고 그날의 폭력적 기억을 지우고 그 위에서 '국민'이라는 새로운 정치공동체를 형성하려 하였다. 국민의 시원(始原)으로서의 그 신화는 이후 끊임없이 강조되고 재현되었다.

폭력 지우기와 국민 탄생

1790년 7월 14일의 연맹제는 두 가지의 의미를 가졌다. 하나는 1789년 7월 14일의 바스티유 함락을 기념하는 것이고 다른 하나는 새로운 시대를 향해 나아가기 위해 국민을 대통합하는 것이었다. 하지만 축제 조직가들은 전자의 의미는 가능한 한 축소하려 했다. 그 이유는 앞에서 잠깐 지적했듯이 바스티유 함락을 환기시키는 것은 과거의 민중적 폭력을 환기시키는 것이고, 그것이 국민적 대통합에 도움이 될 리가 없었기 때문이다. 연맹제의 목적은 과거의 폭력을 환기시키는 것이 아니라 미래를 위해 하나로 통합된 국민을 만드는 것이었다. 이런 맥락에서 당시 풀콩(Foulcon)은 폭력적 과거를 상기시키는 것에 반대하며 샹 드 마르스의 연맹제가 우애와 통합의 축제인 만큼 폭력적 과거보다는 미래를 향한 현재를 표현하는 것이 더욱 중요하다고 했다. 같은 이유로 팔루아(M. Palloy)는 샹 드 마르스에서 라파예트가 선서하는 동안 왕이 바스티유 모형을 망치로 부수는 모의를 제의했지만 받아들여지지 않았다. 왜냐하면 그런 제스처는 폭력을 환기시킬 수 있기 때문이다. 이쯤 되면 연맹제의 의의가 과거의 기념이 아니라 새로운 시작임이 분명히 드러난다. 루이 블랑(Louis Blanc) 역시 연맹제의 힘은 과거가 아니고 미래라고 했으며 보르도의 참사회장인 파트리(Patry)가 '연맹제는 가장 기억할 만한 축제에 관한 최후의 봉인'이라고 말한 것도 같은 맥락으로 이해할 수 있다.

이처럼 연맹제의 진정한 의미는 과거의 기념이 아니라 과거와의 단절이며 미래의 창조였다. 여기서 과거와의 단절이 의미하는 것은 구체제와의 단절이면서 동시에 혁명과의 단절이기도 했다. 이런 점에서 연맹제는 혁명에 대한 기억을 지워버리고 그 위에 국민적 통합이라는 이상을 새롭게 써내려가기 위한 정치 프로그램이라고 할 수 있다. 이 프로그램은 기억해야 할 대상을 오히려 망각시킴으로써 새로운 기억을 창출하는 기념제의 이데올로기적인 기능을 여실히 보여주었다. 기념제의 본질은 기억이 아니라 망각이다.

이처럼 연맹제는 과거의 기념이 아니라 새로운 시대의 시작, 기원으로서의 의미를 더 많이 가진다. 그렇다면 무엇의 기원이었을까? 그것은 연맹제의 또 다른 목적이었던 국민적 통합과 연관되어 있다. 국민적 통합은 연맹제를 지배한 가장 강력한 정신이었다. 당시 정부는 연맹제를 왕과 의회, 국민을 하나로 묶어 '국민적 대통합'을 성취하고 질서를 확립해 새로운 세계로 나아가기 위한 출발점으로 삼고자 하였다.

이런 정치적 의지는 샹 드 마르스의 설계와 장식, 공식 의례들 속에서 철저하게 구현되었다. '손수레의 날들'과 '조국 대순례'는 국민적 통합이 당국의 정치적 의지였을 뿐만 아니라 민중들의 열망이기도 했다는 점을 보여준다. 이 접점이 바로 국민적 통합의 신화가 발생한 지점이다. 당대인들도 후대인들도 연맹제만큼 국민적 통합을 완벽하게 구현한 축제는 없다고 주장한다. 20세기 초 사회주의 지도자 조레스(Jaurès)는 연맹제를 '자발적이고 동시적인, 통합적인 의지를 확산시키는 계기였다'고 평가했고, 미슐레는 '우애와 인간 본성의 초석으로 향하는 행진이며 사회성의 표현인 동시에 참된 보편 종교를 형성한 계기'였다고 평가하였다. 뿐만 아니라 연맹제는 이후 국민적 통합을 구현하고자 하는 모든 정치적 축제의 모델이 되었다. 이쯤 되면 연맹제는 가히 '국민을 탄생시킨 건국신화'라고 할 만하다.

연맹제 신화의 허구성

그런데 1790년의 연맹제가 이처럼 신화로 숭배될 만큼 완벽한 통합을 구현했는지는 의문이다. 실제 그 통합은 매우 불완전했다. 우선 그 통합에는 귀족들이 빠져 있다. 혁명 초 광범위하게 확산되어 있던 귀족에 대한 적대감이 샹 드 마르스 작업장에서 어떻게 표현되었는지는 이미 확인한 바와 같다. 그것은 분명 통합의 이면에 놓인 갈등과 배제의 또다른 측면이었다. 아이러니한 점은 그런 배제가 오히려 국민적 통합을 더욱 신성하게 정당화해주었다는 것이다. 혁명기 언론가 카미유 데물랭(Camille Desmoulins)은 샹 드 마르스가 신성한 이유는 그것이 오직 애국자들의 손으로만 만들어졌기 때문이라고 말하며 귀족들의 배제를 당연한 것으로 주장하였다.

이처럼 '귀족은 국민이 아니다'라는 인식이 당연하고 정당한 것으로 받아들여졌다. 사실 반혁명을 상징하는 귀족이 혁명의 제전인 샹 드 마르스에 초대받지 못한 것은 이해할 만하다. 그런데 거기에는 귀족들만 배제된 것이 아니었다. 혁명에 동참한 민중들도 역시 배제되었다. 민중의 배제는 매우 교묘하게 은폐되어 있었다. 귀족의 배제가 혁명가들에 의해 옹호된 것과는 달리 민중의 배제는 어느 누구에 의해서도 분명하게 언급되지 않았다. 오히려 당시의 의사록을 살펴보면 '시민적 연회에는 나이와 성(性), 재산에 상관없이 모든 사람이 참여했다'라고 기록되어 있다. 그러나 '모든 사람이 참여했다'는 것이 '민중들이 배제되지 않았다'라는 의미는 아니다. 민중들은 유지(有志)들의 '거만한 호의'에 의해 혹은 어떤 행운이나 우연에 의해서만 참여할 수 있었다. 예를 들어 퐁 생 테스프리(Pont-Saint-Esprit)의 연맹제는 의례가 끝난 후 군인들을 위해 마련된 연회와 스펙터클에 민중들도 참여할 수 있도록 했다. 그러나 민중들은 적극적으로 참여하지 못하고 '증인'으로서만 참석했다. 무도회에서 춤을 춘 것은 군인들이었을 뿐 민중들은 구경만 하였다. 그렇다면 왜 시당국과 군인들은 민중의 참석을 허용한 것일까? 그 이유는 그렇게 함으로써 '축제에 모든 시민이 함께했다'는 명분 혹은 합법성을 획득할 수 있었기 때문이다. 이런 점에서 민중의 참석은 축제 주최 측으로 하여금 '평등이 성취되었다'는 환상을 갖게 하는 조건이었다. 민중의 배제가 교묘히 은폐되어 있었다는 것은 이를 두고 하는 말이다.[30]

이 점은 19세기 역사가 텐느(H. Taine)에 의해 어느 정도 강조되었다.[31] 그는 연맹제의 통합이 사실 매우 불완전한 것임을 지적하면서

1792년 연맹제 때 루이 15세 광장에서 왕과 구체제의 상징물을 태우는 의식. 1790년 연맹제와 1792년 연맹제는 성격이 매우 달랐다. 전자가 국민의 통합을 이상적으로 구현했다면 후자는 왕에 대한 적대감을 노골적으로 표현했다.

그것의 일체성과 자율성·통합성을 비판적으로 재평가하였다. 그에 의하면 연맹제의 중심은 국민방위대로서 민중들이 배제되어 있었기 때문에 '연맹제에서 일체성이 이루어졌다'고 말하는 것은 어폐가 있다. 더 나아가 그는 연맹제의 통합의 신화였던 '손수레의 날들'이나 '조국 대순례'는 엄격히 말하면 7월 14일에 일어난 일이 아니라 그 이전에 일어난 일이기 때문에 연맹제와 직접적인 관계가 없다고 주장하였다.[32] 마지막으로 그는 7월 14일에 구현된 통합의 이미지조차 참된 통합의 표현이라기보다는 일시적인 타협의 산물이라는 점을 들어 연맹제 신화의 허구성을 지적하였다. 연맹제 이후 곧 왕과 의회, 국민 사이의 통합이 깨지고 분열의 조짐이 나타났기 때문이다.[33] 이런 점에서 프랑슈 콩테(Franche-Comté) 지방의 연맹제를 연구한 랑베르(M. Lambert)는 프랑스 대혁명의 신화 중에서 연맹제의 신화가 가장 참된 것이라는 점을 인정하면서도 결국 그것은 보통의 축제와 다를 바가 없고 그로 인한 결과는 아무것도 없다고 결론 내렸다.[34]

이처럼 연맹제의 신화는 실체에 있어 사실이 아닌 측면들이 있다. 하지만 연맹제가 신화로 작동하는 데 있어 그 점은 별로 중요하지 않다. 신화의 위대한 힘은 그 객관성에 있는 것이 아니라 환상과 상상을 자극할 수 있는 감득성에 있기 때문이다. 바로 이 점에서 연맹제의 신화는 실제 그 자체라기보다는 많은 사람들이 공유한 환상 혹은 기대였다. 이 국민 탄생 신화는 이후 끊임없이 강조되었다. 그리고 오늘날에는 프랑스 최대 국경일이 되었다.

이렇게 기원적 신화가 계속적으로 강조되는 이유는 헤게모니를 장악한 집단들이 이러한 신화를 소환함으로써 자신들의 보편적 정당성을 주장하고 또 그것으로 현실의 배타성을 은폐하려 하기 때문이다. 이 기원적 신화를 소환하고 재구성하기 위해 사용된 다양한 매체 중 하나가 축제이다. 축제를 통해 연맹제의 신화는 매년 반복적으로 재현되었다.[35]

제3부 공화주의를 향한 열망, 샹드마르스 축제

1 낭시 사건과 샤토비유 군인의 해방

1790년 7월 14일 샹 드 마르스에서 손을 잡은 왕과 국민은 얼마 되지 않아 서로 등을 돌렸다. 왕은 국민을 버리고 도주했고 국민은 왕을 버리고 공화주의를 주장했다. 그런 갈등이 축제라는 매개를 통해 표현된 최초의 사례가 샤토비유 축제였다.

축제와 정치의 관계

1790년 7월 14일의 통합이 불완전하고 일시적인 것이었음은 2년 후인 1792년 샤토비유(Châteauvieux) 축제와 시모노(Simonneau) 축제를 통해 증명되었다. 연맹제의 이념이었던 '왕과 의회, 국민의 통합'은 깨졌다. '국민'을 지지하는 민중세력들은 다비드(L. David)의 기획 하에 샤토비유 축제를 벌였고, 이에 '왕'을 지지하는 입헌주의 세력들은 켕시(Quincy)의 기획 하에 시모노 축제를 벌여 대응하였다.

샤토비유 축제와 시모노 축제는 정치적 해석, 즉 각 당파들이 축제를 정치적 수단으로 사용하였다는 해석을 강화시키는 대표적인 사례이다. 일찍이 19세기 역사학자 올라르(F. A. Aulard)는 샤토비유 축제가 혁명적 민중과 자코뱅파의 축제였다면 시모노 축제는 왕과 페이앙파의 축제였다고 주장하며 정치적 해석을 제시하였다. 그런데 올라르의 해석은 축제의 총체적 모습보다는 그것의 정치적 기능만을 지나치게 강조한 측면이 있었다. 이후 슈나이더(Schneider)는 축제의 이미지와 상징에 관한 연구를 통해 그 점을 보완하였다. 그는 샤토비유 축제는 다비드의 사실주의를 기반으로 하는 반면 시모노 축제는 켕시의 추상주의를 기반으로 하고 있다라고 주장하며 그 둘의 축제가 상이한 미학적 기반을 가지고 있음을 보여주었다.[1] 도우(Dowd) 역시 샤토비유 축제에 나타난 다비드의 민중적 표현과 시모노 축제에 나타난 켕시의 현학주의를 대조하며 비슷한 주장을 하였다.

이처럼 샤토비유 축제와 시모노 축제를 서로 다른 정치 세력을 대표하는 상이한 축제로 보는 견해는 그 축제의 목격자들에게서도 발견된다. 당시 애국주의적인 신문인 『파리의 혁명』에 의하면 시모노 축제는 교만하고 현학주의적인 어조로 인민에게 법과 질서를 주입하고자 했으며,[2] 법의 축제를 표방했지만 오히려 군사적이고 종교적인 축제 같았다고 한다.[3] 더 나아가 그 신문은 그들의 정치색이 드러난 발언일 수 있겠지만 시모노 축제는 샤토비유 축제만큼 민중적 열광과 호응을 얻지 못하였다고 평가하였다. 『파리의 혁명』지가 다소 샤토비유 축제에 편향적 시각을 가졌다면 온건한 신문인 『파리의 저널』(*Journal de Paris*)은 시모노 축제에 더욱 우호적이었다.

하지만 역사학자 오주프(M. Ozouf)의 견해는 위의 정치적 해석과는 좀 다르다. 그녀는 샤토비유 축제와 시모노 축제가 사소한 차이점에도 불구하고 결국 동일한 축제였다고 본다. 그녀에 의하면 두 축제 모두 사실주의와 추상주의를 공통의 미학적 기반으로 하고 있으며 고대

양식을 사용하였고, 두 축제 모두 '자유의 여성'을 주인공으로 했다는 것이다. 즉 정치적 지향점의 차이에도 불구하고 두 축제 모두 자유와 평등과 같은 공통의 혁명적 이념을 구현했다는 것이 그녀의 주장이다.[4] 하지만 오주프의 주장처럼 혁명기 축제들의 정치적 차이점을 무시하고 그것들이 모두 동일한 혁명적 이념을 구현했다고 말해버린다면, 각 축제가 가지고 있는 시대적 의미와 정치적 사건과의 유기적 관계, 그리고 그 축제의 독특한 성격을 파악할 수 없게 된다. 당시의 정치적 맥락 속에서 축제의 이미지와 상징은 더욱 분명한 의미를 드러내는 법이다. 하물며 모든 것이 정치적이었던 프랑스 혁명기에는 더욱 그렇다.

병사들의 반란과 해방, 축제가 되다

1792년 4월 15일에 샤토비유 축제를 거행한 배경은 2년 전으로 거슬러 올라간다. 1790년 당시 프랑스 부대는 두 가지 고질적인 문제를 가지고 있었는데, 하나는 장교와 병사 간의 신분 차이로 인한 부대 내 갈등이고, 다른 하나는 장교들의 병사들 급료 착복이었다. 이러한 문제들은 1790년 7월 14일 연맹제로 인해 더욱 악화되었다. 정규부대 소속의 병사들이 국민방위대의 '혁명성'에 감동받아 급진적 경향을 띠기 시작했기 때문이다. 급기야 파리 연맹제에 참가했던 병사들을 중심으로 밀린 봉급의 지불을 요구하는 폭동이 일어났고, 그것은 전국으로 확산될 조짐을 보였다. 지방 병사들의 이런 폭동에 직면한 국민의회는 당혹스러웠다. 당시 국민의회를 이끌던 인물 중 하나인 미라보(Mirabeau)가 군대의 질서를 유지하기 위해 프랑스의 모든 부대를 해체한 후 재조직하자고 말한 것을 보면 의회의 고충을 짐작할 만하다.

결국 국민의회는 사태를 합리적으로 해결하기 위해 8월 6일 해당 지역에 감찰사를 파견하였다.

낭시에도 역시 감찰사가 파견되었다. 낭시에는 세 개의 연대, 즉 기병대와 왕의 부대, 스위스인으로 구성된 샤토비유 부대가 있었다. 그 중에서 샤토비유 부대가 가장 혁명적이었다. 그런데 밀린 봉급 문제에 대한 세 부대의 저항방식과 이에 대한 장교들의 대응방식에 차이가 있었다. 기병대는 봉급을 요구하며 폭동을 일으켜 각자 3리브르씩을 받았고, 왕의 부대는 직접 연대의 금고를 약탈해갔다. 샤토비유 부대 역시 봉급을 요구하며 폭동을 일으켰다. 파리에서 파견된 감찰사 말세뉴(Malseigne)가 사태해결을 위해 투입된 곳은 이 샤토비유 부대였다. 그러나 사태는 해결되지 않고 오히려 기병대와 왕의 부대로 확산되었다. 이에 의회는 부이에(Bouillé) 장군을 파견해 강경진압에 나섰다. 장군은 '24시간 내에 폭동을 진압하고 복종하지 않는 폭도들은 처형하라'는 8월 16일자 의회 법령에 입각해 반란군을 잔인하게 진압하였다. 그 결과 수많은 병사들이 죽거나 체포되었다. 기병대와 왕의 연대에 소속된 병사들은 주모자만 투옥되고 그나마 곧 석방되었지만, 샤토비유 부대의 적극 가담자들 중 23명은 군법회의에 회부되어 처형되었고 나머지 42명은 갤리선의 노예형에 처해졌다.[5]

낭시 반란과 강경 진압에 대한 소식이 파리에 전해지자 여론이 크게 동요하였다. 여론은 부이에 지지파와 반대파로 갈렸다. 왕과 국민의회, 입헌군주파(페이앙파)는 부이에를 지지하였고, 민중협회는 반대하였다. 부이에 지지파들은 1790년 9월 20일 샹 드 마르스에서 낭시 반란을 진압하는 중에 사망한 부이에 장군의 병사들을 추모하는 장례식을 거행하였다.[6] 그러자 이번에는 민중협회와 생 탕트완느 교외의 주

1790년 9월 20일 샹 드 마르스에서 낭시 반란을 진압하던 중 사망한 병사들을 위한 장례식이 거행되었다.

민 4,000여 명이 국민의회 앞에 모여 부이에를 처벌할 것을 요구하며 시위를 벌였다. 당시 급진적인 정치 지도자였던 마라(J. P. Marat)는 샹 드 마르스의 장례식을 비난하며 '상복을 만들 돈이 있으면 그것으로 빵을 사서 굶주린 애국자에게 주라'며 야유하였다. 그때는 그해 '연맹제의 신화'가 있은 지 두 달도 지나지 않았을 무렵이었다.

그 일이 일어난 후 2년이 지난 1792년, 의회는 갤리선에 노예로 억류된 샤토비유 군인의 복권 문제를 두고 열띤 논쟁을 벌였다.[7] 의회 내의 논쟁은 사회 전반으로 확산되어 여론이 또 다시 분열되기에 이르렀다.[8] 2년 전과 마찬가지로 입헌군주파는 샤토비유 군인의 석방을 반대했고, 민중들은 석방을 찬성했다. 논쟁이 치열했던 만큼 아주 근소한 차이로 샤토비유 군인의 석방이 결정되었다. 샤토비유 축제는 그때 해방된 샤토비유 군인을 환영하기 위해 파리에서 벌어진 축제이다.

하지만 샤토비유 군인의 환영식이 처음 벌어진 곳은 파리가 아니라 그들이 갤리선에서 해방되어 제일 처음 발을 디딘 브레스트 시였다. 그 환영식은 자코뱅 클럽 브레스트 지부에서 있었는데, 그 자리에서 '파리의 소심한 시민들을 일깨우기 위해 샤토비유 군인을 파리 시민에게 보여줄 필요가 있다'라는 의견이 제기되면서 파리의 샤토비유 축제가 본격적으로 추진되었다.[9]

민중들의 축제 만들기

파리의 민중협회들은 1792년 3월 20일 주교관에서 모임을 갖고 자코뱅 클럽 브레스트 지부의 건의를 받아들여 샤토비유 축제를 열 것을 최종 결정하고 그 의례 형식과 비용 등을 논의하였다. 그 결과 의례는 민중협회 중앙위원회(Comité central des sociétés populaires)와 예술가들이 주관하고 비용은 자발적인 성금으로 충당하기로 결정되었다. 그리고 축제를 거행하는 날짜는 샤토비유 군인이 파리에 도착하는 주의 일요일로 정해졌다.[10]

얼마 남지 않은 시간을 감안해 곧장 축제 준비에 들어갔는데, 그 과정은 매우 자발적이고 자율적으로 진행되었다. 샤토비유 축제를 민중 축제라고 부를 수 있다면 그 이유는 주최가 민중협회였다는 점 때문이기도 하지만 준비 과정에 나타난 이런 민중의 자발성 때문이기도 하다. 당시 민중협회는 '샤토비유 축제는 열정적으로 진행되었지만 이틀도 못 가 웃음거리로 전락한 미라보의 장례식이나 볼테르의 팡테옹 안치식(l'apothéose)[11]과는 다른 축제로 만들자'는 야심찬 포부를 가지고 적극적으로 축제를 준비하였다.

축제 진행의 전체적인 계획과 초안을 마련한 것은 민중협회 중앙위원회(이후 중앙위원회로 생략함)였다. 당시 중앙위원회를 장악하고 있던 세력은 민중협회 중에서 가장 혁명적이었던 코르들리에 클럽이었다. 중앙위원회가 축제의 대략적인 계획과 초안을 작성했지만 나머지 세부적인 사항은 '예술가들의 천재성과 시민들의 애국심'이 더 잘 표현될 수 있도록 자율적으로 남겨두었다. 그리고 각 구의 협회와 단체들이 축제에서 담당할 역할과 그들의 행렬 순서, 그들이 지닐 상징들에 대해서도 자율성을 부여하였다. 단지 중앙위원회가 축제의 전체적인 규모와 순서를 미리 예측할 수 있도록 미리 보고만 하면 되었다. 또한 각 협회와 단체 들은 축제에 관련된 모든 것을 중앙위원회에 자유롭게 제안할 수 있었다. 그 제안들은 매일 저녁 여섯 시 중앙위원회에서 관계자들[12]이 참가한 가운데 토의를 거쳤고, 그 결과에 근거해 축제의 구체적인 프로그램이 만들어졌다. 이런 과정을 통해 알 수 있듯이 중앙위원회가 축제를 전체적으로 관장하긴 했지만 독단적으로 추진하기보다는 최대한 자율성을 부여하고 매일 회의를 열어 민중과 관계자들의 의견을 폭넓게 수용하였다.[13]

축제에 소요되는 경비 역시 국가 예산에 의지하는 공식적 축제들과는 달리 민중들의 자발적인 성금으로 충당되었다. 민중협회는 가능하면 적은 비용으로 축제를 치르되[14] 그것은 전적으로 애국적 시민들의 자발적 성금으로 충당한다고 결정하고, 각 구의 재판소와 주교관에 각각 중앙사무실을 설치해 성금을 접수하였다. 그 외에도 카페와 공공장소에서 수시로 성금을 모아 그것을 불루아(Bouloy) 가(街)에 사는 공증인 실리(M. Silly)에게 보내 일괄적으로 관리하게 하였다. 이렇게 모여진 성금으로 모든 경비를 다 충당하진 못했지만, 단기간에 5,000리브르의 성금이 모였다는 사실은 민중들의 적극적인 참여와 관심을 보여주는 지표가 아닐 수 없다. 축제를 성공시킬 수 있는 힘은 바로 이런 자발적이고 적극적인 참여이다.[15]

2 아! 사 이라

샤토비유 축제의 성공 원인은 준비 과정에서 드러났듯이 민중의 자발적 참여와 주최 측의 광범위한 자율성 허용이었다. 그리고 그 축제가 성공했다는 것의 지표는 축제 행렬의 배우와 관중이 경계를 허물고 하나가 되어 형성한 축제공동체였다.

자유의 거대한 행렬

축제를 방해하려는 귀족과 입헌군주파의[16] 시도에도 불구하고 1792년 4월 15일 축제는 예정대로 거행되었다. 그날의 행사는 생 탕트완느 교외에서 샹 드 마르스까지의 행렬과 샹 드 마르스의 의례, 연회 등으로 이루어졌다. 행렬이 시작되려면 아직 많은 시간이 남아 있는 이른 아침, 생 탕트완느 교외의 광장에는 벌써 축제가 시작되었다. 여기저기서 즐거운 노래와 춤, 막간극이 벌어지고 있었던 것이다. 정오가 되어서야 샹 드 마르스로 향하는 거대한 행렬이 움직이기 시작했다.[17] 트럼펫을 부는 헌병대를 선두로 해서 펼쳐진 그 행렬의 순서는 다음과 같다.

1. 트럼펫을 부는 헌병대.

2. 무장한 국민방위대와 창을 든 시민단체, 파리 정규군.

3. 인권선언문을 들고 있는 시민들. 그들이 들고 있는 깃발 중앙에는 '헌법'이라는 글씨가 쓰여 있고 가운데에서 각 귀퉁이로 갈라진 네 개의 줄무늬 위에는 각각 "사 이라"(Ça ira)라고 쓰여 있다. 그리고 깃발을 단 막대 위에는 자유의 모자가 씌워져 있다.

4. 조국의 학생(Eleves de la Patrie)과 앵발리드 부대(Soldats Invalides).

5. 프랭클린과 시드니(Sydney), 루소와 볼테르의 흉상을 든 시민들과 영국과 미국·프랑스의 깃발을 든 시민들.

6. 헌법책을 든 남편과 아내, 어머니와 아이들.

7. 각 도의 국민방위대 대표단.

8. 개인적 자격으로 초대받은 입법부 대표, 파리 시 관리, 행정 관료들.

9. 꽃으로 장식된 갤리선 모형과 실제 크기의 노(櫓)를 든 시민들. 갤리선의 받침대에는 시인 코르네유(Corneille)의 글, '죄는 증오와 처형을 부른다'가 적혀 있고 노 위에도 비유적인 글들이 적혀 있다.

10. 40개의 트로피를 든 흰옷을 입은 소녀들. 각각의 트로피에는 샤토비유 군인들이 노예 생활 중에 찼던 쇠사슬이 달려 있고 로마 공화정 문화를 상징하는 시민 관(冠)이 씌워져 있다.

11. 두 개의 고대풍 석관. 그중 하나는 군법회의에서 처형당한 23명의 샤토비유 군인을 위한 것으로 그 위에는 시민 관과 실편백 화관이 얹혀 있다. 그 석관 위에는 소레(Soret)[18]가 죽기 전에 남긴, '곧 부이에가 배반자임이 드러날 것이다. 국민 만세'라는 말이 적혀

있고 석관 아래의 초석에는 '부이에와 그의 공모자들만이 유죄이다'라고 적혀 있다. 또 다른 석관은 낭시 반란 때 숨진 국민방위대를 위한 것으로, 그 관의 양 측면에는 '낭시에서 죽은 국민방위대의 망자들에게'라고 적혀 있다.

12. 혁명가 콜로 데르브와(Collot d'Herbois)와 브레스트 시의 두 명의 대표인 비뇽(Vignon)과 라비(Raby), 그리고 각 도의 군인과 샤토비유 군인들. 여기에 바스티유 습격 때 숨진 시민들의 미망인과 고아들이 뒤따른다.

13. 약 높이 7.3미터, 길이 8.3미터, 넓이 3.4미터의 거대한 고대풍의 마차. 마차의 양 측면과 등판에는 낭시 사건을 상기시키는 이미지와 브루투스·기욤 텔의 모습이 그려져 있다. 마차의 받침돌 위에도 다양한 알레고리적 이미지들이 있는데, 귀족들이 '상업'과 '농업' '과학'과 '예술'을 표현하는 알레고리를 향해 채찍을 휘두르는 이미지, '철학'과 '이성'의 알레고리가 길 위에 쓰러진 민중에게 손을 내미는 이미지, 다시 부활한 민중이 귀족을 창으로 찌르고 '농업'과 '상업' '과학'과 '예술'을 구원하고 그들에게 '자유'와 '생명'을 주는 이미지 등이다. 그리고 '자유'와 '평등'의 알레고리가 서로 껴안고 그 아래에 '프랑스 인이여, 뭉치면 자유롭다'라고 쓰인 이미지도 있다. 마차의 가장 높은 곳에는 자유를 상징하는 여성이 고대풍의 의자에 앉아 한 손에는 곤봉을, 다른 한 손에는 자유의 모자를 꽂은 창을 들고 있다. 그녀의 발아래에는 깨어진 멍에가 놓여 있고, 그 앞에는 향이 타고 있다.

14. 행렬의 맨 뒤에는 말을 탄 광대가 풍자적이고 해학적인 웅변을 하며 뒤따르고 있다.[19)]

분노를 노래하다

그 긴 행렬이 지나는 거리마다 시민들이 몰려나와 갈채와 환호를 보내며 "국민 만세" "샤토비유 군인 만세" "콜로 데르브와 만세" "브레스트 시 대표 만세"를 외쳤다.

열렬한 환호를 받으며 행렬은 바스티유의 폐허에 도착했다. 폐허 한가운데에는 삼색기가 나부끼는 깃대가 꽂혀 있었는데 그 위에 자유의 모자가 씌워져 있었다. 그 깃대와 함께 그곳이 이전에 바스티유 감옥이 있었던 자리임을 표시하는 무대가 세워져 있었다. 그리고 폐허 주변에 여덟 개의 텐트가 세워져 있고, 그 텐트들 사이에 세 개의 흉상이 놓여 있었다. 행렬이 바스티유 폐허로 들어오자 여덟 개의 텐트가 걷히면서 거기서 여덟 개의 상징적인 집단이 나왔다. 즉 바스티유의 정복자와 프랑스 방위대, 자유의 사도들, 국민방위대, 폐병(廢兵), 학생들, 퇴역군인들, 외국인들(유색인·미국인·폴란드인)이 그들이다. 그런 후 팔루와가 83개 도(道)의 깃발에 둘러싸여 샤토비유 군인들에게 다가가 환영의 인사와 포옹을 하였다. 뒤를 이어 두 명의 프랑스 부대 군인이 자유의 여성 앞에 엎드려 향을 피웠다. 그 '신성한 종교 행위'가 이루어지는 동안 깃발이 내려지고 음악대의 연주가 이어졌다. 곧이어 「사 이라」가 불려졌다. 원제목이 「아! 사 이라」(Ah! ça Ira)인 그 노래의 가사는 당시 민중들이 귀족들에게 얼마나 섬뜩한 적의를 가지고 있었는지를 잘 보여준다.[20]

아! 사 이라, 사 이라, 사 이라, 귀족을 매달자.
300년 동안 그들은 빵을 준다고 약속했지.

'아! 사 이라'라고 쓰인 깃발을 들고 노래를 부르고 있는 여성의 모습.

300년 동안 그들은 창녀와 함께 축제를 벌였지.
300년 동안 그들은 거짓말과 감언이설로 우리를 짓밟았지.
우리는 더 이상 고통 속에서 죽지 않을 것이다.
아! 사 이라, 사 이라, 사 이라, 귀족을 교수대로!

아! 사 이라, 사 이라, 사 이라, 귀족을 매달자.
300년 동안 그들은 피리와 북소리 속에서 전쟁을 하며
우리를 고통 속으로 몰아넣었지, 항상 참을 수만은 없지.
300년 동안 그들은 우리를 지배하다가
결국은 우리를 짐승처럼 취급했지, 항상 참을 수만은 없지.
아! 사 이라, 사 이라, 사 이라, 귀족을 교수대로!

아! 사 이라, 사 이라, 사 이라, 귀족을 매달자.
당신들을 위한 징벌이 준비되었다. 이제 인민이 권리를 획득했으므로.
당신들이 우리를 조롱했지만 이젠 끝이다.
우리의 시대가 되었고 이젠 당신들 차례다.
바로 우리가 법을 만들었기 때문에…아! 아! 아!
죽음으로!!!

다같이 어우러지는 기쁨의 행렬

바스티유 폐허에서의 간단한 의례가 끝나고 그곳을 떠날 때에는 새로운 사람들이 행렬에 추가되었다. 팔루와를 선두로 파리 시의 깃발과

'헌법' '자유' '용맹' '충성'이라고 쓰인 바스티유의 돌, 바스티유 함락 때 빼앗은 깃발, 자유의 모자가 씌워진 창을 든 시민들이 그때부터 함께 행진에 가담하였다. 그런데 바스티유 폐허를 떠나려는 순간 감동적인 에피소드가 벌어졌다. 행렬이 막 출발하려는데 샤토비유 군인들이 무거운 쇠사슬을 든 부인들에게 달려가 자신들이 그 무거운 짐을 지겠다고 자청한 것이다. 물론 이 간청은 그 일을 영광으로 생각하고 있던 부인들에 의해 거절되었지만 말이다.

행렬이 지나는 길의 건물과 지붕에는 사람들로 발 디딜 틈이 없었고, 심지어 거리의 가로수마다 행렬을 보기 위해 네댓 명의 사람들이 올라가 있었다. 거리의 사람들은 끊임없이 "국민 만세" "샤토비유 군인 만세" "프랑스 부대 만세"를 외치며 행렬을 환영했다. 행렬에 뛰어드는 사람도 있었다. 그러면 관중과 행렬이 하나 되어 「사 이라」 등의 노래를 부르면서 원을 만들어 춤을 추었다. 중간에 뛰어드는 관중들이 점점 많아지면서 행진은 자주 중단되었고, 그로 인해 노래하고 춤추는 시간이 많아지면서 행진 속도도 느려졌다. 그런 즉흥적이고 우발적인 사건들은 행사 자체를 지연시키긴 했지만 샤토비유 축제를 빛낸 활기찬 장면이었다.

행렬이 드디어 루이 15세 광장에 이르렀다. 그곳에 세워진 루이 15세 조각상에 자유의 모자가 씌워져 있었지만, 한 시민의 표현에 의하면 그것은 매우 '어색해' 보였다. 다음으로 행렬은 튈르리 궁과 팔레 부르봉을 지났는데, 거기에 세워진 루이 16세의 조상은 덮개로 가려져 있었다. 이처럼 행렬이 지나는 길에는 구체제 상징물들의 의미를 바꾸거나 그 흔적을 지우기 위한 장치가 곳곳에 마련되어 있었다. 샹 드 마르스 입구에는 군인 병원이 있었는데, 환자들은 그 창문에 자유의 모자

샤토비유 축제의 행렬.

를 달고 얼굴을 내밀어 열렬히 환호하였다. 사실 그들은 병실에 있어야 했지만 이날만큼은 이런 식으로 축제에 동참할 수 있도록 병원 당국으로부터 특별히 허락받았던 것이다.

샤토비유 축제 행렬은 신분 질서를 과시하는 전통 사회의 위계적인 행렬도 아니고 연맹제 때 행해진 것과 같은 군사적 퍼레이드도 아니었다. 당시 『파리의 혁명』은 샤토비유 축제의 행렬에 대해 '그것은 배우와 관중이 뒤섞여 질서가 없긴 했지만 조화가 있었고, 다양하고 흥미로운 장면들이 연출되어 권태롭지 않았으며, 중간중간에 여러 사람들이 끼어들어 행진이 끊기기는 했지만 곧 다른 사람들이 그 공백을 메웠고, 그래서 행렬은 길어지고 활기차졌다'라고 언급하였다.[21] 거리의 관중들은 행렬 중에 「인권선언」이 나타나자 그 주위로 몰려가 인권선언의 첫 구절을 낭독하며 「사 이라」를 불렀고, 샤토비유 군인이 나타나자 그들에게 달려가 포옹하였으며, 자유의 마차를 보자 그것을 둘러싸고 파랑돌 춤을 추며 노래를 불렀다. 이처럼 관객과 배우가 하나 되는 기쁨의 '축제공동체'(comunitas)[22]야말로 축제에 활기를 주는 요소가 아닐까?

마지막으로 행렬의 맨 뒤를 장식했던 '광대'의 모습에 주목할 필요가 있다. 그것은 전통적 카니발 축제의 핵심 모티프이다. 이 광대의 모습은 샤토비유 축제의 새로운 요소들에도 불구하고 이후 민중축제에서 많은 전통적 요소들이 부활되리라는 점을 암시한다. 실제 1793년 이후 발달한 민중축제의 중요한 표지 중의 하나는 다양한 전통적 모티프들이다.[23]

행렬이 샹 드 마르스에 들어서자 원형경기장을 가득 메운 40만 명의 시민들이 모자를 집어던지면서 "국민 만세"를 외치며 환호하였다. 샹 드 마르스 한 가운데의 조국의 제단은 검은 상장으로 장식되어 있었다. 팔루아와 '자유의 여신'이 제단 위에 올라가 바스티유에서 가져온 네 개의 돌을 바치고 향을 피워 제단을 정화시켰다. 그 뒤 콜로 데르브와가 샤토비유 군인과 브레스트 시의 대표들을 이끌고 제단으로 올라가 연설을 하였다. 그 연설이 끝나자 샤토비유 군인들이 제단을 장식하고 있던 검은 상장을 떼어내고 삼색기를 단 후 제단의 주위에 영국과 미국·프랑스의 국기를 놓았다. 그것은 낭시 사건에서 희생된 군인들의 애도를 끝내고 새로운 혁명과 새로운 시대로 들어섬을 의미하는 제스처였다. 그 제스처와 동시에 음악대의 감동적인 연주가 울려 퍼졌다. 샹 드 마르스의 의례는 약 한 시간 동안 열광과 환희, 우애와 화합 속에서 진행되었다. 의례가 끝난 후 자유의 마차는 원래의 출발지로 돌아갔는데, 그때에도 역시 "국민 만세"와 「사 이라」 노랫소리가 끊임

없이 이어졌다. 그리고 그 이후 밤늦도록 연회가 벌어졌다.[24]

대혁명이 시작된 이후 이미 두 번의 연맹제와 몇 번의 장례식과 팡테옹 안치식을 경험한 파리 시민들에게도 샤토비유 축제는 매우 '새로운' 축제로 인식되었다. 그래서 『파리의 혁명』은 그것을 '민중적 축제의 최초의 장르'라고 했으며,[25] 한 시민은 '모든 광신적이고 미신적인 행렬과는 다른 새로운 스타일(nouveau style)의 행렬'이라고 언급하였다.[26] 4월 23일 국민의회에서 연설한 생 탕트완느의 한 주민에 의하면 그 새로운 축제는 '민중이 명령하고 준비하고 경축한 민중들의 축제'였다.[27] 연맹제가 공식적 축제의 모델이었다면 샤토비유 축제는 비공식적인 민중축제의 모델이었다고 할 만하다.

3 자유의 축제인가, 공화주의 축제인가

샤토비유 축제는 프랑스 역사상 처음으로 공화주의적인 정체성을 지향한 축제이다. 이 축제는 공화주의에 대한 시민들의 지지를 이끌어내려는 의도를 담고 있었는데 그것은 반군주제적인 담론과 공화주의 이념을 드러내는 직간접적인 이미지들을 통해 실현되었다.

법의 축제와 자유의 축제

샤토비유 축제 행렬에서 가장 중심은 샤토비유 군인 바로 뒤에서 행진했던 '자유의 마차'였다. 측면에 '프랑스 인이여, 뭉치면 자유롭다'라는 글귀가 쓰여 있던 자유의 마차는 행렬의 장식물 중에서 가장 화려하고 거대했다. 이 외에도 샤토비유 축제에는 자유를 외치는 구호와 자유를 상징하는 이미지들이 범람했다. 그래서 흔히 샤토비유 축제를 '자유의 축제'(Fête de la Liberté)라고 부르기도 한다. 하지만 이 '자유'는 샤토비유 축제의 이념, 혹은 정체성을 온전히 설명해주지 못한다. 몇 주 후에 거행된 시모노 축제도 온통 자유의 구호와 이미지 들로 도색되었기 때문이다.[28)] 하물며 시모노 축제를 주관한 정치세력과 샤토비유를 주관한 정치세력이 대립하고 있었던 상황이라 더욱 그러하다. 두 축제에서 구현된 자유의 의미가 어떻게 다른지 검토해야 하는 이유가 여기에 있다.

시모노 축제는 샤토비유 축제가 거행된 지 얼마 되지 않은 1792년 6월 3일 입헌군주파가 죽은 시모노를 기념하기 위해 거행한 축제였다. 시모노는 같은 해 3월 3일 곡식의 공정가격제를 요구하는 민중들에 의해 교살된 에탕프(Étempes)의 시장으로, 민중의 요구에 맞서 법을 수호한 인물로 인식되고 있었다. 따라서 시모노 축제의 1차적인 목적은 시모노의 죽음을 애도하는 것이지만, 그 기회에 법을 어긴 민중을 비난하고 준법정신을 강조하려는 정치적 의지의 표현이기도 하였다.

시모노 축제의 행렬은 켕시가 기획하였다. 법의 깃발을 든 헌병대를 선두로 해서 각 구의 관리들, 법률 책을 실은 수레, 창에 찔린 거대한 상어의 알레고리, 왕홀을 든 자유의 여신을 태운 마차 등이 이어졌다. 샤토비유 축제의 행렬에서와 마찬가지로 이 행렬에서도 자유의 마차가 하이라이트였다. 그러나 자유의 마차에 쓰여 있는 글귀가 다르다. 샤토비유 축제의 마차에는 '프랑스 인이여, 뭉치면 자유롭다'라고 쓰여 있던 반면 시모노 축제 마차의 문구는 '법에 복종하는 사람은 진실로 자유롭다'였다. 따라서 시모노 축제에서 구현한 자유의 의미가 무엇인지는 분명해진다. 그것은 법에 대한 복종이다. 좀더 구체화시키면 자유의 여신의 손에 든 왕홀이 암시하듯 입헌군주제의 틀 내에서 만들어진 법에 대한 복종이다. 이처럼 시노모 축제는 시모노에 대한 애도에서 자유의 예찬으로 그리고 다시 법에 대한 복종과 입헌군주제에 대한 옹호로 이어진다. 이런 점에서 시모노 축제는 '법의 축제'(Fête le la Loi)라고 부르기에 손색이 없다.[29]

시모노 축제의 행렬 모습. 흔히 '법의 축제'라고 불린 이 축제 행렬 가운데 '법'의 마차가 보인다.

한편, 샤토비유 축제가 왕을 지지하지 않았음은 분명하다. 물론 축제에서 왕의 상징물을 태운다거나 '군주제 타도'를 외치는 것과 같은 극단적인 행동은 없었다. 그러나 간접적이고 교묘하게 왕에 대한 적대감이 나타났다. 앞에서 살펴본 바와 같이 덮개로 가려진 루이 16세의 조각상과 '우스꽝스럽고 어색하게 자유의 모자가 씌워진 루이 15세의 조각상'이 그 예이다.30) 뿐만 아니라 왕에 대한 저항을 상징하는 인물인 시드니 조각상의 전시와 '우리는 독재자와 타협하지 않는다'라고 쓰인 플래카드도 왕에 대한 적대감의 표현이라고 볼 수 있다.31) 축제 자체보다 축제에 관한 보고서나 회고록에 반군주제적인 담론이 더욱 분명하게 표현되어 있다. 예를 들면 '독재자의 조각상이 세워져 있고 맹세를 지키지 않는 왕이 거주하고 있는 튈르리 궁은 민중에게 멸시의 감정을 일으켰다'라든가,32) '궁정에 갇힌 타락한 신'33) '자유의 마차는 전제군주의 왕관보다 고결하다'34) '독재자는 십자가와 청색리본을 가지고 국민을 타락시켰다'35) '영국인들도 독재자를 싫어한다면 이

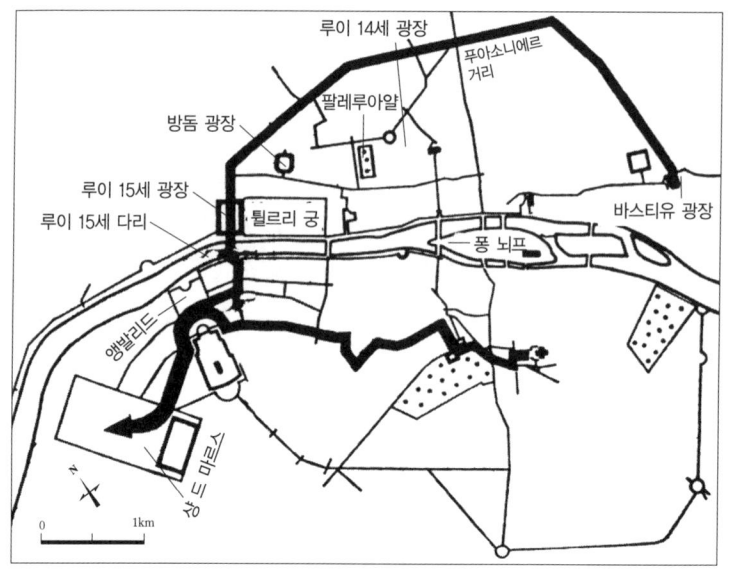

1792년 4월 15일의 샤토비유 축제와 같은 해 6월 3일 행해진 시모노 축제의 행렬 경로. 바스티유와 루이 15세 광장을 지나는 위쪽의 경로가 샤토비유 축제의 경로이고, 강 아래쪽에서 바로 앵발리드를 거쳐 샹 드 마르스로 들어가는 것이 시모노 축제의 경로이다.

축제에 동참해야 한다'라는[36] 표현들이 그렇다.

공화주의, 급물살을 타다

샤토비유 축제가 구현한 자유가 입헌군주제적인 자유가 아니라면 무엇일까? 그것을 파악하기 위해서는 그 당시의 정치적 맥락, 특히 샤토비유 축제를 주관했던 민중협회의 정치운동을 살펴볼 필요가 있다. 1791년 6월 21일 국왕의 바렌느 도주 사건은 민중운동의 커다란 분수령이었다. 그 사건을 계기로 민중운동이 공화주의로 급선회하고 공화주의 담론이 급진화되었다. 물론 공화주의에 관한 논의가 그 이전에 없었던 것은 아니다. 이미 1790년과 91년 헌법이 제정되는 과정에서 공적 공간을 중심으로 헌법에 관한 논의가 활발해지고 헌법 관련 출판물이 증가하면서, 공화주의는 자유나 국민주권·법·거부권 등의 개념과 함께 논의의 핵심이 되었다.[37] 하지만 그때의 논의에서 공화주의는 하나의 정치 체제라기보다는 '인민의 자유를 보장해줄 수 있는 정부'쯤으로 이해되었다. 하나의 정치 체제를 의미하지 않았기 때문에 입헌군주제 하에서도 인민의 자유만 보장된다면 공화주의의 원리는 유지될 수 있다고 보았다. 1790년 공화주의자인 콩도르세는 '자연권에 입각한 정부 하에서 자유가 가장 잘 보장될 수 있다'고 주장하였는데 이 말은 '입헌군주제가 자연권에 입각해 인민의 자유를 보장해준다면 그것이 곧 공화주의 정부'라는 의미이다.[38] 왕이 바렌느로 도망가기 한 달 전 카미유 데물랭은 '공화주의라는 것은 자유로운 상태로서 왕이나 주 장관·총독·황제 등이 있어도 상관없다. 그 이름은 전혀 중요하지 않다'라고까지 하였다.[39] 항상 신중하게 때를 기다리길 좋아하던 로베스피에르는 바렌느 도주 사건이 일어난 후인 1791년 7월 13일까지도 자코뱅 클럽의 한 연설에서 '공화주의란 특정한 정치 형태를 의미하지 않는다. 그것은 조국을 가진 자유로운 인간들의 정부'라고 주장할 정도였다.[40]

그러나 왕의 도주 사건은 공화주의 담론에 급격한 변화를 가져왔다. 그 사건은 왕정의 몰락만이 아니라 반군주제적인 담론을 급진화시키고 공화주의 담론을 더욱 본격화시켰다는 점에서도 결정적인 사건이었던 셈이다. 그때부터 반군주제적인 담론과 공화주의 담론이 결합되기 시작하였다. 두 개의 정치 체제는 더 이상 양립할 수 없었다. 도처에서 왕의 상징들이 제거되었으며 왕을 비난하는 소책자와 저널·캐리커처 들이 쏟아졌다. 그런 반군주제적인 담론의 홍수 속에서 공화주의 담론이 회자되고 그러면서 이미 공화주의에 대한 광범위한 공감대가 형성되었다.⁴¹⁾

콩도르세와 페인·루틀리지(J. J. Rutlidge)·브리소·로베르(F. Robert)·본느빌(Bonneville)·라비콩트리(Lavicontrie)·데물랭 등은 대표적인 반군주제적 공화주의자들이다. 로베르는 1791년 7월 초 『프랑스에서 채택된 공화주의』(Le République adapté à la France)라는 유명한 팸플릿에서 1790년의 공화주의 개념을 수정하였다.

특히 라비콩트리의 경우는 바렌느 도주 사건을 전후로 공화주의자들의 생각이 얼마나 급진적이고 반군주적으로 선회하였는지를 잘 보여주고 있다. 그는 1790년 『인민과 왕』(Du Peuple et des rois)을 통해 군주제의 세습을 비판하였고, 1791년 6월 초에는 『국민의회에 대한 인민의 권리』(Les Droits du peuple sur l'assemblée national)를 통해 자유와 도덕을 더럽히는 법령을 비판함으로써 공화주의적인 면모를 보여주었다. 이처럼 군주제에 비판적이었지만 그가 군주제 자체를 부정한 것은 아니었다. 그러나 그는 바렌느 도주 사건 이후 1792년에 출판된 『세금 없는 공화국』(République sans impôt)에서는 더 이상 공화주의와 군주제가 양립할 수 없음을 분명히 하였다.⁴²⁾

그런데 그처럼 공화주의가 입헌군주제에 등을 돌린 데에는 '왕의 배신'이라는 계기 외에 좀더 본질적인 이유가 있었다. 그것은 바로 입헌군주제 하에서는 인민의 자유가 불가능하다는 것을 깨달았기 때문이다. 1790년과 91년 사이 국민의회는 민중운동을 억압하는 일련의 보수적인 법률을 제정하였다. 1790년 가을에는 민중협회의 모임 날짜와 시간을 시청에 신고하도록 하였으며, 이듬해 봄에는 국민방위대 편성에서 수동적 시민을 배제하고 국민의 청원권을 제한하였으며, 그해 6월 노동자의 단결과 파업을 금지하는 르 샤플리에(Le Chapelier) 법을 발표하였다. 바렌느 도주 사건을 계기로 국민의회는 더 보수적이 되었고, 당연히 공화주의로 선회한 민중운동에 대한 탄압도 강화하였다. 결국 1791년 9월 29일 민중협회의 정치 활동, 의회에 대한 집단적 청원이나 대표단의 파견을 전면 금지하는 법령을 공포하기에 이르렀다.[43]

그러자 공화주의자들은 국민의회의 보수적 법률에 대해 맹렬히 비난하였다. 로베르는 '인민이 직접 만들지 않은 법에 복종하는 것은 노예제와 다름없다'고 주장하였다. 그런 과정에서 공화주의자들은 법이 인민의 자유를 지켜주는 것이 아니라는 것을 알게 되었다. 이러한 인식은 '입헌군주제 하에서도 자연법에 입각해 인민의 자유가 존중된다면 공화주의 정부라고 할 수 있다'라는 초기의 공화주의 사상과 분명한 단절을 보여준다. 이 당시의 정치적 맥락 속에서 판단하건대 공화주의자들에게 법이란 곧 '자유의 억압'을 뜻하는 것이었다.

공화주의를 주도한 모임들

법과 자유에 대한 공화주의자들과 입헌주의자들의 인식의 차이를 가장 잘 보여주는 것이 바로 샤토비유 축제와 시모노 축제이다. 시모노 축제가 '법에 복종하는 자만이 자유롭다'고 주장한 반면, 샤토비유 축제는 '결코 법의 이름으로 살인을 명령하지 말라'고 주장하였다. 샤토비유 축제가 추구한 것은 입헌군주제에 반대되는 것으로서, 새로운 정치 체제로서의 공화주의였다. 이제 샤토비유 축제를 주최했던 민중협회와 각종 단체들의 정치적 성향을 살펴봄으로써 그 점을 다시 한 번 확인해보자.

대혁명 시기, 특히 1790년과 91년 사이 공화주의 담론을 조직화하며 그 운동을 주도한 것은 각종 모임들, 특히 민중협회와 코르들리에 클럽, 로베스피에르가 장악하고 있던 양성 우애 협회(Société fraternelle des deux sexes)[44], 자코뱅 클럽, 그리고 사회 서클(Cercle social)과 미덕 동지회(Amis de la Vérité) 등이었다. 그들은 모두 공화주의 운동에 관여했지만 활동의 정도나 성격은 다양하였다.[45] 그중에서 공화주의 운동을 가장 적극적으로 주도한 것은 민중협회와 코르들리에 클럽이었다. 1790년에 처음 등장한 민중협회는 1790년과 91년 공화주의 운동이 확산되는 데 중요한 역할을 하였다. 교육적 기능과 정치적 기능을 동시에 가지고 있었던 민중협회는 마티에(A. Mathiez)가 '민중의 대학'이라고 언급하였듯이[46] 교육과 토론의 장이었다. 이곳에서는 민중을 모아놓고 국민의회의 법률, 국민주권이나 자유 · 법 · 공화주의에 관해 설명하고 토론하였으며, 그 과정에서 공화주의가 넓게 확산되었다. 또한 민중협회는 단순히 교육적인 기능에만 머무르지 않고 각종 청원 운동과 공화주의 시위를 주도하였는데, 1791년 7월 17일 샹 드 마르스의 공화주의 시위를 비롯하여 바렌느 도주 사건 이후 더욱 증가한 수많은 시위나 축제들이 이들에 의해 조직되었다. 물론 샹 드 마르스 시위가 실패하면서 두 달 동안 민중적 시위가 전면 금지되기도 했지만 그렇다고 해서 공화주의 운동이 완전히 사라진 것은 아니었다. 입법의회의 소집, 유럽 군주국의 위협과 전쟁의 조짐, 경제적 어려움 등 여러 상황이 악화되면서 급진적 공화주의 운동이 다시 활기를 띠었다. 이런 일련의 공화주의 운동이 있었기에 1792년 6월 20일과 8월

10일의 튈르리 궁 침입과 그로 인한 왕정의 몰락, 공화제의 성립이 가능하였던 것이다.[47]

공화주의 운동이 성공한 이유는 각 협회와 클럽의 효과적인 연결과 협력이 있었기 때문이었다. 1791년 5월부터 급진적인 공화주의 운동을 주도해온 코르들리에 클럽이 민중협회에 접근해 관계를 강화하였다. 그들의 유대관계는 민중협회 중앙위원회(의장 로베르)에 의해 더욱 공고해졌다. 실제로 이 중앙위원회를 장악한 세력이 코르들리에 클럽이라는 점을 감안하면 코르들리에 클럽이 전체 민중협회에 상당한 영향력을 행사하였음을 짐작할 수 있다. 이후 코르들리에 클럽은 민중협회와 자코뱅 클럽을 중개하여 그들 사이의 연계도 강화하였다. 그 결과 코르들리에 클럽과 자코뱅 클럽, 민중협회 등은 확고한 유대 관계를 가진 공화주의 세력을 형성하였다. 샤토비유 축제는 이렇게 각 서클과 협회의 유대 관계가 돈독해지고 공화주의 운동이 강화되는 시점에서 모든 공화주의 세력들이 연합해서 거행한 축제였다.[48]

공화주의적 감정을 표출한 샤토비유 축제

샤토비유 축제의 위와 같은 성격에도 불구하고 그것이 '공화주의적인 축제'였다고 선뜻 주장할 수 없는 것은 그 축제 어느 곳에서도 명시적으로 공화주의를 주장하지 않았기 때문이다. 공화주의를 주장하는 글귀나 '공화국 만세'의 구호 등이 전혀 나타나지 않았다. 축제를 전후해 나온 수많은 관련 팸플릿 속에서도 공화제를 직접 주장하는 내용은 찾아볼 수 없다. 당시 사회 일반에 공화국에 대한 담론의 수준이 어느 정도에서 진행되고 있었든지 간에 최소한 샤토비유 축제에서는 공화주의에 관한 담론이 명시적으로 등장하지 않은 것은 확실하다.

리리스(E. Liris)에 의하면 '공화제가 정확히 어떠한 의미를 가져야 하는가?, 그 상징이나 공식 명칭은 어떠해야 하는가?'와 같은 구체적인 논의는 1792년 9월 21일 공화제가 선포되고 난 이후에 이루어졌다고 한다. 물론 그렇다고 이전에 공화주의에 대한 논의가 없었던 것은 아니다. 공화주의에 대한 명시적 주장은 없었지만 공화주의를 향한 기대와 열망이 넓게 확산되어 있었다. 우장디바라스(M. Uasandivaras)는 그것을 '공화주의적 감정'이라고 불렀다.

그는 혁명 직후부터 1792년 공화정 설립까지 연극에 표현된 공화주의를 연구한 결과 당시 활발한 공화주의 담론과 군주제에 대한 비판에도 불구하고 연극에서는 공화주의를 드러내는 구호나 상징 들이 나타나지 않았다고 주장하였다. 대신에 그는 '군주제를 비판하고 새로운 체제를 열망하는 수많은 주장들'을 발견하였는데, 그것을 '공화주의적인 감정'이라고 한 것이다. 또한 그는 그것을 '군주제에서 공화제로 넘어가는 과도기적인 감정'이라고 보았다.[49]

샤토비유 축제도 이와 같은 맥락에서 생각해볼 수 있을 것이다. 그 축제 속에는 군주를 비난하고 공화주의를 지향하는 감정이 팽배해 있었고, 그 감정들은 다양한 상징과 이미지들을 통해 표현되었다. 그 감정과 상징은 공화주의적 감정, 공화주의적 상징이었다.[50]

우선 축제에 등장하는 인물들을 통해 그 점을 확인할 수 있다. 스위스 공화국의 영웅인 기욤 텔, 미국 독립선언과 공화국 헌법의 탄생에 공헌한 프랭클린, 로마 공화정의 초대 집정관인 브루투스가 바로 그들이다. 특히 브루투스는 프랑스 대혁명 시기에 공화국을 상징하는 대표적인 인물로 관공서의 홀과 축제의 행렬을 장식했다. 이 외에도 미국

자유의 나무 아래에서 '공화국'을 상징하는 여성이 헌법을 들고 있다. 한 손에 패소를 들고 앉아 있는 이 여성의 모습은 샤토비유 축제에서 '자유'를 상징했던 여성의 모습과 다르지 않다.

과 영국의 깃발(영국은 의회주의), 석관을 장식하였던 시민 관(冠) 등도 공화주의적인 정치 체제와 연관되어 있다.[51]

　무엇보다 중요한 것은 샤토비유 축제 행렬의 하이라이트였던 '자유의 여성'이 1792년 공화국이 설립되면서 공화국을 상징하는 여성이 되었다는 점이다. 헌트(L. Hunt)에 의하면 당시에 여성은 공화국을 상징할 수 없다는 반대에도 불구하고[52] 자유의 여성이 공화국의 상징이 될 수 있었던 이유는 그 반군주제적인 이미지가 갖는 정치적 이점 때문이었다고 한다. 공화국 설립자들은 공화국의 상징으로 가능하면 왕을 연상시키지 않는 인물을 원하였다. 따라서 그들이 보기에 왕이나 정치적 수장의 풍모를 연상시키지 않는 작은 소녀는 공화국을 상징하기에 안성맞춤이었다.[53]

　결론적으로 축제를 특정 사건의 기억과 기념을 통해 집단 정체성을 형성해가는 문화적 기제라고 본다면 샤토비유 축제가 추구한 정체성은 공화주의였다. 축제를 통해서 샤토비유 군인에 대한 시민들의 환호와 열정을 공화주의에 대한 지지로 이끌어내려 하였고, 그러한 정치적 의지는 반군주제적인 담론이나 이미지, 그리고 직간접적인 공화주의 이미지들을 통해 작동하고 있었다. 이런 점에서 샤토비유 축제는 공화주의적 정체성의 형성에 있어서나 공화주의적 상징이나 이미지의 발달에 있어서 중요한 의미를 가진다. 연맹제가 '국민' 자체를 탄생시킨 축제였다면 샤토비유 축제는 그 국민이 지향해야 할 정체성이 공화주의임을 보여준 축제였다고 할 것이다.

제4부 혁명의 서사, 8월 10일의 축제

1 군주제의 몰락과 공화국 헌법을 기념하다

1793년 8월 10일의 축제는 군주제의 몰락을 기념하는 날이었지만 그날의 주인공은 헌법이었다. 공회는 '제2의 혁명'을 기념하는 그날 공화국 헌법을 공포함으로써 공화주의 이념을 절대화시키고 그것을 중심으로 국민 대통합을 성취하려 하였다.

왕의 몰락과 새 헌법을 기념하라

1793년 8월 10일 파리에서 '공화국의 통합과 불가분성을 위한 축제'라는 긴 공식 명칭[1]을 가진 축제가 벌어졌다. 그것은 다섯 개의 혁명적 장소를 거치면서 다섯 개의 혁명적 사건을 기념했던 축제로서, 대혁명 기간 중에 거행된 축제 중에서 가장 인상적이고 독특한 것으로 평가되고 있다.[2] 군중들은 거대한 장식물과 장엄한 행렬에 압도되었고, 저널과 팸플릿은 앞 다투어 그 성공을 격찬했다.[3] 그러나 8월 10일의 축제를 정확히 이해하기 위해서는 그런 외적인 평가보다는 그 축제에서 표현된 '다섯 개의 역사'를 분석하고, 그것이 당시의 정치적 맥락 속에서 어떤 의미를 가질 수 있는지를 면밀히 살펴보아야 한다. 그래야만 그 축제를 통해 궁극적으로 당국이 의도한 정치적 의지가 드러날 것이고, 또 기억 조작의 매체로서 축제의 기능이 밝혀질 것이다.

1793년 8월 10일의 축제가 기념하고자 했던 것은 일 년 전 바로 그 날에 있었던 튈르리 궁 습격 사건이다. 앞에서 잠시 언급했듯이 바렌느 도주 사건 이후 왕의 위신이 땅에 떨어지고 공화주의 운동이 급증하면서 그 궁극적 결과로서 튈르리 궁 습격 사건이 일어났다. 그 사건은 입헌군주제를 종식시키고 공화제를 탄생시킨 결정적인 계기였기 때문에 '제2의 혁명'으로 불릴 만큼 중요했다. 신생 공화국으로서 어찌 자신의 탄생 신화인 그 사건을 기념하지 않을 수 있겠는가!

1793년 공회는 유능한 교육자였던 라카날(Lackanal)에게 공화제에 적합한 새로운 축제 체제를 세워보라고 의뢰하였다. 공회의 의뢰를 받은 라카날은 1793년 6월 26일 공회에서 자신의 계획을 발표하였다. 라카날은 그 계획에서 축제를 세 개의 범주, 즉 계절과 농업에 연관된 국민적 축제(fêtes nationales)와 인간의 사회생활에 연관된 사회적 축제(fêtes sociales), 프랑스 혁명에 연관된 시민적 축제(fêtes civiques)로 분류하였다. 그중에서 이 8월 10일 기념일은 바스티유 함락 기념일과 공화국 선포 기념일 등과 함께 시민적 축제에 포함되었다. 라카날의 이 계획이 공회에 의해 승인되면서 8월 10일이 새로운 국가 기념일로 확립되고 그 준비도 본격화되었다.[4]

8월 10일의 축제가 튈르리 궁의 습격과 그로 인한 군주제의 몰락을 기념하는 축제였던 만큼 그 축제를 전후해 반군주주의적인 분위기가 고조되었다. 8월 10일의 축제를 신성하게 거행하기 위해서는 군주제의 흔적이 남아 있어서는 안 된다는 여론이 확산되면서 왕의 상징들과 기념물을 제거하는 운동이 전국을 휩쓸었다. 8월 8일에는 역대 프랑스 왕들의 유해가 안치된 생 드니 수도원의 무덤이 파헤쳐졌고, 광장에 세워진 왕들의 조각상이 차례로 파괴되었다. 그런 반달리즘(vandalisme) 속에서 8월 8일과 9일 이틀 동안 51개의 왕의 기념비들이 파괴되었다. 그 과정에서 공화국의 신성함을 높이기 위해 왕의 위신은 끝도 없이 추락했다.

하지만 8월 10일에 기념해야 할 것이 군주제의 몰락 말고 하나 더 있었다. 그날은 6월 24일 승인된 공화1년 헌법을 공포하는 날이기도 하였다. 그 헌법은 1792년 9월 공화국이 선포된 후 새 헌법을 만들자는 주장이 제기된 이래 긴 과정을 거쳐 겨우 만들어진 '93년 헌법'이다. 이 공화국 헌법의 초안을 작성한 사람은 에롤 드 세셸(Hérault de Séchelles)을 비롯해 생 쥐스트(Saint Just)와 쿠통(Couthon), 마튜(Mathieu), 라멜(Ramel) 등이었다. 그들이 작성한 헌법 초안은 보통선거와 민중에 의한 법의 비준, 예배의 자유, 독재정치를 방지하기 위한 24인의 행정위원회, 입법부의 자의적 억압으로부터 민중을 보호해줄 국립재판소의 설립 등 급진적이고 혁명적인 내용을 담고 있었다. 너무나 혁명적이어서 에롤 자신이 헌법의 기각(棄却)을 제안할 정도였다. 그러나 결국 6월 24일에 헌법이 최종 승인되었고, 7월 11일에는 '8월 10일의 축제에서 그것을 공식적으로 공포한다'는 결정이 내려졌다. 그때부터 8월 10일의 축제에서 군주제의 몰락보다는 헌법이라는 테마가 전면적으로 부상하게 되었으며, '헌법의 축제'라는 명칭도 이 때문에 생겼다.[5]

치밀한 축제 준비

공회는 8월 10일의 축제의 모든 기획을 다비드에게 위촉하였다. 이에 다비드는 1793년 7월 11일 목요일, 공회에서 공교육위원회(Comité d'Instruction Publique)의 이름으로 8월 10일의 축제에 관한 보고서를 낭독하였다. 그 보고서에 의하면 축제는 당일 다섯 개의 혁명적 공간——바스티유 광장, 푸아소니에르 거리[6], 혁명 광장(구 루이 15세 광장), 앵발리드, 샹 드 마르스——에서 다섯 개의 혁명적 시간——1789년 7월 14일, 10월 5일과 6일, 1792년 8월 10일, 1793년 5월 31일, 공화1년의 헌법 공포——을 기념하는 것으로 되어 있다.[7] 공회는 다비드의 보고서를 들은 후 그 내용을 승인하고 축제에 필요한 경비는 국고에서 지불할 것과 축제의 준비와 실행을 위한 감독위원 2인을 임명할 것을 의결하였다.[8] 그 의결에 따라 공교육위원회는 다비드 외에 보댕(Baudin)과 프루넬(Prunelle)을 감독위원으로 임명하였다. 그리고 7월 20일 공회는 다비드와 재무관의 보고를 듣고 축제에 사용될 비용을 120만 리브르로 증액하였다.[9] 처음 55만 리브르로 책정된 것에 비하면 축제 비용이 준비 과정에서 엄청나게 증가한 셈이다.[10]

1793년 8월 10일의 파리 분위기는 1790년과 92년에 열린 이전의 두 연맹제 때와는 매우 달랐다. 1792년 연맹제에서 주로 불린 노래가 「라 마르세예즈」였다면 1793년에는 「출전가」(Chant du Départ)가 더 많이 불렸다. 그리고 1793년의 파리 시민들은 이전보다 훨씬 덜 열정적이고 차분하고 진지했다. 축제가 임박해지자 파리 시에는 축제 분위기보다는 오히려 긴장된 분위기가 감돌았다. 파리 코뮌이 반란 지역의 국민방위대가 입성할 경우에 대비해 경계와 수색을 강화하였기 때문

8월 10일의 축제를 기획한 다비드. 그는 축제를 통해 혁명적 서사를 표현하려 하였다.

이다. 코뮌은 혹시 그들이 입성할 때 지롱드파의 저널을 반입하지 않을까, 파리에 들어와 소요를 일으키지 않을까 노심초사하였다. 뿐만 아니라 파리 코뮌은 외지에서 입성한 군인들의 풍기문란을 우려해 축제 기간에 창녀들이 거리에 나오지 못하도록 하였다. 그 모든 것을 위해 당국은 꽤 발 빠르게 움직였다. 그들은 지방 국민방위대가 입성하자마자 서둘러 그들을 '포섭해' 공회와 자코뱅 클럽에서 환영 행사를 마친 후 곧장 숙소로 보냈다. 그것은 그들이 거리에 몰려다니면서 일으킬 소요와 풍기문란을 사전에 막기 위한 조치였다.[11]

축제 진행 자체에 대한 감독도 점점 강화되었다. 축제 전날인 8월 9일 공교육위원회는 축제를 위한 좀더 상세하고 엄격한 지침서를 각 민중협회와 관련 단체에 배포하였다. 그 지침서의 내용은 7월 11일의 보고서와 별 차이가 없지만 실제 행사를 원활히 운영하고 질서를 유지하기 위해 더욱 세부적이고 꼼꼼한 지시 사항을 추가한 것이다. 예를 들어 집결 장소인 바스티유에서 위원들이 밀 다발이나 올리브 나뭇가지, 도(道)의 이름이 적힌 깃발을 받으려면 자신의 신분을 증명할 수 있어야 한다든지, 행진의 순서를 질서 있게 유지하기 위해서 각 집단 앞에 푯말을 세워두어야 한다든지, 행렬이 움직이고 멈출 때는 삼색 깃발을 올려 신호를 보내야 한다든지 하는 것들이었다. 특히 7월 11일의 보고서에는 해방된 민중을 표현하기 위해 그들이 자유스럽게 행진하도록 하였는데, 이제는 그것이 일으킬 무질서와 혼란을 우려하여 반드시 자신이 속한 푯말 아래서 열 명씩 나란히 행진하도록 하였다.[12) 이러한 사전조처들은 한편으로는 예측불허의 돌발적 소요가 빈번했던 시대적 현실을 반영한 것이기도 하지만 다른 한편으로는 민중의 자율적 질서의식에 대한 당국의 불신이 어느 정도였는지를 반영해주는 것이기도 하다. 사실 민중적 자율성과 즉흥성에 대한 두려움, 질서에 대한 강박관념은 혁명 기간 내내 혁명가들을 사로잡았다. 이런 이유로 당국의 축제는 점점 민중의 자율성을 억압하고 자신들의 계획성과 조직성을 강화하는 방향으로 나아갔다. 8월 10일의 축제는 그런 과정의 출발점으로 보아야 할 것이다.[13)

2 다섯 개의 역사적 시간과 공간

다비드가 8월 10일의 축제에서 표현한 혁명적 서사에 의하면, 프랑스 대혁명은 1789년 7월 14일 바스티유 습격에 의해 시작되어 그해 10월 5일 베르사유 행진에 의해 새로운 계기를 맞이하였다. 베르사유 행진 이후 약화된 왕권은 1792년 8월 10일 결정적으로 붕괴되었으며, 1793년 5월 31일 왕에 우호적인 지롱드파가 제거됨으로써 혁명은 끝났다. 그 혁명이 가져온 성과가 바로 공화국이 목숨 걸고 지켜야 할 공화국 헌법이다.

축제의 출발지, 바스티유 광장

1793년 8월 10일 '바스티유를 비추는 찬란한 태양 아래에서' 축제가 시작되었다. 집결장소이자 행렬의 출발지는 바스티유 광장이었다. 거기에는 이전에 그곳이 '노예의 기념비'였음을 상기시키는 몇 개의 글귀만 있을 뿐, 1789년 7월 14일의 습격을 암시하는 어떠한 장식도 없었다. 단지 그 가운데 '자연'을 상징하는 여성 상(像)이 양쪽에 두 마리의 사자를 거느리고 앉아 있는 모습의 분수대가 있을 뿐이었다. 그녀의 풍만한 가슴에서는 끊임없이 '정화'의 물이 뿜어져 나오고, 그 물은 다시 '평화의 뿔'로 장식된 통으로 떨어지고 있었다. 의례가 시작되자 당시 공회 의장이자 공화국 헌법 제정에 공이 컸던 에롤이 가슴에 삼색기를 두르고 그 여성 상 앞으로 나아가 연설하였다.

"오, 자연이여! 여기 모인 거대한 민중은 자유로우므로 당신 격에 어울릴 만합니다. 오, 자연이여! 당신의 법(자연법)을 향한 프랑스 민중의 열렬한 찬사를 받으소서. 당신의 가슴에서 흐르는 물로 채워진 우애와 평등의 잔에 의해 당신에게 바친 선서는 더욱 신성해질 것입니다. 오늘은 태양이 우주에 빛을 던진 이래 가장 아름다운 날입니다."

이 연설이 끝난 후 에롤이 가장 먼저 잔을[14] 들어 분수에서 흐르는 물을 받아 마셨다. 그 다음은 지방의회에서 파견된 86명의 나이든 의원들이 알파벳순으로 돌아가며 잔을 받아 마셨다. 한 의원이 다른 의원에게 잔을 넘길 때마다 트럼펫이 울렸으며 잔을 받은 의원이 물을 마실 때는 축포를 울려 이 '신성한 행위'가 거행되고 있음을 모든 사람들에게 알렸다. 이 의식이 진행되는 동안 나머지 사람들은 노래를 부르며 지켜보았다. 한 시민의 회고에 의하면 '참으로 감동적이고 생생한 장면'이었다.[15] 이 '정화 의식'이 끝난 후 행렬은 바스티유를 떠나 천천히 움직이기 시작하였다. 그 순서는 다음과 같다.

  1. 두터운 구름을 꿰뚫는 '감시의 눈'이 그려진 깃발을 든 민중협회.
  2. 각자 한 손에는 이삭을, 다른 한 손에는 꽃다발을 든 공회 의원들. 그중 여덟 명은 「인권선언문」과 「헌법」을 담은 방주를 실은 들것을 들고 있었다. 그들 주위에는 86명의 나이든 지방 의원들이 삼색

1793년 8월 10일의 축제 때 의원들이 바스티유 폐허 위에 세워진 재생의 분수에서 물을 받아 마시고 있다.

끈으로 공회 의원들을 둘러싸고 있었는데, 그들의 손에도 각각 올리브 나뭇가지와 도에서 가져온 창들이 들려 있었다.
 3. 구획을 지어 질서정연하게 행진하는 주권자들(민중들).
 다비드의 7월 11일 보고서에 의하면 그들은 매우 자유롭게 행진하는 것으로 되어 있었다. 다음은 7월 11일자 다비드의 보고서이다.

 민중들은 조합별이나 단체별로 행진하는 것이 아니라 개별적으로 섞여 행진할 것이다. 임시행정위원회 의장과 대장장이 · 현장(懸章)

을 두른 시장·정육업자·석공·법복을 입은 판사·구두장이·흑인과 백인이 나란히 섞여 간다. 가장 중요한 것은 노부부를 부축하는 자식을 태운 마차로, 그것은 노인에 대한 감동적인 효성을 보여줄 것이다. 모든 장인(匠人)들이 각자의 직업 도구와 함께 '여기 성실한 민중이 인간사회에 바친 봉사가 있다'라는 글귀의 플래카드를 들고 행진할 것이다.[16]

이렇게 다비드가 처음에 민중의 자유로운 행진을 기획한 이유는 그것을 통해 혁명이 민중을 전통과 신분, 조합으로부터 해방시키고 자유와 평등을 주었다는 것을 표현하기 위해서였다. 그러나 그는 실제 축제가 임박한 8월 8일 그 계획을 포기하고 새 지침서를 내려 구획되고 질서정연한 행렬을 명령했다. 다비드가 이렇게 계획을 수정한 이유는 그 역시 그 시대 다른 혁명가들과 마찬가지로 민중의 자율성과 즉흥성, 무질서함에 대한 강박적인 두려움을 가지고 있었기 때문으로 보인다.

4. 부대들과 여덟 마리의 백마가 이끄는 마차. 마차는 꽃과 시민관(冠)으로 장식되었고 그 안에는 조국을 위해 숨진 영웅들의 유해 항아리가 놓여 있었다. 그리고 마차 주위에는 꽃다발을 든 유족들이 행진하고 음악대가 동반해서 노래를 연주하였다. 마차 뒤에는 기병대와 보병대가 행진하였는데 그들 속에 또 다른 마차가 한 대 놓여 있었다. 그 마차 안에는 백합꽃이 그려진 양탄자를 비롯해 왕과 귀족의 상징물들이 가득 실려 있었고, 그 위에는 '민중 여러분, 여기에 늘 인간 사회를 불행하게 했던 것들이 있다'라고 쓰인 플래카드가 걸려 있었다.

푸아소니에르 거리 · 혁명 광장 · 앵발리드

행렬은 바스티유를 떠나 두 번째 정거장인 푸아소니에르 거리에 접어들었다. 거기에는 개선문이 세워져 있었고 그 앞에 놓인 커다란 대포 위에는 '1789년 10월 5일과 6일의 영웅들'이 올라타 있었다. 그러나 그녀들은 실제 10월 5일과 6일 베르사유까지 행진했던 장본인들이 아니었다. 다비드는 그 '거칠고 다루기 힘든 생 탕트완느의 여걸'들을 부르지 않았다. 그 대신에 연극단의 배우와 모델들을 고용해 그들의 머리에 월계관을 씌우고 대포 위에서 서로 껴안게 하는 등 '시적 장면'을 연출하였다. 여기에서도 에롤의 연설이 있었다.

"오, 여인들이여, 독재자로부터 공격받은 '자유'여, 민중들은 영웅을 필요로 하기 때문에 그대들은 보호받아야 한다. (왜냐하면) 당신들로부터 아이들이 나오고, 당신의 모유로 인해 호전적이고 관용적인 덕을 가진 영웅이 양육되기 때문이다."

에롤의 연설이 끝난 후 여성들을 태운 대포도 함께 행렬에 끼여 다음 정거장으로 행진하였다. 세 번째 정거장은 혁명 광장이었는데, 거기서는 이 축제의 원인이기도 한 1792년 8월 10일의 사건을 기념하였다. 한때 혁명 광장에 세워져 있던 루이 15세의 조각상은 이미 파괴되고 그 받침대 위에는 '자유의 여성'이 앉아 있었다. 그리고 '자유의 여성' 맞은편에는 기요틴이 세워져 있었고, 그 주위에는 자유의 모자나 삼색 리본, 꽃 등으로 장식된 포플러 나무가 심겨져 있었다. 에롤이 세 번째로 연설한 곳은 그 '자유의 여성' 앞이었다.

1793년 8월 10일의 축제 때 행렬이 통과한 다섯 개의 정거장과 그 곳의 기념물들이다. 그 순서는 바스티유 광장의 '재생의 분수', 푸아소니에르 거리의 개선문, 혁명 광장의 '자유의 여성', 앵발리드의 헤라클레스 조각상, 샹 드 마르스의 조국의 제단이다.

"이곳은 법의 도끼로 군주를 내리친 곳이다. 이제 이곳에서 치욕스러운 노예의 상징들이 불태워질 것이다."

에롤의 연설이 끝나자 그의 옆에 놓인 장작더미 위로 '치욕스러운 노예의 상징', 즉 왕과 귀족의 상징물들이 던져졌다. 그리고 86명의 의원들이 거기에 불을 붙였다. 불이 붙기 시작하자 '자유의 여성' 어딘가에 숨겨두었던 3,000마리의 비둘기가 하늘을 향해 날아올랐다. 그 비둘기의 다리에는 '우리는 자유롭다. 모두 우리의 예를 따르라'라고 쓰인 작은 리본이 매여 있었다. 프랑스의 혁명과 자유를 전 세계에 알리겠다는 발상이었다. 그런데 마침 그때 하늘을 향해 날아간 비둘기 중 한 마리가 '자유의 여성'을 한 바퀴 돈 후 다시 그 '여성' 속으로 숨어 들었는데, 사람들은 그것을 '새로운 공화국에 길조를 보여주는 상징'이라며[17] 환호하였다.

네 번째 정거장은 1793년 5월 31일을 기념하기 위한 앵발리드였다. 거기서 기다리고 있는 것은 더 이상 여성이나 여성 상(像)이 아니라 높이 24피트의 거대한 남성 상이었다. 그것은 한 손에는 패소(faisceau)를 들고 다른 한 손에는 곤봉을 들고 있는 헤라클레스 상이었다. 그의 발 밑에는 히드라(Hydre)가 놓여 있었다. 곤봉과 패소를 든 헤라클레스는 민중을, 자르면 자를수록 몸이 더욱 늘어나는 신화적 괴물인 히드라는 연맹주의자들을 의미한다. 따라서 이 조각상이 표현하는 바는 자명하다. 1793년 5월 31일 민중들이 공회에 난입해 지롱드파 의원을 숙청한 사건을 표현하고 있는 것이다. 에롤의 연설은 그 점을 더욱 확실히 하였다.

"프랑스 민중 여러분, 당신들은 지금 교훈적인 의미를 가진 거대한 상징 앞에 서 있습니다. 튼튼한 손으로 패소를 들고 있는 이 거대한 거인은 바로 당신들이며, 당신들이 곤봉으로 물리친 저 괴물은 바로 연맹주의자들입니다."

마지막 정거장에서 헌법 수호를 맹세하다

마지막 정거장은 샹 드 마르스로 그곳은 이 모든 혁명적 사건의 결과인 헌법이 공포될 장소였다. 행렬대가 샹 드 마르스로 진입하기 위해서는 그 입구에 설치된 수평대가 걸린 주랑(柱廊)을 통과해야 했다. 그것은 혁명의 이념인 평등에 대한 존경을 의미하였다. 주랑을 통과한 행렬대는 샹 드 마르스에 질서 있게 정렬하였다. 그런 후 먼저 에롤이 86명의 지방 의원을 데리고 조국의 제단에 올라가 「헌법」을 바친 후, '죽음으로 헌법을 수호하자. 공화국이여 영원하라'라고 짧게 선서하였다. 그러자 모든 민중들도 그를 따라 죽음으로 헌법을 지키겠다고 선서하였다. 그 선서가 끝남과 동시에 대포소리가 울리고 86명의 의원들은 각자 가져온 창을 에롤에게 건넸다. 에롤은 그 창을 삼색 리본으로 단단히 묶어 패소로 만들었다. 그리고 '분리되지 않고 영원할 그 패소'를 헌법이 담긴 방주에 담아 민중 대표에게 넘겨주며, '민중 여러분, 나는 법의 보호 아래 헌법이 담긴 이 함(函)을 당신들에게 건네줍니다'라고 말하였다. 민중 대표는 그것을 받아들고 에롤과 우애의 입맞춤을 하였다.

다음은 조국을 위해 숨진 영웅들을 위한 의례가 이어졌다. 에롤은 한 손에는 유해 항아리를, 다른 한 손에는 월계관을 든 장엄한 모습으로 연설하였다.

"불굴의 사람들이여! 소중한 유해들이여! 신성한 항아리여! 나는 당신들에게 존경을 표하고, 민중의 이름으로 당신들을 끌어안습니다. 그리고 나는 당신들의 유해 위에 조국과 공회가 바치는 승리의 월계관을 씌웁니다."

이 비장하면서도 힘이 넘치는 연설은 에롤이 행한 다른 연설보다 반향이 커서 남자들은 성호를 긋고 여자들은 눈물을 흘렸다고 한다. 연설을 끝낸 에롤이 유해 항아리에 월계관을 올려 그것을 민중 대표에게 건네자, 민중 대표는 그것을 받아 들어 신전에 바쳤다.[18)]

공식 의례가 끝나자 우애의 연회가 이어졌다. 사람들은 모두 나무 그늘 아래나 풀밭 위에서 각자 가져온 음식을 나누어 먹으면서 우애를 다졌다. 다비드는 이때 민중에게 보여줄 혁명적 사건들을 소재로 한 팬터마임을 계획했지만 취소하였다. 사실 연극이나 연극적 효과에 대한 혁명 정부의 부정적 태도는 계몽사상가로부터 물려받은 전통이기도 하다.[19)]

8월 10일의 축제는 주최 측이나 관중 모두를 만족시킨 성공적인 축제로 평가되었다. 지방 대표단들과 국민방위대들은 피곤했지만 긍지와 기쁨을 가지고 귀향하였다. 축제에 회의적이었던 윌(G. Wille)조차도 '8월 10일의 축제는 감동적이고 의기양양했다'라고 회고할 정도였다.[20)] 그러나 당대인들의 평가와 회고가 그 축제의 모든 면을 보여주진 않기 때문에 다비드의 '혁명적 서사'에 대한 더욱 구체적인 분석이 필요하다.

3 망각을 위한 기념식

8월 10일의 축제는 혁명이 민중들에게 남기고 간 폭력적인 기억을 지우는 과정이었다. 이를 위해 축제에서는 선동적인 장면이 배제되고 자연적이고 순수한 이미지가 부각되었다.

자연의 이미지로 폭력 지우기

다비드는 혁명적 공간과 혁명적 시간을 결합시켜 웅장한 혁명적 서사를 구성하였다. 바스티유→푸아소니에르 거리→혁명 광장→앵발리드→샹 드 마르스라는 공간 위에 1789년 7월 14일의 바스티유 습격→1789년 10월 5일과 6일의 베르사유 행진→1792년 8월 10일의 튈르리 궁 습격→1793년 5월 31일 공회 지롱드파 숙청→1793년 6월 24일 공화국 헌법 제정에 이르는 혁명적 시간을 배치하여, 혁명의 시원에서부터 혁명의 귀결로서의 공화국 헌법에 이르는 대서사를 완성한 것이다.

다비드는 혁명의 시작인 1789년 7월 14일을 기념하기 위해 바스티

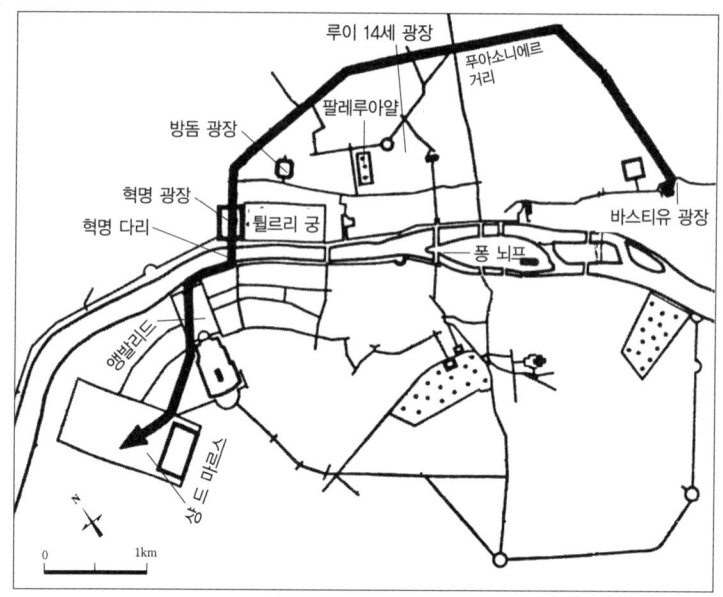

8월 10일의 축제의 행렬 경로. 바스티유 광장을 출발, 푸아소니에르 거리, 혁명 광장, 앵발리드를 거쳐 행사가 이루어지는 샹 드 마르스로 들어갔다.

유 광장을 선택하였다. 사건 현장에서 해당 사건을 기념한다는 것은 지극히 당연한 발상이다. 그런데 문제는 그곳에 해당 사건을 환기시킬 만한 어떠한 장식물이나 기념물도 없었다는 점이다. 그 흔한 바스티유 모형 하나 전시되지 않았다. 4년 전 습격을 주도했던 생 탕트완느 교외의 '호전적인' 주민들도 초대되지 않았다. 그날의 폭력을 환기시킬 만한 것은 제스처이건 장식물이건 사람이건 아무것도 없었다.

그 대신 바스티유에는 거대한 '자연의 여성'이 가슴에서 물을 뿜고 있었고 그 주위에는 삼색기로 장식된 나무들이 심겨져 있었다. 폭력적 장소가 아름다운 전원으로 '정화'되어 있었던 것이다. 자연과 식물의 이미지는 바스티유에만 등장한 것이 아니다. 혁명 광장에 세워진 '자

위 | 바스티유 광장에 세워진 '재생의 분수'.
아래 | '재생의 분수' 주위에서 파리 주민들이 춤을 추며 오락을 즐기고 있다.

유의 여성' 주위에도 자유의 모자와 삼색 리본으로 장식된 포플러 나무가 심겨져 있었다. 그렇다면 다비드가 바스티유와 혁명 광장에 나무를 심은 이유는 무엇일까? 그것은 자연과 식물의 평화로운 이미지를 사용해 폭력적 이미지를 상쇄시키기 위함이었다. 이런 점에서 다비드는 사건 현장에서 그 사건을 기억하기보다는 오히려 망각하는 데 더 골몰한 셈인데, 이것이 그가 기억을 조작 혹은 변형했다고 말할 수 있는 첫 번째 이유이다.

다비드는 8월 10일의 축제만이 아니라 그가 기획한 대부분의 다른 축제에서도 유달리 식물들을 많이 사용하였다. 광장과 기념비 주위에 나무를 심고 삼색 리본이나 자유의 모자 등 혁명적 상징물로 장식하였다. 그리고 거리의 모든 건물들도 나뭇가지와 꽃다발로 장식하였다. 그가 이토록 식물의 이미지를 강조한 이유는 그것이 주는 '자연적 성장'의 이미지 때문이었다. 자연적 성장은 급격하고 단절적인 시간이 아니라 점진적이고 완만한 시간의 흐름을 표현한다.[21] 그것은 혁명적으로 도약하기보다는 점진적으로 진보하는 시간이다. 따라서 이 식물의 이미지는 혁명을 끝내고 점진적 개혁을 통해 새 질서를 확립하려는 혁명 엘리트들(부르주아적인 성향을 가진 혁명가들로 혁명당국의 입장을 대변한 반면 급진적 민중세력에 적대적이었던 지식인들)의 정치적 의지에 부합된다. 그들은 과거의 혁명을 부인하지는 않았지만 이제 더 이상의 혁명을 추진하기보다는 혁명의 성과를 받아들이고 그것을 기반으로 새로운 세계로 나아가야 한다고 생각하고 있었다.

완만하고 점진적인 시간 개념에 대한 선호는 다른 곳에서도 확인할 수 있다. 다비드는 구체제 하에서의 직업과 신분에 의한 집단 분류법 대신에 나이와 성에 의한 집단 분류법을 선호하였다. 그리하여 그의 행렬에는 직업 집단이나 신분 집단이 아니라 노인 집단, 어린이 집단, 어머니 집단, 가장(家長) 집단 등이 출현하였고, 이 새로운 집단 분류 방식은 당시에 매우 혁신적인 것으로 평가받았다.[22]

그렇다면 다비드가 이런 새로운 집단 분류 방식을 사용한 이유가 무엇일까? 그 이유는 두 가지였다. 하나는 사회적, 직업적 구분은 사회적 불평등성을 표현하지만 생물학적 차이에 의한 구분은 국민 사이의 평등성을 표현할 수 있기 때문이다. 또 다른 이유는 이보다 더 정치적인 것인데, 생물학적 나이에 의한 구분이 '급격하고 인위적인 변화가 아니라 영원하고 일직선상에서 항상 똑같이 반복되는 시간, 영원한 현재성'을 표현하기에 적절했기 때문이다. 이것이 정치적이라고 말하는 이유는 그러한 시간 개념을 선호한 이유가 더 이상의 혁명적 변화를 부인하고 질서를 확립하려는 정치적 의지의 또 다른 표현이기 때문이다. 이러한 시간 개념에 입각하면 혁명도 무한히 열린 역사가 아니라 나이 순서처럼 하나의 질서라는 점이 드러난다. 이런 점에서 생물학적 나이에 의한 집단 분류법은 대혁명 시기에 공식적 축제가 가장 추구했던 것, 즉 '혁명 끝내기'를 실현하기에 매우 효과적인 수단이었다.[23]

생물학적 나이에 대한 배려는 8월 10일의 축제에서도 충분히 드러났다. 그때 다비드는 각 지방 의원의 대표를 가장 연장자에서 선택하였으며 그 '노인들'에게 특별한 역할을 부여하였다. 그 86명의 대표들은 한 손에 창을 들고 다른 한 손에는 올리브를 들고 공회 의장인 젊은 에롤을 호위하는 역할을 맡았다. 그리고 바스티유에서는 에롤과 함께 정화의 물을 마시는 특권을 누렸으며, 혁명 광장에서는 왕의 상징물을 태우는 장작에 불을 붙였고, 앵발리드에서는 거대한 헤라클레스 앞에서 절하였다. 그리고 샹 드 마르스에서는 각자 가져온 창을 모아 단단한 패소를 만들어 에롤에게 건네는 역할을 맡았다. 다비드가 이렇게 노인의 역할을 강조한 것에는 그들이 구체제의 압제를 가장 많이 받은 사람들이라는 점, 또 경험과 연륜이 젊은이들에게 편견을 극복하는 지혜를 줄 것이라는 점 등 여러 가지 이유가 있었다. 다비드는 이런 식으로 사람들을 나이와 성에 따라 구분해 그 특성에 맡는 역할과 특권을 부여하였는데, 거기에는 그들 사이의 사회적, 정치적 갈등과 대립을 가시화하지 않으려는 고려도 물론 있었다. 아무튼 중요한 것은 다비드가 식물이나 생물학적 나이와 같은 자연적 이미지를 사용해 혁명과 폭력, 더 나아가 역사를 지우고자 했다는 것이다.[24]

축제의 남성 편향성

다비드는 두 번째 장소인 푸아소니에르 거리에서 1789년 10월 5일과 6일의 사건을 기념하였다. 그런데 여기에는 장소의 선정 자체에 문제가 있었고, 당대인들도 이러한 문제점을 충분히 지적하였다. 푸아소니에르 거리는 1798년 10월 5일과 6일 파리 여성들이 실제 지나갔던 거리가 아니기 때문이다. 물론 사건 현장과 기념 장소가 일치하면 가장 이상적이지만 행렬의 경로상 공간적 제약이 따를 수 있기 때문에 이 점에 있어 다비드의 고충은 이해할 만하다. 하지만 그가 그 불일치를 해결하기 위해 최선을 다하지 않은 것은 문제가 있다. 다비드는 주위의 지적을 의식해 푸아소니에르 거리에 1789년 10월 5일에 실제 사용된 대포를 가져다 놓고 그때처럼 그 위에 여성들을 앉혀 놓는 배려까지는 하였다. 하지만 그는 실제 그 당사자들을 부르지는 않았다. 그녀들의 다루기 힘든 거칠고 즉흥적인 성격으로 인한 돌발적인 상황을 우려했기 때문일 것이다.

이처럼 다소 모호하게 가려져 있던 다비드의 정치적 의지는 에롤의 연설에서 더욱 분명하고 직접적으로 드러났다.

"오, 여인들이여! 독재자로부터 공격받은 '자유'여, 민중들은 영웅을 필요로 하기 때문에 그대들은 보호받아야 한다. (왜냐하면) 당신들로부터 아이들이 나오고, 당신의 모유로 인해 호전적이고 관용적인 덕을 가진 영웅이 양육되기 때문이다."

여성들의 정치적 행동을 기념하는 의례였음에도 불구하고 여기서 찬양된 덕목은 영웅을 출산하고 양육하는 어머니의 모성애이다. 이렇게 여성을 견제하는 남성 편향적 시각은 축제 여러 곳에서 나타났다. 다비드가 혁명 광장에 세운 '자유의 여성'에 비해 앵발리드에 세운 '헤라클레스'에 더 많은 개인적 관심을 가진 점이나, 헤라클레스 발밑에 짓밟힌 괴물의 모습을 여성으로 표현한 점 등이 그러하다. 이런 시각은 다른 축제에서 더욱 노골적인 형태로 나타나 그는 행렬 때 남성과 여성을 분리해 남성성과 여성성을 차별적인 것으로 강조하는 한편, 축제 참가 자격을 아내와 어머니로 제한함으로써 모성적 어머니상만을 강조하기도 하였다. 일설에 의하면 다비드와 절친한 사이였던 로베스피에르는 1792년 4월 15일의 샤토비유 축제에서 '자유의 여성'이 주도적인 역할을 하는 것을 보고 심각한 우려를 표했다고 한다. 로베스피에르가 보기에 그것은 점차 증가하기 시작한 여성들의 정치 참여를 자극할 위험을 가지고 있었던 것이다. 그가 1793년 전국을 휩쓸기 시작한 민중들의 '이성의 축제'를 비판하며 그것을 '최고 존재의 축제'로 일괄 대체한 이유도 같은 맥락에서 이해될 수 있다. 전국적으로 번지고 있는 '여성 숭배'의 물결을 '남성 숭배'로 대체하고자 한 것이다. 이것이 당시 다비드와 로베스피에르를 비롯한 혁명 엘리트들의 마음 한 구석에 자리 잡고 있었던 젠더적 편향성이다.[25]

이런 젠더적 편향성은 1789년 10월 이래 점증하고 있던 여성들의 활발한 공적 영역 진출에 대한 우려에서 비롯되었다. 이러한 우려는 정치에서 현실화되어 여성의 정치적 행동을 억압하는 방향으로 나아갔다. 그 예로 1793년 헌법은 '가족의 아버지와 어머니만이 진정한 시민이다'라고 표명함으로써 가부장적인 가족주의를 확립하였고, 1793년 10월에는 여성들의 클럽 활동과 정치적 모임이 전면 금지되었다. 그러한 젠더적 편향성이 축제를 통해 표현된 사례가 바로 8월 10일의 축제이다. 그날의 축제는 폭력적 여성을 기념하면서도 그 폭력성을 부각시키기보다는 오히려 그것을 망각시킴으로써 그 자리에 모성적 여성을 새로 각인하려는 시도였다고 할 수 있다. 이것이 8월 10일의 축제에서 과거의 폭력적 기억이 조작 혹은 변형되었다고 말하는 두 번째 이유이다.

폭력의 기억 위로 비둘기를 날리다

세 번째 장소인 혁명 광장에서는 1792년 8월 10일을 기념하는 의례가 벌어졌다. 하지만 엄밀히 말하면 튈르리 궁의 습격을 기념하기 위해서는 혁명 광장보다는 카루셀 광장이 더욱 적절하였다. 하지만 다비드는 그런 지적에 대해 '왕의 사회적 소멸은 그의 신체의 소멸을 통해 완성될 수 있다'라고 주장하며 자신의 선택을 정당화했다.[26] 이 말은 군주제를 소멸시킨 것은 카루셀 광장이지만 왕의 신체를 소멸시킨 것은 혁명 광장이므로, 군주제의 소멸을 기념하기 위해서는 혁명 광장이 더욱 타당하다는 주장이다. 다비드의 주장은 전혀 일리가 없진 않으므로 그가 혁명 광장에서 군주제의 몰락을 기념했다는 것은 문제가 없다. 문제는 그곳에서 그가 언급한 왕의 신체적 소멸을 제대로 재현하지 않았다는 것이다. 그는 혁명 광장에서 '왕의 신체의 소멸', 즉 왕의 처형을 환기시킬 수 있는 어떠한 연출도 하지 않았다.[27]

사실 1793년 1월 21일 왕을 처형시킨 이후 '왕의 죽음을 환기시키는 문제'는 줄곧 혁명 엘리트들의 딜레마였다. 정부는 매년 1월 21일 왕의 죽음을 기념하는 축제를 벌였지만 왕의 죽음을 환기시키는 문제에 있어서는 매우 신중하였다. 그것은 그 자체로 폭력을 구현하는 것이기 때문이다. 기요틴에서 왕을 처형하는 장면을 재현하다는 것은 매우 폭력적이고 자극적이어서 자칫 관중들의 폭력을 선동할 수 있었다. 그래서 정부는 1월 21일에도 가능하면 기요틴을 등장시키기 않았다. 기요틴 대신에 등장한 것은 혁명의 기원적 사건을 환기시키는 작은 바스티유 모형이었다. 폭력적 기억을 지우려는 이러한 정부의 의도로 인해 점점 축제는 획일적인 것이 되었다.[28]

이런 맥락에서 다비드 역시 혁명 광장에서 그가 약속했던 '왕의 신체의 소멸'을 구현하는 데 있어 매우 신중하게 접근하였다. 그는 기요틴의 처형과 같은 자극적인 장면보다는 군주의 상징을 태우는 화형식으로 대신하였다. 사실 그것도 다비드로서는 많이 배려한 것이다. 왜냐하면 정부는 상징물을 태우는 폭력적 제스처와 타오르는 불길이 관중의 감정을 격하게 만들 수 있다고 생각해 공식 축제에서는 화형식조차 피하고자 했기 때문이다. 그것을 반영하기라도 하듯이 다비드는 가

혁명 광장의 '자유의 여성' 앞에서 군주의 상징물을 태우는 화형식이 거행되었다.

능하면 빨리 민중의 시선을 화형식에서 다른 곳으로 돌리려 하였다. 장작에 불이 붙자마자 '자유의 여성'에 감춰두었던 수천 마리의 비둘기를 서둘러 날려 보낸 것은 이 때문이다. 앞에서 지적했듯이 그 비둘기들은 자유의 깃발을 달고 날아가 전 세계에 프랑스의 자유를 알려줄 것으로 기대되었다. 물론 그 비둘기의 발에 매달린 자유라는 글자를 실제로 읽은 사람은 거의 없었을 것이다. 다만 혁명 광장에서 그 비둘기를 보고 있던 군중들의 마음속에 자유의 글자를 더 강하게 새겨 넣는 데 기여했을 것이다.

이런 의례 과정을 통해 알 수 있듯이 다비드는 그의 약속에도 불구하고 혁명 광장에서 왕의 신체적 소멸을 일깨우기보다는 그것을 지우는 데 급급하였다. 폭력에 대한 기억은 이렇게 순화되고 망각되어 또 다른 것에 자리를 내어주었다. 그것은 바로 혁명 이념인 '자유'이다. 다비드는 화형식과 비둘기 날리는 제스처를 통해 과거를 봉합하고 새로운 미래에 대한 희망, 즉 자유를 제시하려 하였다. 이것이 폭력적 기억이 그 자체로 기념되지 못하고 조작 혹은 변형되어 새로운 정치적 의지에 기여하게 되었다고 말하는 세 번째 이유이다.

국민 대통합을 위한 노력

네 번째 장소인 앵발리드에서는 가장 최근에 있었던 사건인 1793년 5월 31일의 공회 습격과 지롱드파 숙청을 기념하였다. 앞에서 언급하였듯이 그곳에서는 손에 곤봉과[29] 패소를 들고 히드라를 짓밟고 있는 거대한 헤라클레스 상이 서 있었다. 그 헤라클레스 상은 1972년 켕시가 팡테옹에 안치된 이래 이번 8월 10일의 축제에서 다비드가 처음으로 그 모습을 선보인 것이었다. 헌트에 의하면 헤라클레스 상은 혁명 기간에 나타난 가장 급진적인 이미지 중의 하나이며 다비드는 그것에 특별한 의미를 부여하였다고 한다.[30] 주지하다시피 곤봉을 든 헤라클레스는 민중을, 그것도 폭력적 민중을 상징하는 인물이다. 그런데 다비드가 이 네 번째 장소에서 헤라클레스 상을 보여준 이유가 무엇일까? 그것은 서사의 네 번째 단계쯤에서 국민적 통합을 주장하고 그 실체를 표현해야 할 필요성이 있었기 때문이다. '통합의 축제'라는 8월 10일의 축제의 공식 명칭에서 알 수 있듯이 그 축제가 궁극적으로 지향한 것은 '분리될 수 없는 대통합'을 이루어 미래로 나아가는 것이었다. 다비드는 그 국민적 대통합에 민중을 적극적으로 끌어들이려 한 것이다.

8월 10일의 축제에 민중을 상징하는 헤라클레스 상이 당당히 자리를 차지할 수 있었던 이유는 또 있었다. 즉 그때까지만 해도 이런 '모

앵발리드 앞에 세워진 거대한 남성 조각상. 이것은 히드라를 짓밟고 있는 헤라클레스는 모습인데, 히드라는 연맹주의자들을, 헤라클레스는 민중을 상징한다.

호한 동침'이 가능할 만큼 자코뱅파와 민중세력과의 관계가 극적으로 악화되진 않았던 것이다. 하지만 그 기간은 길지 않았다. 그해 11월 17일 다비드가 퐁 뇌프에 거대한 헤라클레스 상을 세우자고 제안했을 때 자코뱅파는 단호하게 거절하였다. 왜냐하면 그 시기는 이미 자코뱅파가 공안위원회를 통해 권력을 완전히 장악하고 본격적으로 민중운동을 탄압하던 시기였기 때문이다. 자코뱅파의 입장에서 이제 필요한 것은 민중의 힘이 아니라 민중의 미덕인데, 민중의 폭력을 상징하는 헤라클레스 상을 세우고 싶지 않았던 것은 당연했다.[31] 하지만 8월 10일의 축제 때에는 그 정도까지는 아니어서 민중과 다비드, 민중과 자코뱅파는 모호하게 결합되어 있었다. 사실 민중은 어떤 측면에서 8월 10일의 축제의 주인공이기도 하였다. 행렬에서도 그들은 중심을 차지했고 샹 드 마르스에서도 주역의 역할을 맡았다.

　마지막 장소에서는 혁명의 대단원이 표현되었는데, 그것은 공화국 헌법이었다. 다비드는 바스티유 감옥의 습격과 베르사유 행진, 튈르리 궁의 습격, 지롱드파의 숙청으로 이어지는 혁명의 긴 과정이 공화국 헌법으로 '완료'되었음을 표현하고자 하였다. 더 나아가 그는 이제 혁명은 끝났고 남은 것은 에롤의 연설대로 죽음으로써 그 헌법을 지키는 일 뿐이라는 메시지를 던지고 있다. 그런데 사실 죽음으로 지키자는 그 헌법은 실행이 보류되었고 이후에는 결국 폐기되고 말았다. 다비드가 그렇게 미래가 불투명한 헌법을 위해 최고의 자리를 마련한 이유가 무엇일까? 헌법을 혁명적 대서사의 완결판으로 여기고 그것을 제시해야 혁명이 끝났다는 메시지를 더욱 분명하게 전달할 수 있다고 판단했기 때문이 아닐까?[32]

　샹 드 마르스에서 의례의 주인공은 민중이었다. 에롤이 방주에 헌법과 패소를 담아 그것을 최종적으로 넘겨준 사람은 바로 민중의 대표였다. 그 제스처가 상징하는 의미가 무엇이겠는가? 그것은 혁명의 성과인 헌법을 패소처럼 단단한 대통합을 기반으로 수호하자는 의미이다. 다비드는 그 최종적인 의미를 위해 축제의 곳곳에서 폭력으로 얼룩진 과거를 열심히 지워온 것이다. 결국 다비드의 대서사의 결론은 혁명은 헌법으로 완결되었고 국민적 대통합을 이루어 그 성과를 지켜나가자는 것이었다. 그리고 그 통합의 주역으로 민중을 제시하였다.

　이 점만 보면 그 당시 자코뱅파와 민중들이 우호적인 관계를 유지했고 8월 10일의 축제가 국민적 대통합을 추구하였을 뿐만 아니라 그것을 성취한 성공적인 축제인 것처럼 보인다. 하지만 사실은 좀 다르다. 자코뱅파와 민중들의 관계는 매우 불안했고 그 축제는 국민적 대통합을 추구했지만 그것을 성취하지는 못했다. 국민적 대통합의 이념은 그런 불안한 관계를 봉합하기 위한 명분이었다. 이제 당시의 정치적 배경을 통해 그 점을 확인해보자.

4 1793년 여름, 자코뱅파와 민중세력의 분열

민중의 지도자 마라의 죽음은 민중세력을 동요시켰다. 로베스피에르를 비롯한 자코뱅파는 8월 10일의 축제를 통해 성난 민중을 진정시키고 공화주의 헌법의 중요성과 미래의 비전을 제시하려 했다.

민중세력을 견제하는 자코뱅파

대혁명은 끊임없이 자기분열과 자기증식을 거듭하는 괴물이 아닐 수 없다. 특히 8월 10일을 전후해서는 공화국 헌법을 두고 민중세력과 자코뱅파 사이에 말이 많았다. 자코뱅파 내부에서는 그것이 너무 급진적인 것 아니냐고 반대했지만, 민중세력들은 그 헌법이 너무 미진하다고 불평하고 있었다.

그 시기 권력의 정점을 향해 마지막 도약을 하고 있던 로베스피에르에게 가장 신경 쓰이는 세력은 바로 그 급진적 민중들이었다. 당시 그는 급진적 상퀼로트, 특히 앙라제파(Enragés)와 극도로 사이가 좋지 않았다. 헌법이 통과된 다음날인 6월 25일 앙라제파의 핵심 인물인 자크 루가 공회에 나타나 '유산자들이 민중을 굶주리게 하는 수단을 쥐고 있는 한 자유는 환상이다'라고 외치며 새 헌법을 비판하였다. 그가 보기에 매점매석자나 투기업자를 척결하기 위한 구체적인 해결책이 없는 헌법은 선언적인 형식에 불과한 것이었다. 자크 루가 공회에서 이러한 청원을 한 직후 로베스피에르는 그를 제거할 결심을 굳히게 되었다. 마침내 6월 28일 자크 루가 매점매석자를 공격하는 폭동을 선동하자, 로베스피에르는 그를 맹렬히 비난하면서 자코뱅 대표단을 이끌고 코르들리에 클럽으로 가 그를 제명(除名)해줄 것을 요구하였다. 그 때 코르들리에 클럽 회원인 콜로 데르부와는 로베스피에르에 동조해, 자크 루가 무정부적 상태를 초래할 것이고 결국은 반혁명적 결과를 가져올 것이라고 주장하였다. 결국 자크 루는 6월 30일 자신이 회원으로 있던 코르들리에 클럽에서 제명되었으며, 그 이후 그 모든 것이 로베스피에르의 음모라고 외치고 다녔다. 이처럼 8월 10일의 축제 직전 자코뱅파는 모처럼 민주적인 헌법을 만들어 자긍심을 느끼고 있던 터에 민중운동가들은 오히려 그 헌법을 비난하며 자코뱅파에 대한 공격을 강화하고 있었다.[33]

  7월 13일 샤를로트 코르데(Charlotte Corday)에 의한 마라의 암살은 상황을 더욱 악화시켰다. 마라의 암살과 그로 인한 그의 장례식과 숭배의식은 대혁명 시기 민중축제의 발전에 있어 중요한 단계를 형성하였다.[34] 그러나 여기서 언급하고 싶은 것은 마라의 죽음이 가져온 정치적 파장이다. 그로 인해 가뜩이나 반정부적이었던 코르들리에 클럽과 민중세력들이 더욱 동요하기 시작한 것이다. 그들은 마라에 대한 복수를 주장하며 정치적 선동과 폭력을 일삼았다. 자크 루는 7월 22일 마라의 『인민의 벗』(Ami de Peuple)을 대신할 새로운 저널을 제안하

무장한 상퀼로트의 모습.

고 스스로 마라의 후계자임을 자처하였다. 또한 7월 30일 파리의 각 구의 민중협회들은 '8월 10일의 축제 이전에 마라의 기념비를 세우게 해달라'는 요구를 파리 코뮌에 청원하였다. 이에 파리 코뮌과 공교육위원회는 마지못해 그들의 요구를 일부 받아들여 혁명 광장에 마라의 죽음을 기념하는 임시 기념비(오벨리스크)를 세우도록 해주었다.[35] 그러나 다시 각 구의 민중협회가 그 이상의 것, 즉 8월 10일의 축제에 마라를 추모하는 행사를 포함시켜 달라고 요구했을 때는 그것을 허락하지 않았다. 다비드가 그 요구를 거절한 이유는 당시 사람들의 기억 속에 강렬하게 남아 있는 마라의 죽음을 환기시키는 것은 마라에 대한 복수심을 자극하는 것이고, 그것은 곧 민중의 폭력을 선동하는 급진적 상퀼로트들에게 이용될 수 있다고 생각했기 때문이었다.[36]

허구가 된 국민 통합

로베스피에르는 마라의 암살로 인해 강화되고 있는 민중운동을 진정시키고 그들의 요구가 8월 10일의 축제에 영향을 주지 못하도록 사전에 철저한 조치들을 취하였다. 그가 그러한 조처들을 취할 수 있었던 것은 7월 27일 공안위원회에 들어가 모든 정치권력을 장악하였기 때문이었다. 그는 우선 가장 위험하다고 생각되는 앙라제파를 제거하기 위해 8월 8일 마라의 미망인인 에브라르(S. Evrard)로 하여금 마라의 이름을 허락 없이 도용한 혐의로 앙라제파의 핵심 인물인 자크 루와 레클레르크(Leclerc), 바를레(Varlet)를 고발하도록 하였다. 이런 정치적 배경을 통해 알 수 있듯이 8월 10일의 축제 직전 자코뱅파와 민중 운동세력과의 관계는 돌이킬 수 없을 정도로 악화되어 있었다. 이런 상황에서 8월 10일의 축제에서 민중을 내세워 국민 통합을 강조했다는 것은 그것이 일종의 회유책이었거나 그저 유토피아를 표현하기 위한 상징이었거나 그것도 아니면 그저 속임수였다는 것을 말해준다.

당시의 이런 정치적 상황에서 로베스피에르에게 8월 10일의 축제는 어떤 의미를 가진 것이었을까? 그에게 그것은 군주제의 몰락이나 지롱드파에 대한 승리, 헌법의 공포 이상의 의미를 가졌음에 틀림이 없다. 이미 말했듯이 급진적 민중들이 헌법과 자코뱅파에 대한 비난을 강화하고, 여기에 마라의 죽음 등 민중을 자극시킬 수 있는 사건들이 터지면서 민중 봉기의 가능성이 어느 때보다 커졌다. 따라서 8월 10일의 축제에 임하는 로베스피에르와 다비드의 최대 현안은 민중들의 급진적 운동을 가라앉히고 그들에게 헌법의 중요성과 미래에 대한 새로운 비전을 제시하는 것이었다. 폭력적 기억을 지우고 그 위에 헌법과 통합이라는 글자를 새긴 다비드의 혁명적 서사는 이런 맥락에서 이해되어야 한다.

8월 10일의 축제가 이처럼 통합을 구현하고자 했음에도 불구하고,

그 결과는 회의적이었다. 그 축제를 성공적인 것으로 개최하려는 당국의 막대한 노력과 이후의 긍정적인 평가에도 불구하고 사실 8월 10일의 축제는 통합을 성취하지 못했다. 미슐레에 의하면 공회는 그 축제를 성공적이고 기억할 만한 것으로 만들기 위해 '존경스러울 정도의 노력'을 아끼지 않았다고 한다. 막대한 재정적 지원뿐만 아니라 축제와 때를 맞춰 두 개의 박물관을[37] 개장함으로써 상승효과를 기대하였다. 그리고 축제 관련 기념메달과 기념품을 만들어 축제의 영광된 기억을 오래도록 간직하려 하였다.[38] 그러나 미슐레는 그런 화려한 외형 속에 감추어진 또 다른 모습을 읽어냈다. 그는 그것을 '위엄 있으면서도 공포스러운 축제' 혹은 '암담한 순간과 위험, 필사적인 저항과 공포정치의 법이 표현된 축제'라고 표현하였다. 더 나아가 그 축제 속에 가려진 대립과 갈등을 지적하였다. 그에 의하면 그곳에 참가한 코르들리에 클럽과 자코뱅 클럽, 로베스피에르와 당통, 클로츠(A. Cloots), 쇼메트, 에베르, 파리 코뮌은 같은 공간에 있었지만 모두 다른 생각을 하고 있었다고 한다.[39] 미슐레의 판단이 정확했다는 것은 1년도 채 지나지 않아 증명되었다. 축제가 끝나자마자 그 참가자들은 바로 등을 돌려 싸우기 시작했고 그 결과 그들 중 1년 이상 생존한 사람은 아무도 없었다. 가장 먼저 처형당한 에베르는 말할 것도 없고 축제의 영웅이었던 공회 의장 에롤도 당통과 함께 8개월밖에는 살지 못했다. 역시 로베스피에르도 그뒤 1년을 넘기지 못하고 죽었다. 이런 점을 감안할 때 8월 10일의 축제가 구현하려던 혁명의 이상과 공화국 헌법의 위대성, 국민적 통합은 사실 허구임이 분명하다. 축제는 있는 그대로의 현실을 반영하는 것이 아니라 기대된 현실을 반영한다는 점을 여기서 확인할 수 있다.

제5부 공화력과 새로운 축제가 등장하다

1 새로운 국민적 축제 만들기

비기독교화 운동은 한편으로는 교회를 부수고 성직자를 탄압하는 폭력적 양상을 띠었지만 다른 한편으로는 가톨릭 예배를 대체할 새로운 예배를 모색하는 건설적 양상을 띠기도 하였다. 이러한 경향은 대혁명 시기 축제의 세속화에 더욱 박차를 가했을 뿐만 아니라 실제 '이성의 축제'와 같은 대안적인 종교를 만들어내기도 하였다.

축제의 교육성을 위하여

혁명 엘리트들에게 가장 중요한 문제는 혁명으로 분출된 민중들의 폭력적 열정을 가라앉히고 그들을 '국민'이라는 새로운 정치공동체로 만드는 것이었다. 이런 측면에서 그들에게 급박한 문제는 공화주의적인 국민을 만들 수 있는 교육 프로그램을 개발하는 것이었다. 당시 강조된 국민 교육 수단으로는 정치신문과 공교육기관(학교) · 민중협회 · 군대 · 축제 등이 있었다. 그중에서 축제는 인간의 감성에 호소하는 교육수단으로 문맹여부에 상관없이 전 국민을 대상으로 할 수 있고 또 효과가 즉각적이라는 점에서 선호되었다. 로베스피에르를 비롯해 미라보 · 라카날 · 라보(J. -P. Rabaut) · 카바니(G. Cabanis) 등 대부분의 혁명 엘리트들이 이 점에 공감하고 있었다. 특히 카바니는 1790년에서 91년에 이르는 일련의 논고를 통해 축제의 교육적 중요성을 강조하였다. 그에 의하면 축제는 인간의 도덕적 필요에 부응해야 한다. 즉 인간에게 도덕을 가르치는 일종의 학교인 셈인데, 특징이 있다면 축제라는 매개는 인간의 열정과 감성, 정열에 근거해 도덕성을 고양한다는 점이다.[1]

축제가 혁명 이념을 교육시키고 그것을 통해 국민을 형성하는 데 유효한 수단이라는 인식이 널리 확산되면서 새로운 국민적 혹은 시민적 축제를 체계화하려는 운동이 나타났다. 그리고 그것은 비기독교화 운동(déchristianisation)과 맞물리면서 공화력의 제정으로 이어졌고, 결국 1793년 11월 공화력의 채택으로 축제는 전면적인 변화를 겪게 되었다. 그레고리력에 입각한 일요일을 비롯한 종교적 축제가 없어지고 여러 개의 혁명 기념일과 기존의 일요일에 해당되는 십일제가 확립된 것이다. 이런 점에서 공화력은 축제의 역사에서 결정적인 전환점이었다. 그런데 그 공화력의 제정은 넓은 의미에서 비기독교화 운동의 일환으로 나타난 것이었다.

비기독교화 운동과 새로운 대안의 태동

비기독교화 운동이 대혁명을 계기로 촉발된 것은 사실이지만 비기독교적인 경향은 이미 17세기 이래 프랑스 전역에 널리 확산되어 있었다. 당시 교회는 민중들의 미신적이고 이교적인 신앙 관행을 척결하기 위해 '기독교화'를 천명하고 종교개혁을 단행한 바 있다. 그러나 교회의 노력에도 불구하고 수백 년 동안 농민의 마음속에 자리 잡았던 '비기독교적인 심성'은 좀처럼 근절되지 않았다. 뿐만 아니라 지식인 사이에서도 역시 계몽사상과 과학이 확산되면서 기독교에 호감을 갖지 않는 무신론자들이 증가하였다. 이러한 현상에 대해 들뤼모(Delumeau)는 '혁명 전야 농민들 사이에 종교적 관례추종주의에 대한 무관심이 팽배했다'라고 지적하였다. 이런 비기독교적인 세속화 경향이 있었기에 혁명 이후 급격한 비기독교화 운동이 가능하였다.

혁명이 시작되면서 교회에 대한 비판이 본격적으로 시작되었다. 성직자들 역시 구체제 하에서 왕과 결탁해 특권을 행사해온 특권계층일 뿐만 아니라, 기독교는 이 특권계층을 위한 문화적이고 이데올로기적인 토대라는 인식이 팽배했기 때문이다. 결국 국민의회는 1789년 11월 모든 수도원의 재산을 몰수하고 성직자들에게 민사기본법을 강요하였다. 이후 1792년에는 종교적 예배와 행렬을 금지했고 그동안 교회가 관장하던 출생과 죽음에 관한 호적대장을 세속 당국에 넘겨버렸다.[2]

이처럼 당국이 주도한 비기독교화 운동도 있지만 민중들이 주도한 것도 있었다. 하지만 그 두 개를 명확히 구분하는 것은 어렵다. 혁명 초기에는 정부의 입법을 중심으로 교회 탄압이 시작되었지만, 1793년 이후 비기독교화가 과격화되면서 그 운동을 주도한 것은 정부에서 파견한 파견위원과 그 지방의 민중협회(상퀼로트), 혁명군 등이었기 때문이다.[3] 그 양상에 있어서도 기존의 교회를 탄압하고 파괴하는 부정적인 운동이 있는가 하면 가톨릭을 대신해 새로운 종교를 만들려는 건설적인 운동도 있었다.[4] 그리고 그것이 부정적이든 건설적이든 상관없이 모두 1793년을 계기로 더욱 폭력적이고 급진적인 양상을 보이기 시작하였다.

비기독교화 운동이 급진화된 원인은 당시의 시대적인 상황과 연관시킬 수 있다. 경제적 악화와 그로 인한 식량 위기,[5] 대외 전쟁의 패배, 반혁명적 반란의 증가 등이 비기독교화 운동을 더욱 과격하게 만들었다. 특히 이때 늘어난 반혁명적인 반란에 지롱드파 성직자들이 많이 가담하였기 때문에 교회에 대한 민중의 감정이 악화되었고 그로 인해 비기독교화 운동도 폭력적이 되었다.[6] 성직자들에게 결혼을 강요하고, 종교적 상징들(십자가와 예수상·성인상)을 파괴하는 폭력적인 반달리즘이 기승을 부린 것도 이 시기이다.

다른 한편으로는 새로운 종교를 만들려는 건설적인 비기독교화 운동도 더욱 활발해졌다. 이러한 움직임은 이미 혁명 초부터 있었다. 1791년 6월 미라보는 왕의 도망 사건을 계기로 '가톨릭 예배를 대신할 새로운 애국적 예배를 만들자'고 주장한 적이 있었다.[7] 1791년 볼테르의 팡테옹 안치식은 새 시민적 예배의 실험적 사례였다. 그것은 종교적 장식 대신에 고대 장식을 주로 사용하고 성직자가 아니라 세속인이 주관한 세속적 축제였기 때문이다. 그 세속적 축제가 더욱 완전한 모습을 드러낸 것이 바로 앞에서 살펴본 8월 10일의 축제이다. 새로운 예배를 만들자는 주장만이 아니라 새로운 성전을 만들자는 주장도 제기되었다. 예를 들어 1792년 랑테나스(Lanthénas)는 민중협회를 새로운 시민적 교회로 개조할 것을 주장하며 '각 구의 민중협회를 이성과 법을 설교하는 정치적이고 사회적인 교회로 전환시키고 다시 그것들을 모두 결합해 보편교회를 만들자'고 제안하였다.[8]

위와 같은 주장에서 알 수 있듯이 혁명가들이 가톨릭 교회를 탄압했지만, 종교 자체를 부정한 것은 아니었다. 그들이 부인한 것은 특수 종교로서의 가톨릭이었다. 그들은 오히려 종교라는 것은 민중들에게 심성적이고 감정적인 안정을 주기 때문에 필요한 것이라고 주장하였다.

물론 여기서 말하는 종교는 새로운 시민적 종교를 의미한다. 이렇게 종교의 필요성을 절감하고 있는 혁명가들에게 가톨릭 교회의 붕괴로 인한 커다란 종교적 공백은 새로운 불안이 아닐 수 없었다. 들라크루아(Delacrois)와 뮈제(Muset)가 '그 간격은 끔찍하다'라고 말한 것은 이러한 불안을 표현한 것이며, 푸셰가 '이 거대한 공백은 다른 것으로 채워져야 한다'고 주장한 것은 그런 불안을 새로운 시민적 종교로 대체하자는 정치적 의지의 표현이다. 결국 이런 불안과 정치적 필요가 새로운 예배의 탄생에 더욱 박차를 가한 셈이다. 그 결과 나타난 것이 그레고리력의 폐지와 공화력의 확립이다. 그것은 비기독교화 운동의 귀결이면서 동시에 새 시민적 예배를 확립할 수 있는 획기적인 발판이었다.

2 공화력과 새로운 축제 체제

공화력의 제정을 통해 주요 혁명 기념일과 십일제가 확립되었다. 그것의 정치적 의도는 규칙적인 시간 속에 혁명적 사건을 고정시켜 또 다른 혁명적 변화를 예방하고, 공화국에 우주적 시간과 같은 보편적인 개념을 부여하려는 것이었다.

새로운 달력 만들기

비기독교화 운동은 결국 그레고리력에 대한 비판으로 이어졌다. 그레고리력은 사람들의 일상생활 깊숙이 파고든 종교적 흔적이 아닐 수 없기 때문이다. 혁명가들은 우선 그레고리력의 비합리성을 비난하였다. 그들에 의하면 그레고리력은 예수의 생애와 가톨릭의 종교적 원리를 기반으로 하고 있어 자연의 원리를 제대로 반영하지 못하며 따라서 비합리적인 체계라는 것이었다. 불랑제(Boulanger)는 『관행에 의해 전개된 고대』(*Antiquité dévoilée par les usages*)라는 저서에서 태초의 달력은 해와 달의 반복, 계절의 변화라는 단순한 원칙에 근거했었는데, 이후 교회에 의해 근거 없는 무질서와 혼란이 첨가되었다고 주장하였다. 또한 그 최대의 책임은 바로 그레고리력을 확립한 그레고리 13세에게 있다고 비난하였다. 이러한 그레고리력에 대한 비판은 공화력의 탄생으로 이어졌다.

혁명당국이 요구하는 합리적이고 공정한 달력을 만드는 데 가장 기여한 사람은 롬(Romme)이었다. 그는 자연의 원리에 근거한 일관적이고 합리적인 달력을 만들고 그것을 토대로 새로운 축제 체제와 '투명한 의례학'(儀禮學, ritualisme)을 확립하였다. 이를 위해 그는 공화국이 선포된 날을 '절대적인 시작'으로 고정시킨 다음 1년을 규칙적으로 나누고 그 각각에 축제를 균등하게 배분하였다. 롬은 우선 한 해의 시작인 공화국이 선포된 날(9월 22일, 방데미에르 1일)을 추분점에 맞춤으로써 역사적 사건과 자연적 현상을 일치시켰다. 롬은 '태양이 양극을 동시에 비출 때 자유의 불꽃도 프랑스 인민을 비추었다. 바로 그날 태양이 한 반구에서 다른 반구로 이동한 것과 똑같이 인민도 군주제에서 공화제로 이동하였다'라고 말하며 자연과 프랑스 역사의 '기적적인 동시성'을 강조하였다.[9] 이후 방데미에르 1일의 축제 때 자연적인 상징들, 즉 천체와 천칭궁, 태양의 마차와 계절의 마차 등이 많이 등장한 것은 이 때문이다.[10] 이렇게 롬에 의해 자연적 적법성을 부여받은 방데미에르 1일의 축제는 총재정부 하에서 사법적 적법성까지 부여받게 되었다. 즉 그날 '95년 헌법'이 공포됨으로써 '헌법의 시작'이라는 의미도 새롭게 추가된 것이다. 그런데 방데미에르 1일의 축제를 자연적 원리로 신성화시키고 더 나아가 사법적 원리로까지 보강하는 혁명 엘리트들의 세심한 노력은 무엇을 의미하는 것일까? 공화국의 시작에 그토록 많은 의미를 부여하려 했다는 사실은 그들 스스로도 '역사적 시작'을 그만큼 확신하지 못했다는 사실을 반증하는 것은 아닐까?

롬은 방데미에르 1일을 시작점으로 해서 1년을 열두 달로 나누었다. 모두 균등하게 30일로 이루어진 달은 다시 각각 10일씩 3등분되었다. 이 10일이 이전의 주(週) 개념에 해당된다. 롬은 이렇게 기본적인 틀을 짜놓고는 그 속에 각각의 축제를 규칙적으로 배분했다. 그런데 이렇게 기본 틀을 짜고 나면 한 해에 6~7일이 남게 된다. 롬은 이날들을 일상에서 분리된 대 축제로 만들고 그 이름을 '공적인 여론의 날'(상퀼로트의 날)로[11] 붙였다. 이날 공적인 여론을 자유롭게 표현할 수 있는 기회가 주어졌으며 모범적인 시민들에게 상장도 수여되었다.

롬은 그의 새로운 달력에 꼭 기념되어야 할 축제를 기입했다. 예를 들면 공화국 선포 기념일이나 바스티유 함락 기념일, 튈르리 궁 습격 기념일 등이다. 또한 그레고리력의 일요일에 해당되는 십일제에는 '도덕적 축제'라고 하여 노인과 청년, 배우자 등의 도덕성을 되새기는 축제들을 균등하게 배분하였다. 도덕적 축제를 배분할 때는 자연과 계절의 성격을 최대한 배려하였다. 예를 들면 봄에는 청년의 활기와 배우자들의 애정을 되새기는 축제를, 가을에는 노인의 연륜을 되새길 수 있는 축제를 배분하는 식이다.

1793년 10월 5일 공회는 롬이 제안한 달력 체계를 채택하고, 1792년 9월 22일(방데미에르 1일)을 공화국의 원년으로 선포하였다. 그리고 그 달력에 입각해 혁명적 사건을 기념하는 시민적 축제들과 구체제의 일요일을 대신한 십일제(그날 도덕적 축제가 거행), 연말의 5~6일간의 대축제(상퀼로트의 날)를 새로운 축제로 채택하였다. 그해 10월 24일 파브르 데글랑틴의 제안을 받아들여 각 달의 이름을 방데미에르·브뤼메르·프리메르·니보즈·플뤼비오즈·방토즈·제르미날·플로레알·프레리알·메시도르·테르미도르·프뤽티도르로 결정하였다.[12]

번호	달의 이름	그레고리력 시기	공화력 시기
1	방데미에르(vendémiaire, 葡萄月)	9. 22~10. 21	1월
2	브뤼메르(brumaire, 霧月)	10. 22~11. 20	2월
3	프리메르(frimaire, 霜月)	11. 21~12. 20	3월
4	니보즈(nivôse, 雪月)	12. 21~1. 19	4월
5	플뤼비오즈(pluviôse, 雨月)	1. 20~2. 18	5월
6	방토즈(ventôse, 風月)	2. 19~3. 20	6월
7	제르미날(germinal, 種月)	3. 21~4. 19	7월
8	플로레알(floréal, 花月)	4. 20~5. 19	8월
9	프레리알(prairial, 牧月)	5. 20~6. 18	9월
10	메시도르(messidor, 麥月)	6. 19~7. 18	10월
11	테르미도르(thermidor, 熱月)	7. 19~8. 17	11월
12	프뤽티도르(fructidor, 熱月)	8. 18~9. 16	12월

새로운 달력의 영향력

비기독교화 운동 과정에서 그레고리력의 대안으로 나온 롬의 체계는 사실 두 가지 정치적 목적을 가지고 있었다. 첫째는 달력 속의 규칙적이고 순환적인 시간 속에서 혁명적 사건을 기념함으로써 더 이상의 예기치 못한 혁명적 변화를 차단하기 위한 것이고, 둘째는 공화력에 자연적이고 우주적인 성격을 부여함으로써 프랑스 혁명과 공화국을 보편적인 것으로 정당화시키는 것이었다. 그런데 롬의 꼼꼼함과 신중함, 그리고 그의 체계가 갖는 규칙적이고 수학적인 성격에도 불구하고 그의 달력은 농민들 사이에서 받아들여지지 않았다. 오랫동안 그레고리력에 근거해 농사를 짓고 생활을 하던 농민들의 관행을 한순간에 변화시키는 것은 불가능했다. 마치 오늘날 어른들이 여전히 음력에 맞추

공화력(혁명력). 1792년 9월 22일을 공화국 원년으로 한 달력으로 1년을 30일의 12달로 균일화하였다.

어 생활의 리듬을 체크하는 것과 마찬가지로 당시 농민들도 그레고리력의 틀 속에서 생활하려 했던 것이다.[13]

 공화력은 생활 속에 깊이 뿌리내리지는 못했지만 이후 수년간 거행된 시민적 혹은 국가적 축제의 발전에 있어서 획기적인 계기가 되었다. 공화력의 틀 속에서 매년 혁명적 사건을 기념하는 국가적 축제와 십일제, 장례 의례 등 일련의 축제가 반복되고 순환되었다. 사실 축제와 달력은 분리해서 생각할 수 없다. 제도화된 기념일은 달력 속에 각인되어 매년 주기적으로 구성원들에게 과거의 성스러운 순간들을 환기시킨다. 그것을 통해 집단적 기억이 형성되고 '기억의 사회화'가 가능해진다. 또한 달력은 구성원들이 특정 사건을 같은 날에 기념하는 '기억의 동시화'를 가능하게 하여 기념의 효과를 더욱 상승시킨다.[14]

제6부 부활하는 민중들의 카니발 관행

1 이성의 축제

비기독교화 운동을 계기로 민중들이 이성의 축제를 벌였다. 이성을 숭배하는 축제였음에도 불구하고 그것은 비이성적이고 무질서한 카니발 관행을 사용하였다. 게다가 그 카니발 관행은 정치적이고 선동적인 의도를 포함했다.

교회를 이성의 신전으로

1793년 10월 5일 공화력이 채택되면서 십일제가 확립되었다. 그레고리력 하에서는 관례적으로 일요일에 교회에서 미사를 보곤 하였는데, 이제 십일제 하에서는 무엇을 할 것인가? 공화력이 채택되긴 했지만 사실 농촌 농민들은 여전히 그레고리력에 입각해 일요일이 되면 일을 쉬거나 교회를 찾아가곤 하였다. 이에 급진적 비기독교주의자들을 중심으로 일요일의 관행을 금지하고 십일제를 장려하는 운동이 확산되었다. 그 일환으로 나타난 것이 바로 1793년 11월 10일(공화력 2년 브뤼메르 20일) 노트르담의 '이성의 축제'이다.

그러나 파리 노트르담에서 이성의 축제를 거행하기 전 이미 지방에서는 그와 비슷한 운동이 벌어지고 있었다. 급진적인 파견위원과 민중협회를 중심으로 일요일의 관행을 척결하고 새로운 십일제 문화를 확립하려는 운동이 전국에서 일어나고 있었던 것이다. 그것은 일요일의 종교적 예배를 세속적인 예배로, 가톨릭 교회를 이성의 신전으로 개조하는 운동이었다. 예를 들어 니에브르(Nièvre)의 푸셰(Fouché)는 1793년 9월 21일 한 성당에서 브루투스의 흉상제막식을 거행했고, 10월 22일에는 로마의 여신 베스타(Vesta)를 위한 이교적인 축제를 주관하였다. 그리고 물랭의 민중협회는 9월 26일 '미신적이고 위선적인 예배(가톨릭 예배)를 자연적 도덕과 공화국을 위한 예배로 대체한다'고 선언했다. 로쉬포르(Rochefort)의 르키노(Lequino) 역시 교회를 '진실의 신전'으로 변형시켰고, 솜므의 뒤몽(Dumont)은 일요 미사를 십일제 예배로 대체했다.[1)]

지방의 그런 비기독교화 운동은 파리에도 파급되었다. 쇼메트는 그 운동에 깊은 감동을 받아 파리에서도 비기독교적인 예배를 거행해야 한다고 주장하였다. 때마침 11월에 접어들면서 가톨릭 예배와 성직자에 대한 반감까지 더해 쇼메트의 주장은 더욱 힘을 받았다. 11월 6일(브뤼메르 16일) 부르동(Bourdon)이 자코뱅 클럽에서 성직자를 강하게 비난하는 연설을 하는가 하면, 11월 16일 민중협회 중앙위원회는 공회에 나가 가톨릭 예배를 지원하는 예산을 중지하자는 청원서를 낭독하였다. 그리고 이 청원서 낭독이 끝나자마자 클로츠를 비롯한 급진적 비기독교주의자들이 파리 주교 고벨(Gobel)에게 몰려가 성직의 사임을 강제하였다. 이에 고벨은 다음날 공회에 나가 사임을 선언하기에 이르렀다. 급진적 상퀼로트들의 주장이 이에 이르자 공회는 결국 쇼메트의 제안을 받아들여 '돌아오는 십일제에 노트르담에서 이성의 축제

노트르담 성당에서 열린 이성의 축제. 가운데 이성을 상징하는 여성이 앉아 있고 그 뒤에는 '철학에게'라는 글귀가 보인다. 성당 내 예수와 십자가의 모습은 없어지고 그 대신 '이성'과 '철학'이 들어앉았다.

를 거행한다'고 발표하였다.[2]

11월 10일 이성의 축제가 거행되는 노트르담 성당 회중석에는 둥근 인공 언덕과 그리스식 신전이 놓여 있었다. 그리고 그 무대 한가운데에는 '철학에게'(A LA PHILOSOPHIE)라는 글귀가 걸려 있었고 그 옆에는 '진리'의 횃불이 타고 있었다. 이성의 축제가 시작되자 횃불을 든 소녀들이 나타나 볼테르와 루소·프랭클린·몽테스키외의 흉상에 절을 하고 다시 제단 뒤쪽으로 행진하였다. 그 다음에는 파리 오페라단 출신의 가수가 나와 「자유의 찬가」를 불렀다.[3] 그렇게 의례가 진행되는 동안 무대 중앙에는 내내 '이성의 여신'이 앉아 있었다. 의례가 끝나자 사람들은 '이성의 여신'을 선두로 노트르담 성당을 나와 공회까지 행진하였다. 그리고 공회에 도착해서는 '이성의 여신'과 공회 의장이 나란히 지켜보는 가운데 성당에서 했던 의례를 다시 반복하였다. 그 의례가 끝나자 역시 '이성의 여신'을 앞세우고 행렬을 지어 성당으로 돌아왔다. 이렇게 노트르담 성당에서 이성의 축제가 거행된 이후 그곳은 '이성의 신전'으로 불리게 되었다.

파리의 나머지 구들도 노트르담의 사례를 본받아 비기독교화 운동에 동참하였다. 11월 23일(프리메르 3일) 파리 코뮌은 파리의 모든 교회를 폐쇄하였고 다시 이틀 후 모든 교회를 '이성의 여신'에게 바치고 그 앞에 '이성의 신전'이라는 푯말을 걸었다.[4]

파리 노트르담의 이성의 축제를 전후로 지방에서도 유사한 축제들이 벌어지고 있었다. 그 이름은 자유의 축제, 공화국의 축제, 자연의 축제 등으로 다양했지만 예배의 형식은 대동소이하였다.[5] 대부분 예배의 하이라이트는 베일이 걷히고 빛이 들어오면 어둠과 괴물이 사라지고 '이성의 여신'이 등장하는 장면이었다. 이 장면이 이성이 광신을 몰아내고 승리하는 것을 표현하고 있다는 것은 굳이 설명하지 않아도 알 것이다. 이 하이라이트 외에도 흉하게 변장한 동물과 제의(祭衣)를 입은 마네킹들의 우스꽝스러운 행렬, 누더기 옷을 걸친 '상퀼로트-광대'의 모노드라마, 반(反)이성적인 광신의 상징물들을 태우는 화형식 등이 있었다. 그런데 이 변장과 마네킹·가장행렬·광대·화형식 등은 전통적 카니발 축제의 핵심 모티프들이다. 여기서 알 수 있는 사실은 1793년 비기독교화 운동과 민중축제들을 통해 구체제 하에서 다소 쇠퇴하였던 카니발 관행들이 점차 부활하고 있다는 점이다.[6]

부활하는 카니발 관행과 혁명 엘리트들의 비판

전통적 카니발 관행이 부활한 이성의 축제는 얼핏 매우 소란스럽고 무질서해 보였다. 혁명 당시 계몽적 지식인이나 이후 역사가들이 이성의 축제를 가리켜 '바쿠스제나 가톨릭 예배의 조잡한 희화화'라고 폄하한 이유는 이 때문이다. 이성의 축제는 '이성'을 숭배하였음에도 불구하고, 해학적이고 환상적인 표현과 괴기적인 변장으로 인한 무질서한 전체적인 이미지 때문에 역사가들 사이에 가장 혐오스러운 '반이성적' 축제로 기억되었다. 그러나 이러한 시각은 이성의 축제와 카니발 관행에 부정적이었던 계몽적 지식인과 혁명 엘리트들의 견해를 그대로 계승한 다소 편향된 시각이 아닐 수 없다. 이런 편향된 시각을 벗어나기 위해서는 이성의 축제가 벌어지던 당시의 민중과 자코뱅파의 권력관계, 그리고 카니발 관행의 민속적 의미에 관한 이해가 선행되어야 할 것이다.

이성의 축제를 주도한 세력은 민중협회와 급진적 상퀼로트, 그중에서도 에베르를 중심으로 한 코르들리에 클럽이었다. 1793년 11월 당시 8월 10일의 축제에서 불안하게 표현되었던 민중세력과 자코뱅파의 통합은 이미 금이 가 있었다. 자코뱅파가 장악하고 있던 혁명정부는 상퀼로트를 공개적으로 비난하면서 코르들리에 클럽을 탄압하였다. 이에 에베르와 모모로와 같은 급진주의자들은 혁명정부에 대한 저항을 강화하고 공회의 '정화'와 통제 경제를 요구하기 시작하였다. 때마침 심화된 식량위기까지 겹쳐 민중세력과 혁명정부의 대립은 더욱 치열해졌는데 이를 가리켜 흔히 '방토즈의 위기'라고 한다. 이성의 축제는 이렇게 민중세력이 혁명정부에 대한 공격을 강화하던 시점에 출현하였다. 선동가들은 십일제마다 이성의 축제를 벌여 '이성'을 숭배하면서 동시에 정부의 정책을 비난하는 급진적인 '설교'를 하였다. 그러면서 정부를 비난하는 해학적이고 풍자적인 가장행렬과 연극들이 나타났고, 축제는 매우 소란스럽고 무질서한 것으로 변해갔다.

그러자 혁명정부는 이성의 축제를 강력하게 비난하였다. 그들은 무엇보다 이성의 축제가 가지는 정치 선동적인 측면과 함께 그것의 무질서한 카니발 관행을 문제 삼았다. 사실 전통적인 카니발 관행은 17세기 이래 개혁주의 지식인들과 계몽사상가들이 미신적이고 광신적인 것으로 계속해서 비난해오던 터였다. 카니발적인 무질서와 소란, 변장과 마스크가 등장하는 연극과 가장행렬, 다양한 장르의 혼합은 조화와 합리성, 자연적 순수성을 추구하는 계몽사상가들의 미학과 모순되었기 때문이다. 계몽사상의 후예라고 자부하던 혁명가들 또한 다르지 않았다. 콜로 데르부와는 1794년 5월 14일(공화력 2년 플로레알 25일) 자코뱅 클럽에서 이성의 축제의 카니발적인 연극성을 비난하는 연설을 했다.

그들의 유일한 관심은 가장 신성하고 장엄한 것을 패러디하고 가장(假裝)하는 것이다.(중략) 그들은 이성 자체를 신성모독하고 있다. 길에 이성을 상징하는 여성들이 나타나 팬터마임을 벌이는데, 대개 그 주인공은 그들의 부인들이다. 그녀들은 살아 있는 여신으로 얼마나 연극적인지!(중략) 그것은 가련하고 신비적이며 우화적인 부조리가 다시 부활한 것이다. 이런 기괴하고 유치한 알레고리는 과거의 전제군주 하에서 진실을 가리기 위해 사용했던 것들이다. 그러나 진실이 위력을 발휘하는 오늘날에 그것들은 더 이상 필요하지 않다(중

행렬 속 이성의 여신. 민중협회가 주관한 이성의 축제는 정부 당국이 주관한 공식적 축제들보다 훨씬 자유로운 분위기였다.

략) 길에서 음모자들이 함께 행진하는 이런 부적절한 이성의 축제는 방탕한 대주연으로 끝난다(중략) 그 속에는 극단적인 난장(excés)이 가지는 모든 위험요소들이 도사리고 있다.[7]

시민적 축제에서 주로 음악을 담당했던 셰니에(M. -J. Chenier) 역시 민중축제의 카니발적인 성격을 비난하였다. 그는 1793년 11월의 이성의 예배를 '종교의 모든 예술적 표현을 훼손하고 파괴하면서 나타나는 웃음, 광적인 즐거움, 사투르누스적인 기쁨'으로 설명하였고, 또 '그들은 성합(聖盒) 위에 고등어를 얹어 먹었고 성배(聖杯)로 술을 마셨으며 당나귀 등에 제의(祭衣)를 걸치고 목에 영대(領帶)를 감은 후 당나귀를 타고 다녔다. 한 손에는 성체(聖體)를 다른 한 손에는 술병을 들고 있는 술 취한 사람들도 있었다'라고 묘사하였다. 더 나아가 그날

자유의 나무 주위에서 민중들이 카르마뇰 춤을 추고 있다. 이 춤은 혁명기에 민중들 사이에서 매우 유행한 춤이다.

'바쿠스 여제'(이성의 여신)를 숭배하는 민중들에 대해서는 '정치적이고 종교적 구속에서 해방된 인민, 그들은 더 이상 인민이 아니다. 그들은 신전 앞에서 바지를 벗어던진 채 목과 가슴을 다 드러내놓고 카르마뇰(carmagnole) 춤을 추고 있다. 그들은 팔을 걷어올리고 높이 흔들어 보임으로써 자신들의 분노와 공포, 다가올 광풍을 표현하였다'라고 묘사하고 있다. 셰니에의 이러한 주장에는 민중들의 카니발 관행과 그 '신성모독'에 대한 그의 짙은 혐오감이 배어 있다.[8]

이성의 축제는 혁명 엘리트들이 확신하고 있던 '축제 미학'과 모순되었다. 축제는 '확 트인 넓은 야외'에서 거행해야 한다고 믿었던 그들은 어둡고 폐쇄적인 교회 내부에서 벌어지는 이성의 축제를 이해할 수 없었다. 루소가 이상적인 축제는 개방적이고 순수한 야외에서 거행해

이성의 축제 때 '이성'을 상징하는 역할을 맡았던 한 여성의 모습. 당시 이런 역할은 주로 여배우들이 많이 담당하였다.

야 한다고 하지 않았던가! 또 하나 혁명 엘리트들이 이해할 수 없는 것은 이성이 여성에 의해, 그것도 실제 배우에 의해 상징된다는 점이었다. 혁명 엘리트들이 보기에 여성은 감성적인 존재로서 결코 이성을 대표할 수 없었다. 하지만 무엇보다 혁명 엘리트들이 비난한 것은 환상적인 행진 뒤에 성당 내에서 벌어진 예배가 너무나 연극적으로 진행된다는 점이었다. 그것은 하나의 경건한 예배라기보다는 살아 있는 여성 배우를 동원한 괴기적이고 소란스러운 연극적 이벤트, 그 이상이 아니었다.[9]

사실 이성의 축제에서 연극적 요소가 많았던 것은 사실이다. 역사가 슐랑제(Schulanger)는 이성의 축제가 연극처럼 오페라 각본에 근거해 재상연될 수 있었고 전문가의 도움을 받아 다양한 기술의 연출기법을 사용했다는 점을 들어 그 축제가 가진 연극적 성격을 강조하였다.[10] 그에 의하면 대부분 기술적인 발명에 의존했던 그런 '공연'에서 예배를 암시하는 것은 없었다고 한다. 즉 예배 중에 어느 누구도 중앙의 '이성의 여신'을 향해 나아가 찬양하거나 기도하지 않았으며 그저 모두 관람하는 자세를 유지했다는 것이다.

이성의 축제에 대한 비난은 정치적 탄압으로 이어졌다. 1793년 11월 13일(공화력 2년 브뤼메르 21일) 공회는 이성의 축제에 대한 재정적 지원을 요구하는 민중협회 중앙위원회 대표자의 청원을 거절하였다. 결국 11월 17일(브뤼메르 27일) 로베스피에르는 과격한 비기독교화 운동의 위험성을 지적하였고, 다시 11월 21일(프리메르 1일)에는 자코뱅 클럽에서 '제단을 파괴하는 것(비기독교화 운동과 이성의 축제를 가리킴)은 선동정치(demagog)로 변장한 반혁명이며 그것은 미사를 거행하는 것만큼이나 위험하다'고 주장하기에 이르렀다. 마침내 12월 6일(프리메르 16일) 공회는 예배의 자유의 원칙을 다시 환기하는 법령을 발표하였다. 게랭은 그 조처로 인해 반혁명적인 예배와 가톨릭 예배가 다시 고개를 들고 상대적으로 민중들의 예배는 약화되었다고 하였다. 공회는 예배의 자유를 허용함으로써 오히려 민중의 예배를 약화시키려 했던 것이다.[11] 그 과정에서 상퀼로트의 자발성과 자율성은 점점 줄어들었지만 그렇다고 비기독교화 운동의 물결이 완전히 사라진 것은 아니고 여전히 다양한 형태로 남아 공화력 2년 봄까지 지속되었다.[12]

1793년 가을과 1794년 봄 사이 이성의 축제와 그 속에서 표현된 카니발적인 관행은 민중들이 그들의 정치적 견해를 표현하는 유일한 방식이었다. 원래 카니발적인 관행은 전통사회에서 민중들의 유희적 표현 방식이자 정치적 표현 방식이었다. 그것은 구체제 하에서 교회와 세속당국의 억압을 받아 많이 쇠퇴하였다. 그러다가 대혁명이 발발하면서 다시 활력을 얻은 것이다. 사실 민중들은 혁명이라는 계기를 통해 정치무대에 등장했지만 그들이 막상 정치적인 발언을 해야 했을 때 그들이 할 수 있는 것은 전통적인 방식을 이용하는 것뿐이었다. 상퀼로트의 정치사상은 미래지향적이라기보다는 과거지향적이었는데, 그들의 정치문화도 마찬가지였다. 그들은 자신들의 기쁨과 분노를 표출하는 것에서부터 정치적 이념을 표현하는 데 이르기까지 모두 전통적 관행에 의지하였다.

2 인민의 벗을 위한 장례식

민중의 사랑을 받던 지도자들의 죽음으로 그들을 추모하는 많은 행사들이 생겨났다. 그리고 그것은 '자유의 순교자를 위한 예배'라는 종교적 성격의 의식으로 발전하였다.

자유의 순교자를 향한 민중들의 숭배

베크(A. de Baecque)에 의하면 한편으로는 카니발적인 웃음이, 다른 한편으로는 장례제의 비통함과 슬픔이 혁명기의 집단심성을 지배하였다고 한다.[13] 그 만큼 이 시기 환희의 축제만큼이나 비통한 축제도 많았다는 뜻일 것이다. 사실 혁명 기간에 혁명과 전쟁으로 인해 숨진 '자유의 순교자들'이 많아지면서 그들을 애도하고 팡테옹에 안치하는 의례도 급격히 증가하였다. '자유의 순교자들' 외에도 정치적 위인이나 계몽사상가들을 숭배하는 의식이 추가되면서 위인숭배의식은 대혁명 시기의 중요한 정치문화로 자리 잡았다. 대혁명 시기에 이루어진 대표적인 장례식이나 팡테옹 안치식은 다음과 같다.

1790년	9월 20일	낭시 희생 군인을 위한 장례식
1791년	4월 4일	미라보 시신의 팡테옹 안치식
	7월 11일	볼테르 유해의 팡테옹 안치식
1792년	8월 26일	8월 10일 희생자를 위한 장례식
1793년	1월 24일	르펠르티에의 장례식
	4월 28일	라조위스키(Lazowski)의 장례식
	7월 16일	마라 심장의 코르들리에 클럽 안치식
1794년	7월 27일	바라(Bara)와 비알라(Viala)의 팡테옹 안치식을 위한 계획(실행되지는 않음)
	9월 21일	마라 유해의 팡테옹 안치식
	10월 11일	루소 유해의 팡테옹 안치식
1797년	10월 1일	오슈(Hoche) 장군의 기념 장례식
1799년	6월 9일	라스타드(Rastadt)에서 암살된 프랑스 전권위원들(plénipotenciers)을 위한 장례식
	9월 17일	주베르(Jubert) 장군을 위한 장례식

*이중 미라보와 마라의 유해는 1793년과 95년 각각 팡테옹에서 철거됨.

위인숭배의식은 1792년부터 급격히 증가해서[14] 1793년과 94년 파리와 지방의 거리를 휩쓸었다. 그중에는 혁명정부가 주관한 것도 있고 민중협회가 주관한 것도 있는데, 후자에 해당되는 미라보와 마라의 장례식만 살펴보겠다.

'자유의 순교자'를 위한 최초의 예배는 미라보의 장례식이었다. 1791년 3월 30일 미라보가 사망하자 그 소식은 삽시간에 파리 전체에 퍼졌다. 그러자 그의 죽음을 애도하는 수많은 회보와 팸플릿이 제작되고 유포되었으며, 비통함을 더욱 자극하는 연설가들의 선동적인 웅변이 거리를 메우기 시작했다. 그런 대중적 관심 속에서 미라보의 죽음은 왕이 아닌 한 개인 정치가의 죽음으로서는 처음으로 공적인 것이

1791년 7월 11일 볼테르의 유해를 팡테옹으로 옮기고 있다. 이 팡테옹 안치식은 혁명기에 종교적 성격을 탈피한 최초의 '시민적 행렬'로 평가되었다.

되었다.[15]

미라보의 시신이 쇼세 당탱(Chaussée d'Antin) 가의 한 정원에서 해부되는 동안[16] 사람들은 미라보의 흉상을 제작해 국민의회 앞에 배치하고, 미라보의 시신을 어디에 안치할 것인가를 논의하였다. 그 논의의 결과 얼마 전 완성된 생트 쥬느비에브 성당에 안치하기로 결정되었다. 이 결정으로 인해 종교적 성전으로 만들어진 교회가 '조국의 성전'인 팡테옹으로 변신하게 되었고, 미라보는 1791년 4월 4일 그곳에 최초로 안치되는 명예를 누리게 되었다. 그날 미라보의 팡테옹 안치식과 함께 파리의 각 구에서도 그의 죽음을 애도하는 장례 미사가 거행되었다.[17]

이후 1793년부터 '자유의 순교자를 위한 예배'가 급격히 증가하였다. 그중에서 특히 가장 많이 숭배되었던 인물은 '3대 자유의 순교자'

방돔 광장에 전시된 르펠르티에의 시신.

라고 불리는 마라와 르펠르티에(Lepeletier), 샬리에(Chalier)였고,[18] 특히 그중에서도 마라였다. 마라의 죽음은 비기독교화 운동과 결합되면서 '자유의 순교자'에 대한 민중적 숭배를 본격화시킨 계기였다.

1793년 7월 13일 '민중의 벗'인 마라가 지롱드파의 어린 소녀 샤를로트 코르데에 의해 암살되었다. 마라의 사망 직후 파리의 각 구는 마라를 위한 애도식을 거행하며 마라의 유해와 심장을 자기 지역에 안치하려고 경쟁하였다. 그때 마라가 회원으로 활동했던 코르들리에 클럽은 마라의 시신 중에서 가장 중요한 부분인 심장만큼은 자신들의 클럽 내에 안치해야 한다고 주장하였다. 쇼메트도 마라의 심장은 시위원회보다는 코르들리에 클럽에 안치하는 것이 마땅하다고 주장하며 이를 옹호하였다. 결국 그의 주장대로 마라의 심장은 코르들리에 클럽에 안치되어 수많은 참배객을 불러모았다.[19]

7월 16일 코르들리에 클럽 주최로 마라의 장례식과 행렬이 거행되었다. 클럽 대표인 줄리앙(Julien)이 공회 대표들의 참석을 요구했기 때문에 공회는 의원 24명을 대표로 파견하였다. 당시 자코뱅파와 민중협회의 관계를 감안해볼 때 공회로서는 이런 참석이 썩 내키지 않았을 것이다. 장례식의 전체 프로그램을 작성한 사람은 다비드였다. 장례 행렬의 순서는 상처가 노출된 마라의 시신을 들고 가는 열두 명의 사람들, 병에 든 마라의 심장을 들고 가는 사람, 흰옷을 입은 소년과 소녀들, 공회 의원들, 코르들리에 클럽 회원들, 마라가 사용한 목욕통과 잉크, 스탠드를 들고 가는 사람들 순이었다. 장례 행렬과 의식이 끝난 후 마라의 심장은 다시 코르들리에 클럽 회의장에 안치되었고 마라의 시신은 클럽 정원에 세워진 피라미드 형 무덤 속에 묻혔다. 그리고 그의 무덤 위에는 박해로부터 마라를 보호해주길 기도하는 글귀가 붙여졌다.[20]

마라의 죽음으로 인해 민중들의 감정이 고조되면서 그를 기리는 장례식과 흉상제막식, 연극 등이 그해 가을과 겨울, 파리와 프랑스 전체에 성행했다. 마라 장례식의 대부분은 약간의 차이만 있을 뿐 대동소이하였다. 1793년 11월 8일(공화력 2년 브뤼메르 18일) 파리의 피크 드 무사르(Piques de Moussard) 구에서 거행된 장례식을 살펴보자. 그 행렬에는 군인과 상이군인, 파리 구의 대표, 맹인과 '불행한 사람들', 미덕을 상징하는 깃발, 두 명의 순교자(마라와 르펠르티에)의 작품을 삼색 들것에 담아 든 여성들, 향로, 히드라를 짓밟는 헤라클레스 상, 마라와 르펠르티에의 흉상을 들것에 담아 든 네 명의 시민 등이 순

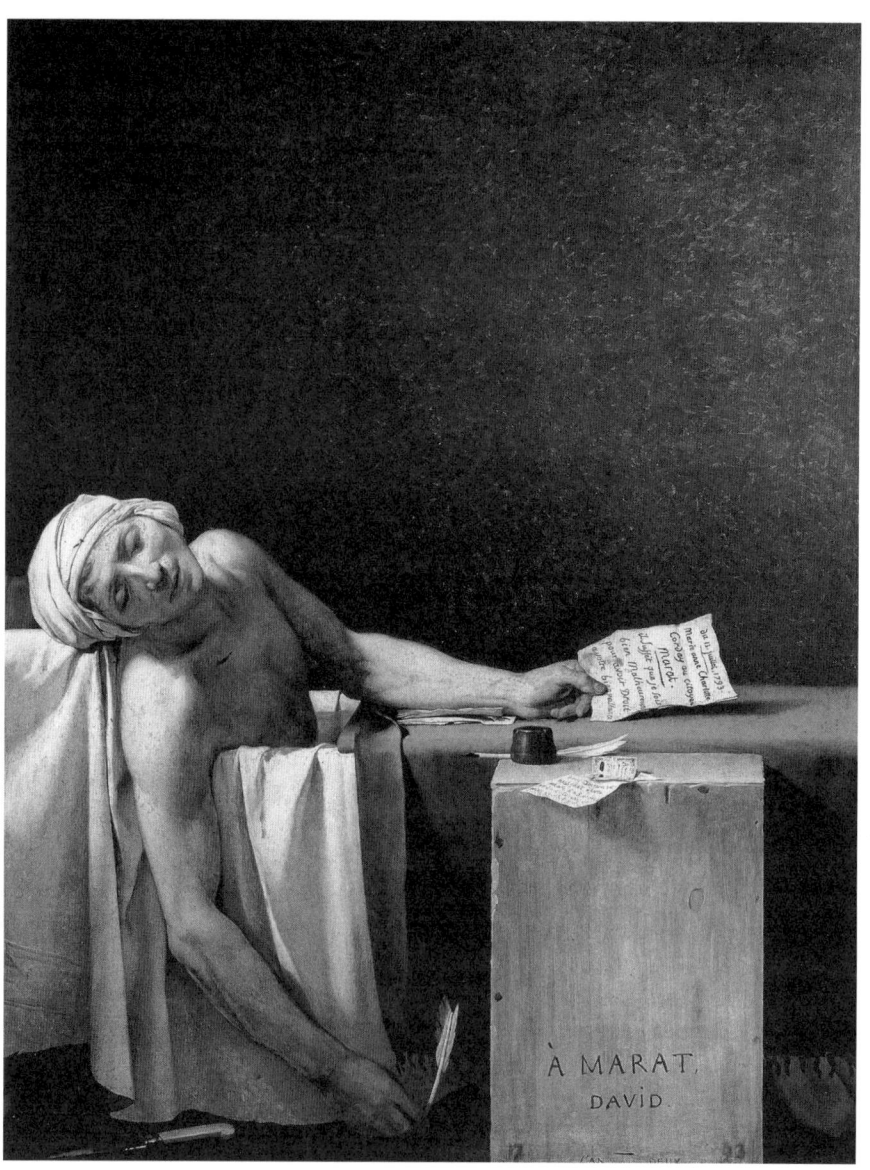
다비드가 그린 「마라의 죽음」.

서대로 행진했다. 그들은 거리를 행진하다가 가끔 멈춰 서서 르메르(Lemaire)의 노래를 부르기도 하였다. 행렬이 목적지에 도착하자 의례가 시작되었다. 먼저 대표자가 마라와 르펠르티에를 경배하기 위해 향로를 높이 들어 의례의 시작을 알렸다. 예배 중에 시민 사드(Sade)가 나와 순교자 두 명의 덕을 칭송하는 연설도 했다.[21]

다음은 10월 16일 뮤제움(Museum) 구에서 있었던 숭배의식이다. 이때는 북을 치는 사람과 포수를 선두로 국민방위대, 깃발을 든 민중협회, 각 구의 깃발을 든 구 대표자들, 정치단체들, 북과 깃발을 앞세운 무장한 파견위원들이 줄을 지어 행진했다. 그리고 그들 뒤에는 음악대와 마라와 르펠르티에 흉상을 든 청년들, 뮤제움 구의 주민들이 뒤따랐다. 이 행렬대는 에콜(École)의 둑과 모네 가, 생 토노레 가, 생 니케즈 가, 통합의 광장을 거쳐 루브르 궁으로 들어가 거기서 예배를 거행하였다. 예배가 거행되는 동안 루브르 궁에는 다비드가 그린 마라와 르펠르티에의 초상화가 걸리고 석관이 놓여 있었다.[22]

자유의 순교자를 위한 예배의 종교성 · 정치성

이상 몇 개의 사례를 통해 알 수 있듯이 마라의 장례의식은 매우 종교적인 성격이 짙다. 그래서 소불(A. Soboul)은 자유의 순교자를 위한 예배가 구체제 성인숭배의식을 대체한 것이라고 주장하였다. 그가 보기에 자유의 순교자를 위한 예배에는 종교적 형식과 용어들이 많이 동원되고 있었던 것이다. 예를 들면 마치 성체(聖體)처럼 마라의 심장을 그릇에 담아 코르들리에 클럽의 천정에 매단 점이나 예배에 사용된 찬송가인「오 코르 마라, 오 코르 예수」(O cor Marat, O cor Jesus),[23] 기도와 교리문답 등이 그러하다. 결론적으로 소불은 그런 종교적 형식과 내용들로 인해 자유의 순교자를 위한 예배 속에서 민중적 감정이 종교적 감정으로까지 신성화될 수 있었다고 주장하였다.[24]

그러나 이에 대해 오주프는 다른 견해를 제시하였다. 그녀는 마라에 대한 숭배가 매우 종교적인 어휘로 표현되긴 했지만 그것은 종교적 성인(聖人)이 아니라 단지 혁명적 영웅을 묘사하고 있다는 점, 마라를 '불멸의 존재'로 묘사하고 있을 때도 그것이 실제 영원불멸함을 강조한 것이라기보다는 집단적 기억 속에 영원히 살아 있음을 상징적으로 표현한 것이라는 점, 그리고 실제 숭배의식에 참가한 대부분의 사람들이 종교적 행동, 즉 혁명적 성인과의 신체 접촉이나 키스, 구원을 바라는 기도 등을 하지 않았다는 점을 들어 자유의 순교자를 위한 예배는 전통사회의 성인숭배의식과는 다르다고 주장하였다.[25]

보우망(E. P. Bowman)은 마라 숭배의식에 사용된 담론과 그 행렬 모습을 분석해 그것의 정치적 성격을 강조하였다. 그가 마라 숭배의식의 종교적 성격을 부인하는 논거들은 많다. 우선 마라를 찬양하는 담론은 주로 성직자가 아니라 연설가들이 주도했다는 점, 실제 군중들이 마라의 심장 앞에서 무릎을 꿇고 열광한다든가 하는 종교적 태도를 보이지 않았다는 점, 찬송가에서 표현된 마라와 예수의 동질화도 마라를 신성화하기 위해서라기보다는 예수를 탈신성화하기 위해서였다는 점, 장례식에 사용된 향료와 유해(遺骸)항아리도 종교적 신성화를 위해서라기보다는 정치적이고 도덕적 함의를 위해 사용되었다는 점, 의례를 주관한 사제가 없었다는 점, 의례가 종교적이라기보다는 연극적으로 진행되었다는 점 등이다.[26] 결국 그는 마라 숭배가 마라의 초자연적인 성격을 숭배한 종교적 운동이 아니라 그의 혁명적 미덕을 숭배한 정치

적 운동이었다고 결론지었다.[27]

　자유의 순교자를 위한 예배가 소불의 주장처럼 종교적 성격이 있다고 해도 결국 이성의 축제와 마찬가지로 당시 민중운동과 분리해서 생각할 수 없다. 마라의 장례식은 대부분 민중협회와 상퀼로트에 의해 조직되었고, 그 속에는 격렬한 복수의 감정을 유발하는 수사와 이미지들이 범람하였다. 사실 장례식은 죽음이나 폭력을 표현해야 하는 만큼 더 표현주의적으로 흐를 수밖에 없었다. 그런 이유로 카니발적인 표현이 많이 사용되었고 그 만큼 장례식의 수사와 이미지 들은 위협적이고 폭력적인 것이 많았다. 온건한 다비드조차 마라의 장례식에는 암살자의 칼이 관통된 심장을, 르펠르티에의 장례식에는 왕당파 부하들에 의해 찢어진 옆구리를 보여주어야 한다고 했을 정도였다.[28] 그리고 총재정부 하의 뇌프샤토 역시 라스타드의 장례식에서는 피 흘리는 시체의 모습을 전시해 분노와 분개를 일으켜야 한다고 주장하였다.[29] 따라서 마라 장례식에도 민중들을 분노와 폭력으로 선동할 수 있는 요소들이 잠재해 있었고 혁명당국은 바로 그 점을 불안하게 여겼다.

　혁명당국은 카니발적인 웃음만큼이나 그런 과도한 표현주의와 격렬하고 과장된 비애의 감정을 이해할 수 없었다. 그들은 단지 그런 비애와 격한 감정이 분노와 복수심을 일으키고 반정부적인 폭력으로 이어질 수 있다는 것만을 확신했을 뿐이다. 실제로 그런 분노와 복수심은 정부에 대한 비판으로 유도되기 십상이었다. 그 시기 장례식을 비롯한 민중축제가 민중의 여론을 집결시키고 반정부적인 여론을 공론화하는 중요한 매개였음은 의심할 여지가 없다. 결국 1794년 5월 14일(공화력 2년 플로레알 25일) 파리 마라구의 민중협회가 마라를 경배하는 축제를 조직하자고 제의했을 때 정부는 그것을 금지하였다. 그것이 정부를 비판하고 극단적 시위를 조장하려는 의도를 내포하고 있음을 알았기 때문이다.

3 왕의 죽음을 암시하는 반축제

1790년 1월 21일 루이 16세는 마치 '카니발의 왕'처럼 처형되었는데, 그것은 그의 죽음을 암시하는 일련의 반축제들의 귀결점이었다.

1794년 1월 루이 16세의 처형 1주년을 기념하는 축제들이 전국에서 벌어졌다. 그러나 왕의 죽음을 기념하는 축제들이 있기 전에 이미 왕의 죽음을 암시하는 여러 축제들이 있었다. 당시 지롱드파였던 메르시에(L. S. Mercier)는 『대혁명기(1789~98)의 파리와 새로운 파리』(*Paris pendant la Révolution(1789~98) ou le Nouveau Paris*)에서 왕의 처형을 요구하는 민중들의 일련의 축제를 '반(反)축제'로 정의하였다.[30] 연맹제를 이상적 축제로 생각했던 메르시에게 그것과 반대되는 반축제의 핵심은 '폭력과 술'이었다. 그는 '반축제의 본질적 요소는 폭력이며 그 상징은 피이다. 또 그 시작으로서 술이 있다'라고 언급하였다. 이제 왕의 죽음을 위한 '반축제'에 대한 그의 묘사를 살펴볼 터인데, 그의 묘사에 따르면 그것들은 마치 왕을 죽음으로 몰고 가

는 소란스럽고 공포에 찬 긴 장례 행렬을 연상시킨다.[31]

메르시에는 왕의 가족을 베르사유에서 파리로 데려왔던 1789년 10월의 날들을 '광적인 소란과 기쁨에 도취된 술 취한 광대들의 사투르누스제'로 묘사하였다. 그 행렬에는 대포와 화약통이 등장하지만 왕은 아직 안전하다. 실제 발포를 위한 것이 아니라 나뭇잎으로 장식되어 민중의 승리를 표현하기 위한 상징으로 사용되고 있기 때문이다.

베르사유 궁에서 끌려와 튈르리 궁에 거주하게 된 왕은 1791년 6월 바렌느로 도주하였다. 그러나 왕의 도주는 성공하지 못했고 왕은 다시 파리로 끌려왔다. 당시 왕의 파리 '입성식'을 메르시에는 '파리 시민의 극도의 방종 속에 나타난 이날의 광기와 괴벽은 일종의 소극, 즐거운 대주연이었다. 그 끔찍한 즐거움은 오히려 분노보다 더 위험하다'라고 묘사하였다. 이날 왕은 '바조슈(basoche)의 왕'으로 희화화되었다. '바조슈의 왕'은 전통적인 카니발의 왕을 상기시키는 것으로 민중적 관행의 표현이다. 메르시에에 의하면 이날은 '실제적인 폭력이 분노보다 끔찍한 즐거움 속에 잠재되어 있었던 연극적이고 희화화된 축제의 날'이었다고 한다.

1792년 6월 21일 튈르리 궁의 침입에 대해 메르시에는 '실제의 침입은 대경실색할 아이러니로 변했다. 그들 중의 한 명이 루이 카페(왕)에게 상퀼로트 모자를 씌우자 왕은 상퀼로트와 건배했다'라고 묘사했다. 이날의 상퀼로트 모자는 고대 사투르누스제의 필루스(pileus)를[32] 연상시켰다.

공회에서 왕의 재판이 열리던 날은 폭력이 단순한 위협을 넘어 현실이 된 날이었다. 메르시에는 이날을 '실내는 대주연장으로 변했다. 부인들이 아이스크림과 오렌지, 음료수를 먹고 있었다. 산악파(le

왕을 처형하는 장면.

Montagne) 옆의 수위는 오페라 극장의 안내원 역할을 하였다'라고 묘사하고 있다. 메르시에는 의회의 수위를 극장의 안내원에 비유함으로써 의회의 재판을 극장에서 벌어지는 축제에 비유하였던 것이다. 재판이 진행되는 동안 '극장'으로 변한 의회에서는 민중들의 위협적인 모의가 계속되었다. 청원자들은 찢어진 옷조각과 피 묻은 깃발을 흔들며 시위를 벌였다. 바레르(Barère)는 '이 가장행렬에는 사회적 공포와 미학적 혐오감이 결합되어 있었다'라고 회고하였다.[33] 이런 위협적인 제스처에 두려움을 느끼지 않은 의원들이 있었을까? 모든 의원들은 그것이 왕의 죽음을 요구하는 연극적 시위라는 것을 누구나 알고 있었다. 아마 청원자들의 위협적인 시위는 재판의 결과에 영향을 주었을 것이다. 근소한 표 차이로 왕의 처형이 결정된 것을 감안하면 혹시 이 날 민중들의 시위가 없었다면 왕이 사형을 모면할 수 있었을지도 모를 일이다.

1793년 1월 21일, 왕의 처형 당일은 '피가 흐르고(중략) 사형집행인은 머리가 든 통의 피를 나누어주었고(중략) 각자는 왕의 옷조각을 비롯해 이 비극적인 장면의 기념품을 나누어가졌다.(중략) 모든 사람들이 친숙하게 얼싸안고 웃으며 축제를 벌였다.'라고 묘사된다. 왕의 축제는 이렇게 왕 자신한테는 참으로 비극적인 축제로 끝났다.

메르시에가 묘사한 '반축제' 속에서 왕은 '빵집 주인'에서 '바조슈의 왕'으로, 다시 상퀼로트의 모자를 쓴 희화적인 모습으로, 결국은 기요틴에서 동강난 머리로 한없이 추락한다. 그가 묘사한 왕의 처형은 그 자체가 상스러운 연극과 같았다. 그것은 사형집행인의 손가락에 의해 움직이는 한 편의 인형극이었다. 하지만 거기에 출현한 인형은 실제 피를 흘리며 죽어갔다. 늘 그랬듯이 메르시에의 묘사에서도 축제와 현실, 연극과 현실의 경계는 매우 모호하다.

메르시에는 '혁명적 날들'의 축제적 성격을 꿰뚫어보았고, 그 중심에 폭력을 놓았으며 폭력의 상징으로서의 피를 강조하였다.[34] 그에 의하면 혁명적 날들은 '혁명에 대한 도취, 들뜬 기분, 폭력 등이 뒤섞여 벌어진 즉흥적이고 무질서한 축제'였다. 혁명적 날들에 대한 그의 시선은 미슐레만큼 따뜻하지 않다. 그는 오히려 그것들을 '반축제'의 구조 속에 놓음으로써 혐오하고 비난하였다.

사실 메르시에는 왕당파만큼이나 자코뱅파와 상퀼로트에 반대한 온건한 지롱드파였다. 이러한 정치적 성향은 그의 저서 저변에 깔려 있다. 그는 자신의 당파적 견해에 치우쳐 비역사적인 태도로 일관할 때도 있으며, 민중의 축제를 묘사할 때는 비방적인 문체와 심리적 적대감을 여과 없이 드러내었다. 그 속에는 구체제 하에서 민중축제를 비난했던 지식인들의 편견이 그대로 남아 있다. 따라서 민중들의 축제가 폭력적이었다는 그의 주장을 그대로 받아들이기보다는 민중축제에서 표현되는 카니발적이고 폭력적인 양식들에 대한 좀더 깊은 이해와 연구가 필요하다. 이런 이해를 통해서만 민중축제에 대한 일방적인 편견에서 벗어날 수 있다.

4 민중축제 속의 카니발 관행

민중축제는 질서정연한 공식 축제들과 달리 자율적이고 소란스러웠다. 그리고 그것은 패러디·풍자·변장 등과 같은 전통적 카니발의 관행을 포함하고 있었다.

활기를 얻는 민중들의 카니발 관행

1791년 4월 30일 자정, 파리 외곽지역의 민중들은 파리 시가 입성권(入城勸)을 중지한 것에 대항해 관세청을 공격하고 그날 밤 '밤의 축제'를 벌이며 소란을 피웠다. 마침 그날 관공서를 습격하고 축제까지 벌인 것은 아마 그날이 전통적 축제인 오월제 전야였기 때문일 것이다. 다음날 5월 1일 민중들은 파리 외곽에 있던 포도주 마차를 파리 시로 끌고 들어와 '바쿠스의 축제'를 벌였다. 실컷 포도주를 마시고 만취한 상태에서 소란을 피우며 거리를 쏘다녔다. 그러다가 바스티유 광장으로 달려가 괴기스런 모양의 징세청부인 마네킹을 불태우고 매장하는 의식을 벌였다.

다음날인 5월 2일 마침 루아유(Royou) 신부가 '성직자민사기본법'을 비판한 교황의 칙서를 인쇄, 배포하면서 반교화주의적인 분위기가 파리에 확산되었다. 이에 풍자 저널리스트인 고르사(Gorsas)가 교황 마네킹의 재판과 화형식을 제안하였다. 그 제안이 받아들여지면서 5월 4일 팔레 루아얄 광장에서 교황의 상징물로 장식된 높이 8피트의 거대한 교황 마네킹의 모의재판과 화형식이 거행되었다. 모의재판을 받기 전에 교황 마네킹은 생 베르나르에서 그곳까지 오물 세례를 받으며 끌려와야 했다. 마찬가지로 교황을 옹호한 루아유 신부의 마네킹도 진흙을 뒤집어쓰고, 구박을 받고, 역시 불태워졌다. 그 '샤리바리' 의식이 끝난 뒤 사람들은 윤무(輪舞)를 추고 팬터마임과 경주·마상시합·마드 코카뉴(mâts de cocagne)[35]와 같은 전통적인 놀이를 즐기며 밤늦도록 놀았다. 그리고 마지막으로 그 모든 축제를 정리하는 의미에서 오월수를 심었다.[36]

위의 사례는 1791년 5월 초 파리에서 있었던 '바리에르(Barrière) 축제'인데, 몇 가지 점만 빼면 전통적 카니발 축제 혹은 샤리바리 의식과 똑같다. 마네킹의 행렬과 모의재판·화형식·구박하기·전통적인 놀이·오월수 등이 그러하다. 이 사례를 통해 한 가지 확인할 수 있는 것은 혁명을 통해 (물론 혁명 직전 완전히 없어지진 않았지만) 카니발 관행이 서서히 부활되기 시작했다는 사실이다. 하지만 이 사례가 보여주는 것은 하나 더 있다. 그것은 전통적 카니발에 비해 훨씬 더 정치화되었다는 것이다. 이제 재판 받고 불태워지는 것은 '카니발의 왕'이 아니라 징세청부업자 혹은 교황의 마네킹이다.

전통 카니발 관행은 이미 혁명 초 '혁명적 날들' 속에서도 등장하였

1791년 5월 1일 파리의 '바리에르의 축제'. 민중들이 술에 취해 흥겹게 카니발적인 축제를 벌이고 있다.

다. 하지만 그것이 더욱 본격적으로 민중축제 속으로 파고든 시기는 1793년 가을에서 94년 봄 사이이다. 그렇다면 왜 이 기간의 민중축제에 카니발 관행이 그토록 풍성하게 드러난 것일까? 그 이유 중 하나는 이 기간에 더욱 증가한 반혁명적 음모에 대한 강박관념이나 배신자에 대한 복수심, 패전으로 인한 위기감이 왕과 귀족, 성직자에 대한 증오심을 더욱 증폭시켰기 때문이다. 그 증오심이 해학과 풍자를 특징으로 하는 전통적인 카니발 관행으로 귀결된 것이다.

두 번째 이유는 이 기간 전국을 휩쓸었던 비기독교화 운동과 연관되어 있다. 카니발 관행은 풍자와 해학만이 아니라 이교적이고 신성모독적인 요소들을 많이 가지고 있다. 이런 요소들은 비기독교적인 견해나 생각을 표현하기에 안성맞춤이었다. 예를 들어 광인의 축제 관행을 보자. 원래 광인의 축제는 전통 사회에서 그 자체가 교회를 풍자하고 패러디하는 관행이었다. 이런 관행들이 혁명기 교회를 비판하는 비기독교화 운동과 자연스럽게 결합된 것이다. 물론 그 정도에 있어서는 차이가 있었는데, 광인의 축제에서는 성직자의 상스러운 변장이나 성배로 술 마시기, 미사 패러디 등 그저 축제의 유희 수준이었다면, 이제는 성직자의 문서를 불태우기, 성배(聖杯)로 공화국을 위해 건배하기, 사도들과 성인들에게 상퀼로트 모자를 씌운 후 몽둥이질하기, 유골(遺骨) 파괴하기 등 축제와 현실과의 경계가 없어진 수준에 이른 것이다.37)

세 번째 이유는 어쩌면 당연한 것일지 모르겠지만, 이 기간의 민중축제에 카니발 관행이 많이 사용된 이유는 마침 이때가 전통적인 카니발 주간(11월 1일 만성절에서 사순절 직전까지 장기의 카니발 주간)이었다는 점이다. 이것은 그 기간 전후의 다른 축제들과 비교해보면 더욱 분명해진다. 즉 1793년 가을 이전에는 다비드의 정교하고 획일적인 8월 10일의 축제 프로그램이 전국에 강요되었고, 다시 1794년 초봄 이후에는 카니발적인 풍자 관행이 점차 사라지면서 6월 20일부터 최고 존재의 축제의 일률적인 프로그램이 전국에 강요되었다. 이에 반해 때마침 카니발 기간에 겹쳐 벌어진 민중축제, 예를 들면 십일제나 '자유의 순교자를 위한 예배', 왕의 처형 기념일, 툴롱 탈환 기념일 등에는 카니발 관행이 풍부하게 나타날 수밖에 없었던 것이다.

카니발적인 관행은 파리보다는 지방에서 더욱 풍부하였다. 아무래도 파리보다는 혁명정부의 통제를 덜 받았기 때문일 것이다. 파리에서 멀리 떨어진 지역일수록 혁명정부가 내려보낸 일률적인 프로그램을 벗어나 자기 지방의 고유한 카니발 관행을 적용할 여지가 더욱 컸다.

따라서 이들 지방의 축제들은 파리의 축제들보다 훨씬 더 전통적이고 자율적이며 그래서 덜 작위적(作爲的)이었다. 이런 '문화적 무정부주의적' 경향은 프랑스 남서부 지방에서 특히 강했다.

민중축제에 카니발 관행을 적극적으로 도입한 주체는 민중협회와 혁명군들이었다. 그들은 선동적 효과를 위해 조직적이고 의도적으로 그것들을 도입하였다. 각 지방의 민중협회가 주최한 축제에는 어김없이 카니발 관행이 등장하였다. 예를 들어 몽티냑의 민중협회는 프랑스군이 사르디니아 왕을 체포했다는 낭보를 전해 듣자 즉흥적으로 축제를 조직하였는데, 그 축제를 구성하고 있는 것은 사르디니아 왕에 대한 패러디 · 변장과 마스크 · 파랑돌 춤 등과 같은 카니발 관행이었다. 이곳저곳을 이동하는 혁명군들 역시 비기독교화 운동을 퍼뜨리며 카니발적인 관행을 확산시키고 다녔다. 그들은 축제에 카니발적인 관행을 도입하였을 뿐만 아니라 축제를 훨씬 공격적이고 폭력적인 것으로 만드는 데도 기여하였다. 예를 들어 1794년 2월경에는 혁명군이 보수적인 귀족들이 많이 사는 앙트르보(Entrevaux) 지방을 지나다가 교회를 파괴한 후 가장행렬을 벌였다.[38] 또한 대개 혁명군이 한 마을이나 도시에 입성하면 그들을 위한 환영식이 벌어졌는데, 거기에 빠지지 않고 등장하는 것이 교황이나 왕의 마네킹을 태우는 화형식이었다. 리차드 콥이 지적한 대로 그런 환영식은 한편으로는 군인과 시민 사이의 연대성을 강화했지만 다른 한편으로는 전체적으로 축제에 공격성을 부여하기도 하였다.[39] 이처럼 민중축제에 카니발 관행이 확산된 것은 자연발생적이라기보다는 다소 의도적인 측면이 있으며 따라서 정부의 공식적 축제 못지않게 민중축제에도 정치적 의지가 작용하고 있음을 알 수 있다.

공화력 5년 벌어진 비기독교적인 가장행렬. 왼쪽에 당나귀를 탄 '광인의 주교' 모습이 인상적이다.

민중축제의 풍경

카니발적인 민중축제는 정부의 공식 축제에 비해 행렬과 변장 등 모든 점에서 달랐다. 우선 공식적인 행렬은 질서정연함을 특징으로 한 반면 카니발적인 행렬은 '합성그룹의 장황함과 뒤섞임, 장르의 혼합'을 특징으로 하여 매우 활기차고 생동적이었다. 거기에는 전통적인 우스꽝스러운 마네킹과 종교적 유해(遺骸), 혁신적인 혁명의 상징들이 뒤섞여 있었다. 이중에서 가장 카니발다운 모티프는 무엇보다 당나귀이다. 당나귀는 전통사회에서 카니발과 샤리바리 행진에서 빠지지 않고 등장한 '민중의 친구'이다. 혁명기 민중축제에서 당나귀는 각종 신성모독적인 상징으로 장식되었다. 1791년 아비뇽에서 처음으로 '주교관을 쓴 당나귀'가 출현하였고, 이후 아메스(Ames)의 툴롱 탈환 기념제에서 '왕의 마네킹을 끌고 가는 당나귀'가 등장하였다. 이때 당나귀가 왕의 마네킹을 끄는 동안 군중들은 '나는 왕의 창녀이다'(Je suis la putain des rois)라고 외치며 야유했다. 또 몽브리제(Montbrisé)의 이성의 축제에서도 '사제의 제의로 장식한 당나귀'가 등장하였으며, 앵과 이제르(Isère)에서는 당나귀를 이용한 샤리바리 모의(模擬)가 벌어졌다. 그것은 한 상퀼로트가 반혁명파로 분장해 거꾸로 당나귀에 태워지고 군중으로부터 구박과 야유를 당하는 모의였다. 전통사회에서 모욕과 조롱을 상징하는 당나귀가 혁명의 발발과 더불어 왕과 성직자, 귀족 들을 모욕하기 위한 인기 아이템으로 등장한 것이다.

당나귀 말고 다른 동물들도 많이 사용되었다. 민중축제에 흔히 사용된 동물은 민중들이 일상에서 쉽게 동원할 수 있는 동물들, 예를 들면 돼지나 염소 등이었다. 이런 동물들은 영락없이 괴상하고 흉측한 모습으로 분장되어 조롱과 야유를 받곤 했다. '야하게 치장한 돼지'와 '봉건적 상징들로 가득 찬 수레를 끌고 가는 동물의 모습'들이 그렇다. 특히 루이 16세는 돼지나 당나귀로 많이 표현되었다.[40] 그 이유는 전통사회에서 돼지는 뚱뚱한 지배층을 표현하는 데 많이 사용되고, 당나귀는 공처가 남편을 샤리바리하는 데 주로 사용되었기 때문이다. 이런 동물들의 모습은 가엾기도 하였지만 그 우스꽝스럽고 해학적인 모습 때문에 군중들은 폭소를 터뜨렸다. 하지만 합리적이고 세련된 양식을 가진 엘리트들은 눈살을 찌푸리며 지나쳤다.

민중축제에 '카니발적인 동물'이 많이 사용된 것은 자연과 식물의 이미지를 강조하는 공식 축제와 다른 점이다. 물론 공식 축제에서도

왕과 왕비를 풍자한 모습. 사람과 동물을 결합시킨 것이나 왕과 왕비가 대칭을 이룬 모습은 카니발 표현양식의 한 특징을 보여준다.

동물은 사용되었다. 1793년 8월 10일의 축제에서 확인한 히드라가 그 예이다. 그러나 루이 16세를 돼지로 표현한 것과 지롱드파를 히드라로 표현한 것은 좀 다르다. 전자는 일종의 반어법, 즉 외양으로 본질을 풍자하는 방법이며 따라서 다소 유연한 암시(allusion)라고 할 수 있지만 후자는 은유법(metaphor)의 일종이다. 암염소를 사용해 마리 앙투와네트의 가증스러움을 표현하는 것도 전자에 해당된다.[41]

카니발 행렬의 하이라이트는 뭐니뭐니해도 마네킹이다. 민중축제에 등장한 마네킹은 대개 반혁명적인 귀족이나 왕·성직자·교황을 상징했다. 전통 카니발에서 '축제의 왕'이 당한 것처럼, 그리고 전통 샤리바리에서 '희생자'들이 당한 것처럼 혁명기의 마네킹들도 구박당하며 끌려다니다가 결국 모의재판을 받고 처형되었다.[42] 그들은 끌려 다니

반혁명적 괴물을 그린 풍자화로 이처럼 괴기적인 동물의 모습을 사용하는 것은 매우 중세적인 전통이다.

면서 구박만 당한 것이 아니라 온갖 야유와 욕설·오물 세례·침 뱉기·몽둥이질을 당했다. 그 모든 제스처는 전통적인 카니발 관행을 그대로 옮겨놓은 것이다. 단지 다른 점이 있다면 그 마네킹이 더 이상 전설적이고 신화적인 '카니발의 왕'이 아니라 지금 당장 척결되어야 하는 정치인, 종교인이라는 점이 다를 뿐이다. 그래서 군중들은 더 환호하고 더 과격해졌는지 모른다. 마네킹은 대개 화형당했지만 그렇지 않은 경우도 있었다. 그라스(Gras)의 '카페 왕조의 독재자'는 화형당했지만 모나코의 '교황'은 익사당했다. 교수형당하는 마네킹도 있었다.[43)]

민중축제의 카니발 행렬에 등장하는 동물이나 마네킹, 더 나아가 '배우'들은 '있는 모습 그대로' 나오는 법이 없었다. 대개는 흉하고 외설적이고 엽기적인 모습으로 분장하고 등장했다. 이런 변장에 사용된 방법이 바로 바흐친이 '괴기적 사실주의'로 명명한 축제 미학이었다. 그것은 대상을 변장시킬 때 지성보다는 감각에 의지하는 방법으로, 뒤집고 절단해서 다시 붙이기, 외설적으로 표현하기, 먹고 마시는 거대한 신체의 표현, 오물과 분비물을 사용해 더럽히기 등의 특징을 가지고 있다. 바흐친에 의하면 이렇게 표현된 '괴기적 이미지'들은 해학적이고 우스꽝스러울 뿐만 아니라 역동적이고 생동적이다. 그래서 고정된 실체가 아니고 끊임없이 변화하는 유동체이다. 더 나아가 그것은 현실을 벗어나 변화하려는 욕망, 혁명을 향한 정치적 의지의 표현이다.[44)]

괴기적 변장과 이미지의 범람은 민중축제와 공식 축제를 구별하는 기준이다. 이런 변장과 이미지는 즉흥적으로 적용되기도 하지만 민중협회의 회의를 통해 전략적으로 논의될 때도 있었다. 예를 들어 포

위 | 비기독교화 운동이 한창일 때 벌어진 민중들의 가장행렬. 이러한 가장행렬에는 전통적인 카니발 표현양식들이 풍부하게 표현되었다.
아래 | 혁명기 민중들이 광장에 모여 오락을 즐기고 있다. 이러한 민중적 오락에서 전통적 축제 관행들이 많이 드러났다.

(Pau)의 민중협회는 축제를 맞이해 그때 등장할 인물들을 어떻게 하면 더욱 우스꽝스럽고 재미있게 표현할 수 있을지에 대해 논의하였다. 그러자 각 회원들은 다양하고 독특한 아이디어를 경쟁적으로 제안하였다. 그들은 해학성을 높이기 위해 특징적인 풍모를 과장하거나 신체를 기형적으로 강조하는 방법을 사용하였다. 예를 들어 페이앙파 의원의 코와 귀를 길게 표현한다거나 아니면 왕의 마네킹을 유별나게 뚱뚱하게 표현하는 식이다.[45] 대개는 남루한 옷을 괴상하게 걸치거나 옷을 바꾸어 입히는 방법이 손쉽게 사용되었다. 찢어진 붉은 망토를 걸친 왕의 모습이나 마리 앙투와네트의 의복을 걸친 검사의 모습들이 그러하다. 그런 익살스럽고 해학적인 이미지들은 그것을 보고 웃고 모욕하는 군중들의 심성에 희생자에 대한 적개심을 고무하고, 다시 그 적개심을 혁명을 향한 의지로 유도하였다.[46]

   결국 카니발적인 이미지가 범람하는 민중축제는 하나의 '뒤집힌 세계'였다. 광인의 축제 때 하위성직자(clerc)들은 미사를 패러디하고 종교적 상징을 세속화하거나 신성모독하여 교회를 '뒤집힌 세계'로 만들곤 하였다.[47] 이와 마찬가지로 혁명기 민중축제에서도 모든 것이 뒤집혔다. 교회 앞에 타고 있는 화톳불 주위에서 성직자가 세속적인 왈츠를 추었고, 기독교 신전은 이성의 신전으로 변형되었다. 그리고 만취한 상퀼로트들이 성배로 술을 마시며 '하느님이 있다면 벼락이라도 쳐보라'고 호통쳤다. 이 모든 것이 '뒤집힌 세계'의 표상이었다. 이성의 축제 때 상연한 오페라 각본인 「공화국의 소녀」(Rosière républicaine)에 등장하는 '상퀼로트의 옷을 입고 카르마놀 춤을 추는 성직자들'도 마찬가지이다. 그리고 1월 21일 왕의 처형 기념일에서 창녀와 성직자가 나란히 앉아 왕의 모의 매장식을 지켜보게 한 것도, 1793년

교황을 비난하는 풍자화. 오물이나 배설물을 사용해 풍자의 효과를 높이는 것은 카니발적인 표현양식의 특징이다.

11월 22일 유니테(Unité) 구의 공회 앞에서 가장행렬을 벌일 때 군중들이 교회에서 훔친 사제복을 상스럽게 걸친 것도 모두 전통사회의 '뒤집힌 세계'에서 모티프를 얻은 것이다.

혁명은 끝나지 않았다

혁명기 민중들이 이런 전통적 방법 말고 자신들의 감정과 생각을 표현할 수 있는 다른 방법이 있었을까? 물론 전통적 방식이 민중들의 유일한 표현방식이었다고 해도 그것이 자신들의 생각과 감정을 표현하는 데 적절하지 않았다면 결코 사용하지 않았을 것이다. 그렇다면 그들의 감정과 생각은 어떤 것이었을까? 그 당시 급진적인 민중운동이 암시하듯이 그들은 혁명이 끝났다고 생각하지 않았다. 상퀼로트들은 직접민주주의와 계획경제, 자기들 같은 소생산자들이 잘살 수 있는 사회를 원하였고, 그러기 위해서는 아직도 갈 길이 멀다고 생각하고 있었다. 바로 이 점이 '이제 혁명은 끝났고, 그 혁명적 이념을 기반으로 국민적 통합과 질서, 안정을 확립해야 한다'고 믿었던 혁명정부와 다른 점이었다. 혁명에 대한 이런 인식의 차이는 축제를 매개로 한 상징투쟁으로 이어졌고, 이 투쟁에서 민중이 사용한 전략이 전통적 방식이었다. 카니발적인 해학과 익살, 모욕은 전통적으로 민중들이 권위를 조롱하기 위해 사용한 유희적 방법이다. 혁명기 민중들은 그 방법을 사용해 적에 대한 적개심을 불러일으키고 혁명적 열정을 고무하였다. 더구나 카니발적인 이미지는 '혁명은 아직 끝나지 않았다'는 그들의 생각을 표현하는 데도 안성맞춤이었다. 왜냐하면 카니발의 괴기적 이미지는 늘 변화하고 살아 있는 이미지이다. 그것은 현재의 질서를 뒤집고 새로운 질서를 표현하는, 재생과 변화를 욕망하는 이미지이다. 그래서 그것을 보고 있는 사람들에게 이렇게 말하는 것 같다. '혁명은 아직 끝나지 않았다'고.

하지만 혁명기 민중들이 전적으로 전통적 방식에만 매몰되었다고 단정하진 말자. 그들은 혁명을 경험했고 혁명의 대의에 공감했다. 그런 만큼 그들의 축제에도 전통적 모티프와 함께 혁명이 낳은 혁신적인 모티프들이 등장하였다. 삼색기와 자유의 모자, 자유의 여성, 「라 마르세예즈' 등은 그들도 역시 '프랑스 혁명'이라는 커다란 대열 속에 포함되어 있었음을 말해준다. 이 때문에 오주프가 혁명기에 벌어진 모든 축제를 하나로 묶어 '종교에서 세속으로 신성으로 이동시킨 의례들'이라고 일반화시켰지만 말이다. 그러나 그 점을 지나치게 강조하면 각각의 축제들이 가지는 더욱 더 중요하면서도 미세한 차이점을 놓칠 수 있다.

5 연극적 폭력과 현실적 폭력

민중들은 '혁명은 아직 끝나지 않았다'는 것을 암시하게 위해 끊임없이 폭력을 환기시켰다. 해학과 조롱은 구박과 야유의 상징적 폭력으로 이어지고, 그것은 다시 현실적 폭력과 뒤섞이기도 했다. 카니발의 이런 폭력적 성격은 이 기간에 함께 벌어지곤 했던 샤리바리에 의해 더욱 씻을 수 없는 '오명'이 되었다.

혁명기 민중축제의 폭력적 성격은 전통적 관행을 계승한 것이다. 그러나 그것은 전통보다 더욱 폭력적이고 과격한 형태를 띠었을 뿐 아니라, 상징적 폭력과 현실적 폭력의 경계를 무너뜨렸다. 폭력의 성격이 이렇게 변한 이유는 축제가 정치적 성격을 띠었기 때문이다. 이제 폭력의 대상은 신화적이고 전설적인 인물이 아니라 직접적인 정치인이나 종교인이었다. 예를 들어 프로방스 사람들이 축제에서 화형시킨 것은 '타라스크'(Tarasque)가[48] 아니라 왕이나 교황, 영국 수상 피트였다. 보벨은 이것을 '민속축제의 정치화'라고 표현하였다.[49]

민중축제에서 그것이 마네킹이든 실제 사람이든 그들을 향한 폭력은 매우 위협적이고 선동적이었다. 콩셰(Conches)의 한 축제에서 왕의 모의 처형식이 있었다. 그때 민중들은 성모방문수도회(Visitandines)

의 곡조에 맞추어 죽은 왕을 애도하는 노래를 불렀다. '기요틴에서 죽은 왕의 장례식을 무시하는 당신들, 왕은 당신들을 향해 너희들도 언젠가 나와 같은 운명이 될 것이라고 말한다'라는 가사의 노래였다. 이 가사가 의미하는 바는 장례식에 참석하지 않은 반혁명파와 자코뱅파에 대한 불평과 복수였다. 1793년 11월 16일 샤르트르(Chartres)의 한 축제에서 벌어진 페티옹 마네킹의 교수형과 켕페(Quimper)의 십일제 때 감옥 앞에서 연행된 습격모의 등도 모두 증오와 복수심을 일깨우는 위협적이고 선동적인 이벤트였다. 일반적으로 교수형 장면은 위협적인 효과를 높이기 위해 사실주의적인 기법을 사용하였다. 예를 들어 모즈(Mauze)에서 거행된 피트 마네킹의 교수형 장면이 그러하다. 그때 그 기획자는 마네킹의 목 뒤에 피 주머니를 숨겨두어 칼날이 목에 떨어짐과 동시에 군중을 향해 피가 튈 수 있도록 하는 섬뜩한 장치를 해두었다. 또한 진흙과 침, 배설물 등을 사용함으로써 사실적인 효과를 높였다. 민중들은 '우리 형제들의 유물'이라는 머리띠를 두르고 양피지 증서(대학과 귀족 증명서)를 실은 마차를 끌고가는 당나귀를 야유하고 조롱하며 진흙과 오물을 집어던졌다. 그것을 뒤집어쓴 당나귀는 귀족에 대한 증오심과 복수심의 불쌍한 희생양이었다.

위협이 모의와 암시만으로 끝나지 않고 현실화되는 경우도 있었다. 유무티에(Eymoutiers)의 우애의 광장에서 거행된 축제 때의 일이다. 그때 '기요틴 부인'(Dame Guillotine)이 등장해 구박하고 처형한 것은 성직자로 분장한 배우가 아니라 실제의 성직자였다. 사실 위협적 모의와 제스처는 상징적 폭력과 현실적 폭력의 경계를 무너뜨려 언제든지 축제를 정치적 소요로 변화시킬 수 있는 잠재적 요소들이다. 그리고 그 전환 가능성은 축제를 축제로 유희할 수 없을 때, 정치적 갈등이 첨예하게 대립할 때, 즉 혁명기에 더욱 증가한다.

민중축제는 끊임없이 폭력을 환기시켰다. 그 폭력은 위협적일 뿐만 아니라 선동적이었다. 길거리에서 몽둥이질당하고 돌멩이로 얻어맞고 오물을 뒤집어쓴 채 끌려다니다가 결국 불에 태워지고 교수형당하는 왕이나 귀족, 성직자의 모습을 보며 군중들은 단지 웃어넘길 수만은 없었을 것이다. 그런 장면은 그들의 마음속에 또 다른 폭력을 환기시켰다. 그런 점에서 그건 '아직 끝나지 않은 혁명'을 위해서 또 다른 폭력을 야기하는 선동장치임이 분명하다. 혁명정부가 민중축제를 의심하고 탄압한 이유는 이 때문이다. 민중축제는 혁명을 선동하고 있었던 것이다.

르네 지라르(Rene Girard)에 의하면 폭력은 이중적 성격을 가지고 있다. 태초에 비합법적이고 내적인 갈등을 일으키는 폭력이 있는가 하면 그 폭력을 없애고 공동체에 조화와 일치를 가져다준 합법적이고 성스러운 폭력(희생제)도 있다.[50] 공동체는 이러한 폭력적 희생제의를 통해 위기를 극복하면서 종교와 문화를 발생시킨다. 따라서 모든 인간 제도의 기저에는 초석적(礎石的) 폭력이 전제되어 있다. 이렇게 폭력은 갈등을 일으키는 '악한 폭력'과 새로운 조화와 재생을 가능하게 하는 '선한 폭력'이라는 양면성을 가지고 있는데, 지라르는 그들 사이의 구분은 필수적인 만큼이나 자의적인 것이라고 말했다.[51]

폭력에 대한 지라르의 견해는 폭력은 재생적 측면을 가지고 있다는 것, 그리고 폭력을 절대적으로 평가할 수 있는 윤리적인 잣대는 없다는 의미로 해석된다. 폭력의 재생적 측면을 빌어 혁명기 민중의 폭력을 미화할 필요는 없을 것이다. 하지만 민중의 폭력을 정치적인 무질서, 도덕적 타락, 사회적 범죄의 측면에서 접근하는 혁명정부의 견해 역시 매우 자의적이다. 혁명기 민중들이 자신들의 행동을 무질서와 타락한 범죄라고 생각했을까? 혹시 자신들을 '민중의 정의'를 실현하는 영웅쯤으로 생각하진 않았을까? '민중의 정의'란 전통사회에서 스스로 정의롭다고 생각하는 것을 세속당국과 교회당국이 무시할 때 그것을 직접 구현하려는 민중적 처벌 방식이다. 이 '민중의 정의'라는 개념을 끌어들인 이유는 민중의 폭력이 정의롭다는 말을 하기 위함이 아니다. 단지 혁명기 민중 스스로 자신들이 정의롭다고 생각하고 있었음을 말하기 위함이고 또 그런 만큼 폭력에 대한 평가는 자의적일 수밖에 없다는 것을 말하기 위함이다. 따라서 대혁명 시기의 폭력은 그것이 누구의 폭력이든지 간에 절대적인 윤리의 잣대로 평가될 문제가 아니라 상황과 맥락 속에서 설명되고 해석되어야 할 문제이다.

제7부 최고 존재의 축제와 공화국 이념

1 로베스피에르의 「플로레알 18일의 보고서」

최고 존재의 축제는 십일제에 거행된 민중들의 이성의 축제에 대한 대안으로 고안되었다. 혁명정부는 정치적이고 미학적인 측면 모두에서 이성의 축제를 비롯한 모든 민중축제를 혐오하였고, 그것을 대체할 획기적인 축제가 필요하다고 판단했던 것이다.

새로운 신 만들기

이성의 축제를 대신할 새 축제의 필요성은 1794년 4월 19일(공화력 2년 제르미날 30일) 파리 코뮌의 페이앙(Payan)이 루소와 볼테르의 자연종교에 입각해 새로운 종교를 만들자고 주장하면서 처음 제기되었다.[1] 이 주장은 그 다음날 공회에서 한 의원이 음모자들(상퀼로트를 말함)에 대항하기 위해 '최고 존재'를 숭배하는 축제를 거행하자고 주장하면서 더욱 구체화되었다. 공회 의장 아마르(Amar)는 이 연설을 듣고 즉각 그것에 동의하였는데, 그 이유는 무신론을 조장하는 이성의 축제를 근절하기 위해서는 새로운 종교가 필요하다고 판단하였기 때문이다.[2]

최고 존재의 축제에 관한 보고서 작성은 로베스피에르에게 위임되었다. 최고 존재의 축제를 비롯한 다른 모든 축제들의 새로운 체계를 제안한 「플로레알 18일의 보고서」는 이렇게 해서 나오게 되었다.[3] 여기서 로베스피에르가 제안한 새로운 축제 체계는 네 개의 국민적 축제(1월 21일, 5월 31일, 7월 14일, 8월 10일)와 시민적 덕을 기리는 23개의 십일제로 구성되어 있었다. 그중에서 1794년 6월 8일(공화력 2년 프레리알 20일)에 거행된 '최고 존재의 축제'는 십일제의 일환으로 거행된 축제이다.

그런데 「플로레알 18일의 보고서」에는 새로운 축제 체계만이 아니라 그 체계를 떠받치는 로베스피에르의 정치사상도 함께 표현되어 있다. 로베스피에르가 작성한 보고서의 핵심은 국민적 통합을 성취하고 공화국을 단단하게 확립하기 위해서는 미덕을 숭배하는 종교가 필요하다는 것이었다. 그는 '시민사회의 유일한 기초는 도덕이다. 전제주의의 기초가 비도덕성이라면 공화주의의 본질은 미덕이다'라고 주장하였다.[4]

그렇다면 미덕을 위해서는 어떻게 해야 하는가? 로베스피에르는 종교와 의례, 축제가 그 해답이라고 말한다. 그는 '종교적 감정은 사회적으로 유용하며 공공의 덕을 위해서도 필요하다'라고 주장하고 심지어 '만약 신이 존재하지 않는다면 만들어낼 필요가 있다'고까지 주장하였다. 다음은 국민적 축제의 필요성에 대해 로베스피에르가 힘주어 강조한 내용이다.

국민적 축제는 공적 교육의 필수적인 부분으로 고려되어야 하는 일종의 제도이다. 인간은 자연 속에 존재하는 가장 위대한 대상

(object)이다. 모든 스펙터클 중에서 가장 장엄한 것은 거대한 인민의 모임이다. (예를 들어) 그리스의 국민적 축제를 상상해보라.(중략)이런 모임에 더욱 더 광범위하고 더욱 더 위대한 성격을 부여하는 것은 프랑스 국민으로서 얼마나 유익한 일인가. 잘 적용된 국민적 축제 체계는 가장 즐거운 우애의 장소이면서 동시에 가장 강력한 재생의 방법이다.[5]

그런데 여기서 말하는 종교가 기존의 가톨릭 교회가 아님은 자명하다. 로베스피에르가 보기에 가톨릭 교회는 새로운 사회를 건설하기에는 너무 낡고 부패하였다. 그는 새로운 사회와 새로운 인간을 만들기 위해 필요한 것은 공화국을 더욱 확고하게 해줄 수 있는 '새 종교'라고 생각했다. 그것이 바로 최고 존재의 축제였다. 이런 점에서 '최고 존재'는 공화주의의 미덕을 구현한 '새로운 신'이라고 할 수 있다. 그런데 로베스피에르가 국민통합과 공화국 확립을 위해 이토록 유신론적인 성격을 갖게 된 데에는 또 다른 정치적 동기가 있었다. 로베스피에르와 입장을 같이했던 페이앙의 주장을 잠시 인용해보자.

그들은(이성의 축제를 주도하는 상퀼로트를 말함) 인민을 미신과 다를 게 없는 무신론으로 이끌며 자유를 강탈하고 있다.(중략) 그들에게는 신이 없다.(중략) '이성을 위한 신전'을 세우자. 그러나 인간처럼 성장하면서 경험적 지식을 축적하고 그러다가 나이 들면 쇠퇴하는 그런 '이성'이 신이라고 할 수 있겠는가? 아니다. 인민은 그런 이성을 위한 신전을 세우지 않을 것이다. 세계를 지배하는 영혼불멸의 '이성', 즉 '최고 존재'만을 위한 신전을 세워야 한다.[6]

여기서 페이앙의 주장은 다음과 같이 요약될 수 있다. 민중들이 숭배하는 이성은 유한한 존재이므로 신이 아니라는 것, 따라서 그들의 이성의 축제는 무신론에 입각하고 있다는 것이다. 로베스피에르가 무한한 '최고 존재'의 개념을 통해 유신론을 주장한 이유는 언뜻 비슷해 보이는 이성의 축제와 자신의 축제를 구별하려는 일종의 '차별화 전략'이라고 할 수 있다. 이 당시 민중들(코르들리에파)은 과격한 비기독교화 운동을 주도하며 이성의 축제를 확산시키고 있었다. 이런 운동에 대해 로베스피에르는 공화국의 신성을 믿지 않는 사람들은 무신론자이며 동시의 조국의 배반자라고 비난하였다.[7] 이성의 축제에 대한 그의 비난은 1794년 5월 14일(공화력 2년 플로레알 25일)의 연설에서 더욱 직접적으로 드러난다. 로베스피에르는 그 연설에서 이성의 축제를 '자유에 반대하는 폭동'이라고 비유하며, '이성의 여신들은 신이라기보다는 대부분 그들이 흠모하는 배우이거나 연인이다. 따라서 이성에 바쳐진 신전은 모두 제거되어야 한다'고 주장하였다.

이 모든 정치적 맥락을 감안할 때 「플로레알 18일의 보고서」에 깔려 있는 정치적 의지는 다음 두 가지로 요약될 수 있다. 하나는 공화주의적 미덕을 상징하는 최고 존재의 축제를 통해 국민의 통합과 공화국을 확립하겠다는 것이고, 다른 하나는 그것에 걸림돌이 되는 상퀼로트들의 이성의 축제를 제거하겠다는 것이다.

「플로레알 18일의 보고서」

「플로레알 18일의 보고서」는 로베스피에르의 보고서 낭독이 끝난 직후 공회의 법령에 의해 현실화되었다. 플로레알 18일 법령의 제1항

연단에서 연설하는 로베스피에르.

에서 제4항까지는 프랑스 인민이 '최고 존재'를 인정하고 숭배할 것임을 밝히고 있다.

 제1항. 프랑스 인민은 최고 존재와 그 불멸성을 믿는다.
 제2항. 프랑스 인민은 최고 존재의 예배가 인간의 의무임을 믿는다.
 제3항. 프랑스 인민은 사악한 신앙과 독재자를 척결하고, 전제군주와 음모자들을 처벌하고, 불행한 사람들을 구조하고, 약자를 존중하며, 억압받는 자를 보호하고, 인간이 할 수 있는 다른 모든 선을 행하며, 인간에게 정의를 행할 의무를 가진다.
 제4항. 프랑스 인민은 인간에게 신성과 그 존재의 위엄을 환기하기 위해 축제를 거행할 것이다.[8]

다음 제5항에서 제7항까지는 그 축제의 종류를 열거하고 있다.

 제5항. 각 축제의 명칭은 우리 혁명의 영광된 사건과 인간에게 가장 고귀하고 유익한 덕, 자연의 가장 위대한 은혜들에서 빌려올 것이다.
 제6항. 프랑스 공화국은 매년 1789년의 7월 14일, 1792년의 8월 10일, 1793년의 1월 21일, 1793년의 5월 31일을 기념할 것이다.
 제7항. 프랑스 공화국은 십일제에 다음과 같은 것(미덕)을 기리는 축제를 거행할 것이다.

  최고 존재와 자연 – 인류 – 프랑스 인민 – 인간성의 은인들 – 자유의 순교자들 – 자유와 평등 – 공화국 – 세계의 자유 – 조국에 대한 사랑 – 전제군주와 배신자에 대한 증오 – 덕 – 정의 – 정숙

함―영광과 불멸성―우애―검소함―용기―선량한 신앙―영웅주의―무사무욕―스토이시즘―사랑―부부의 사랑―아버지의 사랑―어머니의 온정―효심―유년기―청년기―성년기―노년기―불행(한 사람들)―농업―산업―우리의 조상들―자손들―행복.9)

다음 제8항에서 제10항까지는 국민공회와 공안위원회, 공교육위원회가 축제의 실행을 담당한다는 내용을, 제11항에서 제13항까지는 축제를 방해하는 세력을 엄격히 규제할 것임을 명시하였다.

제11항. 예배의 자유는 프리메르 8일의 법령에 준하여 여전히 유효하다.
제12항. 공적 질서에 위배되는 모든 귀족적 모임은 금지된다.
제13항. 광신적인 편견이나 반혁명적인 환심에 의해 야기된 예배, 부당하고 근거 없는 폭력에 의해 야기된 예배는 법에 의해 엄격하게 처벌된다.10)

여기서 제13항이 염두에 두고 있는 '불온한 예배'가 이성의 축제임은 말할 나위도 없다. 제14항은 이상과 관련된 세부계획서가 곧 작성되리라는 내용이고, 마지막 제15항은 최고 존재의 축제와 관련된 것이다.

제15항. 돌아오는 프레리알 20일에 '최고 존재의 축제'가 거행될 것이고 그 진행은 다비드가 담당한다.

다비드는 최고 존재의 축제의 기획과 조직에 결정적인 역할을 하였다. 그는 로베스피에르가 보고서를 발표한 5월 8일(플로레알 18일)에 이미 최고 존재의 축제에 관한 초안을 발표하였으며 다시 6월 5일(프레리알 17일)에는 그에 관한 「세부계획서」를 작성하였다. 실제 6월 8일 축제는 몇 가지를 제외하고는 거의 「세부계획서」에 준해 진행되었다.

2 다비드의 「세부계획서」

다비드는 최고 존재의 축제에 순수하고 자연적인 이미지를 사용하여 종잡을 수 없는 카니발의 이미지를 대체하고 절대적 진리, 즉 공화국 이념과 국민 통합의 메시지를 전하려 했다.

새로운 축제의 준비과정

'플로레알 18일 법령'에 의해 최고 존재의 축제가 결정된 이후 여론은 매우 호의적이었다. 쇼메트와 클로츠 등 일부 코르들리에파가 제기한 비판은 큰 저항을 불러일으키지 못한 반면, 공안위원회와 공교육위원회의 축제 준비는 순조롭게 진행되었다. 1794년 5월 10일(공화력 2년 플로레알 21일)에 공안위원회는 축제의 실무를 공교육위원회에 위임하고, 공교육위원회가 축제의 프로그램을 미리 인쇄해서 각 구에 배포하도록 하였다. 다시 5월 12일(플로레알 23일), 공안위원회는 다음과 같은 규정을 마련했다.

첫째, 기존의 모든 교회에 부착된 '이성의 신전'을 플로레알 법령의 제1항인 '프랑스 인민은 최고 존재와 영혼의 불멸성을 인정한다'라는 글귀로 대체한다.

둘째, 그 신전에서 한 달 동안 「플로레알 18일 보고서」와 법령을 공개적으로 낭독한다.

셋째, 국가 요원이 그 상황을 집행하고 위원회에 보고한다.

파리 코뮌도 축제를 적극 지지하였다. 5월 13일(플로레알 24일) 파리 코뮌 총위원회는 시장과 함께 공회에 각 도에도 축제에 관한 인쇄물을 만들어 배포하고, 모든 교회에 부쳐진 '이성의 신전'이라는 명칭을 '최고 존재의 신전'으로 바꾸자고 요구하였다.[11]

프레리알에 접어들면서 최고 존재의 축제를 위한 준비 작업이 더욱 본격화되었다. 샹 드 마르스에 인공 산이 세워지고, 튈르리 공원에는 원형경기장과 닭집, 조각상들이 세워졌다. 축제에 사용될 음악은 셰니에가 담당했다. 그는 「라 마르세예즈」 곡에 3절로 된 가사를 붙이고 고섹이 작곡한 「최고 존재를 위한 찬가」의 작사도 했다.[12] 이미 5월 6일(프레리알 17일) 다비드는 축제의 진행과정을 세세하게 기록한 「세부계획서」를 작성하였고,[13] 그것과 「최고 존재의 찬가」를 하나의 소책자로 묶어 각 구에 배포하였다. 그리고 같은 날 공회 역시 축제 당일 의원들이 입을 의복에 관한 세세한 규정을 발표하였다.

공안위원회는 축제에 사용될 음악 연주를 국립음악연구소(Institut national de musique)에 위임하였다. 국립음악연구소는 음악 연주만이 아니라 각 구에 연구소 직원을 보내 얼마 남지 않은 동안 노래 연습을 효율적으로 하도록 지도하였다. 연구소 직원은 그때 데조르그

(Desorgues)가 만든 노래와 셰니에가 가사를 붙인 「라 마르세예즈」, 다비드의 「세부계획서」와 「특별지침서」도 함께 구에 전달하였다. 「특별지침서」에는 축제 당일 각 구의 정렬 방법과 행진 순서가 좀더 꼼꼼하게 명시되어 있었고, 그 순서를 지키지 않는 시민들의 입장은 엄격히 금지한다는 내용이 담겨 있었다. 참으로 주도면밀한 준비과정이 아닐 수 없다.

6월 8일(프레리알 20일)의 최고 존재의 축제는 다비드의 「세부계획서」에 준해서 진행되었다. 다음은 다소 지루하긴 하지만(사실 축제 그 자체가 지루했을지 모른다) 다비드의 「세부계획서」를 그대로 옮겨보았다.[14]

샹 드 마르스를 향하여

새벽 정각 다섯 시에 신호가 울리면 파리의 모든 시민들은 자기의 집을 삼색기나 화환과 같은 자유의 상징으로 장식한다.

그리고 각자의 출발지점으로 집결한다. 그때 14세에서 18세까지의 청년들만 칼이나 총·창으로 무장하고 그 외의 남자들은 무장하지 않는다.

(무장한) 청년들은 자기 구의 상징인 깃발을 들고 12열 횡대로 행진한다.

(무장하지 않은) 남자 시민과 아들들은 떡갈나무 가지를 들고, 여자 시민은 삼색기로 장식하고 어머니들은 장미꽃다발을, 딸들은 꽃바구니를 든다.

각 구는 샹 드 마르스에 세워진 인공 산에 올라갈 대표들, 즉 열

명의 노인들, 열 명의 어머니들, 열 명의 소녀들, 열 명의 청년들(14~18세), 열 명의 어린이들(8세 이하)을 미리 선발해둔다. 열 명의 어머니들은 흰옷을 입고 삼색 리본을 오른쪽 어깨에서 왼쪽 어깨로 비스듬히 맨다. 열 명의 소녀들은 어머니들과 마찬가지로 흰옷을 입고 삼색 리본을 두르며, 머리는 꽃으로 장식한다. 열 명의 청년들은 칼로 무장한다.

각 구는 이들 50명을 인공 산으로 인도할 한 명의 대표를 지명한다. 이들 51명은 각각 산에 오를 수 있는 증명서를 발부 받아 그것을 눈에 띄게 몸에 붙이고 있어야 한다.

모든 시민들은 떡갈나무 가지와 화환, 꽃바구니를 준비하고 삼색기를 장식하는 데 특별히 유념해야 한다.

정각 여덟 시 퐁 뇌프에서 축포를 쏘면 국민정원(Jardin national, 튈르리 공원 자리)을 향해 출발한다.

남녀 시민들은 각 여섯 명씩 2열 종대로 줄을 지어 자기 구를 출발한다. 남자와 소년들은 오른쪽에서, 여자와 소녀들, 8세 미만의 어린이들은 왼쪽에서 행진한다. 그리고 장방형 대열을 이룬 청년들이 이들 중간에 위치한다.

각 구는 국민적 축제에 필요한 질서가 흐트러지지 않도록 줄을 서서 행진해야 하고 특히 여자 줄이 남자 줄보다 길지 않도록 유념한다.

각 구 부대의 사령관이 구 시민들을 이끌고, 다른 중대의 중대장은 줄이 정해진 순서를 벗어나지 않도록 주의하면서 그를 보좌한다. 파리 부대의 사령관이 이 모든 행렬의 총괄적인 명령을 내리고 그 실행을 감시한다.

국민정원에서 무신론을 상징하는 괴물을 태우는 의식이 거행되고 있다.

각 구는 마네즈(Manége)와 퐁 나시오날(Pont-National), 통합의 닫집(pavillon de l'Unité)이라고 불리는 성문을 통해서 국민정원에 들어간다. 퐁 투르낭(Pont-Tournant)은 행렬이 나올 때 사용한다.

국민정원에 도착하면 남자들은 푀이양(Feuillants)이라고 불리는 축대 편으로 여자들은 강 쪽 축대 편으로, 청년들은 중앙의 큰 통로에 정렬한다. 각 구의 대열은 알파벳 순서에 의해 미리 지정된 푯말 뒤에 정렬한다.

모든 구의 시민들이 국민정원에 도착하고 나면, 그 대표가 공회에 '신성한 축제'를 거행할 준비가 되었다고 알린다. 공회 의원들은 통합의 닫집 발코니를 통해 원형경기장으로 내려온다. 음악대가 그들 뒤를 따라 내려와 두 개의 난간으로 둘러싸인 계단에 자리 잡는다.

다비드의 「세부계획서」

공회 의장이 연단에 올라가 이 장엄한 축제를 거행하는 동기와 자연의 창조자(최고 존재를 말함)를 찬양하는 연설을 한다.[15] 이 연설이 끝나면 교향곡이 연주된다. 그 동안 의장은 '진실의 횃불'을 들고 원형경기장으로 내려가 둥근 분수 위에 세워진 '무신론'(l'Athéisme)을 상징하는 괴물에 불을 붙인다. '무신론'이 다 타고 나면 그 자리에 '지혜의 여신'(la Sagesse)이 나타난다. 이 의식이 끝나면 의장이 연단에 올라가 인민을 향해 외치고 인민들은 환희의 외침과 노래로 응답한다.

북소리가 울리면 사람들은 샹 드 마르스로 출발한다. 거기로 가는 순서는 다음과 같다.

1. 트럼펫을 앞세운 기마병 부대.
2. 공병과 소방수.
3. 포수.
4. 100명의 북치는 사람과 국립연구소의 학생들.
5. 80개의 구가 차례로 행진하는데, 각각 남자는 오른쪽, 여자와 어린이는 왼쪽에 서서 여섯 명씩 2열 종대로 행진하고 청년 부대는 두 줄로 서서 그 중간에서 행진한다.
6. 샹 드 마르스의 인공 산에 오를 대표들(노인·어머니·소녀·칼로 무장한 청년·어린이).
7. 행진 중에 애국적 노래를 연주할 음악대.
8. 제비꽃으로 장식한 어린이, 도금양나무로 장식한 청년, 떡갈나무로 장식한 처녀들, 포도나무 가지와 올리브로 장식한 노인들, 그리고 이 모든 사람들의 한 가운데에 공회의원들이 서서 행진한다.[16]

'최고 존재의 축제' 때 등장한 마차. 자연을 상징하는 것들로 풍성하게 장식되었다.

   9. 100명의 북치는 사람.
   10. 앞의 80개 구와 같은 순서로 행진하는 80개의 구. 그들 중간에 「신성에 바치는 찬가」(hymne à la Divinité)를 부를 맹인 어린이들을 태운 마차가 놓인다.
   11. 기마병 부대.

축제의 행사 순서

   이 긴 행렬이 샹 드 마르스로 가는 경로는 다음과 같다.
   퐁 투르낭을 나와 자유의 조상(彫像)을 한 바퀴 돈다.
   혁명 다리·강둑·앵발리드 광장·군사학교 거리를 지나 샹 드

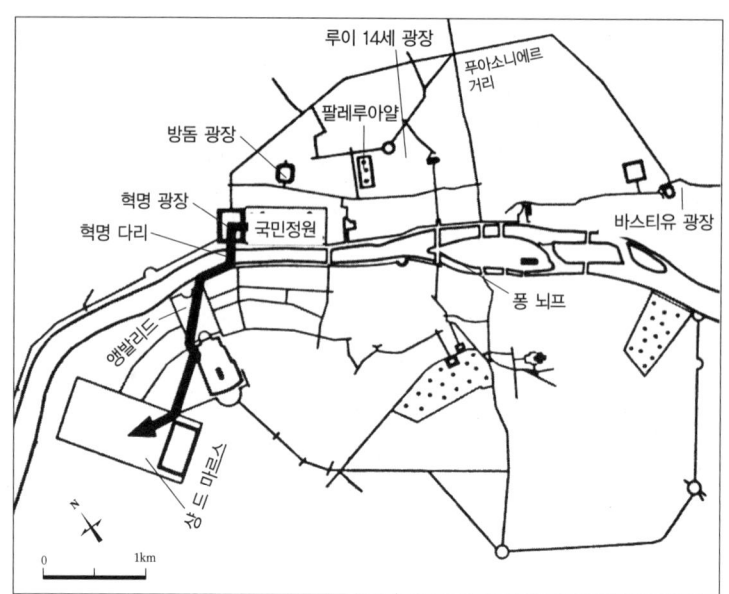

1794년에 행해진 최고 존재의 축제 행렬 경로. 국민정원에서 출발, 혁명 광장을 거쳐 앵발리드를 지나 역시 다른 축제들과 마찬가지로 샹 드 마르스로 들어갔다. 바스티유 광장에서 시작하지 않은 점은 이색적이다.

마르스로 들어선다.

  샹 드 마르스에 도착한 남자들은 인공 산의 오른쪽에, 여자들은 왼쪽에 정렬한다.

  첫 번째 도착한 북치는 사람들은 산 뒤의 강 쪽에 정렬하고, 청년 부대는 산 주위에 둥글게 정렬한다.

  노인과 청년들은 산의 오른쪽에, 소녀와 7~10세의 어린이 손을 잡은 어머니들은 산의 왼쪽에 정렬한다.

  국민대표(공회)가 산의 가장 높은 곳을 차지하고, 음악대는 그 가운데 위치한다.

두 번째 도착한 북치는 사람들은 산 앞의 군사학교 쪽에 정렬한다.

모두가 이렇게 정렬하고 나면 음악대가 「신에게 바치는 찬가」를 연주한다. 이 찬가가 끝나면 장엄한 교향곡이 연주된다.

그 연주가 끝나면 산에 올라갈 노인과 청년들이 「라 마르세예즈」 곡에 맞추어 셰니에가 작사한 노래의 첫 구절을 부르고, '공화국의 적을 물리치기 위해서만 무장하자'고 선서한다. 샹 드 마르스에 모인 모든 남자들이 노래의 후렴구를 합창한다. 다음으로 어머니와 소녀들이 두 번째 구절을 부르고, 소녀들은 '조국을 위해 희생한 남자와만 결혼하겠다'는 선서를 하고 어머니들은 최고 존재에게 다산(多産)을 위해 기도한다. 샹 드 마르스에 모인 모든 여자들이 후렴구를 합창한다. 산 위에 있는 사람이 세 번째 구절을 부른다. 어머니들은 자연의 창조자를 경배하며 안고 있는 아이의 팔을 들어올리고, 어린 소녀들은 하늘을 향해 꽃을 날리고, 청년들은 칼을 빼 휘두른다. 그러면 노인들은 기쁜 마음으로 청년들의 머리에 손을 얹고 축복한다. 마지막으로 샹 드 마르스에 모인 전 시민이 함께 후렴구를 합창한다.

산 위 높은 곳에 위치한 사람은 트럼펫을 불어 샹 드 마르스에 모인 전 인민에게 각 구절의 시작과 후렴구를 합창할 순간을 알려준다. 음악대는 음악을 연주해 산 위의 노인·어머니·소녀·청년이 각 구절을 노래할 때 안내자 역할을 한다.

마지막 구절 후에 축포가 울리고 우애의 감정으로 하나가 된 프랑스 인민은 '공화국 만세'를 외친다.

샹 드 마르스를 빠져나가는 순서는 다음과 같다.

북소리가 들리면 청년 부대는 자기 구의 시민들이 모인 구역으로

가 그들과 결합한다.

 강 쪽에 위치한 첫 번째 80개 구가 도미니크 거리를 지나 앵발리드 광장에서 해산하다.

 공회는 작품과 예술품을 보관해둔 국민 궁(Palais National)으로 돌아간다.

 군사학교 쪽에 위치한 두 번째 80개 구도 첫 번째와 마찬가지 길을 지나 앵발리드 광장에서 해산한다."17)

 다비드의 「세부계획서」는 마치 수만 명이 참가하는 거대한 뮤지컬이나 오페라의 각본과 같다. 거기서 각 배우들에게 부여된 자율성은 거의 없다. 그것은 주도면밀하고 장엄한 한편의 드라마 같지만 과연 이것을 축제라고 할 수 있을까?

자연과 식물, 그리고 나이별 축제

 최고 존재의 축제에는 8월 10일의 축제에서와 같은 거대한 이벤트는 별로 없다. 고요하고 평화로우며 다소 밋밋한 이 축제의 가장 큰 특징은 유달리 '자연과 식물'을 부각시키고 있다는 점이다. 화환으로 장식된 건물들, 떡갈나무와 꽃바구니를 손에 든 시민들(다비드는 청년들을 제외한 모든 시민들은 나뭇가지와 꽃을 들어야 한다고 하였다), 국민정원에서 행해진 자연의 창조자를 향한 찬양, 샹 드 마르스에서 의례의 중심이 된 인공 산에 이르기까지… 최고 존재의 축제를 전원적 축제에 비유한 이유는 이런 특징들 때문이다.

 로베스피에르는 최고 존재의 축제를 통해 이성의 축제를 대체하고 절대적인 공화주의 미덕을 제시하려 했다. 다비드의 자연과 식물의 이미지는 그것을 위한 수단이었다. 다비드는 우선 자연과 식물의 이미지를 사용해 이성의 축제가 가지는 카니발적인 이미지를 대체하려고 했다. 카니발적인 이미지는 괴기적 사실주의, 부조화와 비자연성, 뒤집히고 절단된 뒤섞임을 특징으로 한다. 이에 반해 자연과 식물의 이미지는 순수성과 조화를 의미한다. 다비드는 이런 순수하고 조화로운 이미지를 통해 종잡을 수 없는 카니발 이미지의 상대주의와 다의성을 지양하고 절대적인 진리를 제시하려고 하였다. 그 절대적 진리란 말할 나위 없이 공화국 이념이나 국민통합이었다.

다비드는 카니발 이미지를 대체하기 위해 자연과 식물의 이미지만이 아니라 '나이집단'을 특별히 강조하는 방법을 썼다. 최고 존재의 축제의 행렬과 의례를 주도한 집단은 신분이나 직업이 아닌 생물학적 나이나 성에 의해 구분된 집단이었다. 다비드는 사람들을 남자시민(성인남자)과 여자시민(성인여자)·노인·청년·소녀로 구분하고 그 각각에 맞는 특징과 역할을 부여하였다. 나이와 성에 의한 이 집단 분류법은 혁명기 축제의 혁신적인 발명품일 뿐만 아니라 다비드가 특별히 선호한 것이기도 하였다. 다비드가 나이별 축제를 선호한 이유는 세 가지다. 첫 번째 이유는 전통사회의 행렬은 직업과 신분별 집단이 따로 행진함으로써 사회적 갈등을 드러내지만 나이와 성에 의한 집단은 사회적 차이에 상관없이 전 국민을 모두 포함할 수 있기 때문이다. 즉 그 자체로 국민의 대통합을 구현하기에 적절한 방법이었던 것이다. 그리고 두 번째 이유는 그것이 카니발의 관행을 제거하는 좋은 방법이었기 때문이다. 직업과 신분을 표현하기 위해서는 변장을 해야 하지만, 나이와 성을 나타내는 데에는 어떠한 변장도 할 필요 없이 있는 그대로

샹 드 마르스에 세워진 인공 산. 이곳에서 로베스피에르는 마치 제사장처럼 의식을 주도하였다.

의 모습을 드러내기만 하면 된다. 이런 점에서 나이별 집단 구분법은 다비드가 싫어했던 카니발적인 변장을 피하고 자연적 순수성을 표현할 수 있는 또 다른 수단이었다.[18]

다비드가 '자연과 식물'이나 '나이집단'을 사용한 이유는 카니발 이미지를 대체하려는 것 외에도 좀더 정치적인 이유가 있었다. 그것은 자연이나 식물, 나이가 주는 '자연성'의 이미지를 통해 '혁명'의 이미지를 제거하는 것이었다. 사실 자연의 시간은 완만하고 점진적인 과정으로 급격한 변화와 단절을 강조하는 혁명의 시간과는 다르다. 다비드는 이런 자연의 시간 개념을 강조함으로써 변화와 단절을 원하는 민중 세력의 혁명적 열망을 지우려 했다. 다비드의 자연주의에 관한 좀더

자세한 내용은 제8부에서 다시 살펴보겠다.[19]

　자연성을 강조함으로써 카니발과 혁명의 이미지를 지운 다비드가 그 위에 새긴 것은 최고 존재였다. 그리고 그 최고 존재가 상징하는 것은 공화주의 미덕과 국민의 대통합이었다. '이제 혁명은 끝났으니 공화주의 미덕을 중심으로 국민적 통합을 성취하자'는 것이 다비드의 정치적 메시지였던 셈이다. 다비드는 국민적 통합을 표현하기 위해 남자시민과 여자시민·청년·소녀·노인 등 모든 국민을 망라한 대표들을 인공 산으로 올려보냈다. 그 대표들은 그 자체로 국민의 통합을 표상하고 있지만 거기에는 어떠한 역사성과 사회성도 없다. 그들은 그저 순수한 '자연인'일 뿐이었다. 그들이 인공 산에 올라가 한 행동은 공화국을 위해 선서하는 것이었다. 이러한 제스처들은 다비드의 정치적 메시지를 전달하기에 부족함이 없어 보이지만 사실 거기서 들려오는 그들의 목소리는 그저 공허한 울림처럼 들린다. 이것을 좀더 명확히 판단하기 위해서 당시의 정치적 상황을 자세히 살펴보아야 한다.

3 혁명의 종식과 국민 대통합을 향하여

최고 존재의 축제를 통해 과연 국민 대통합이 성취되었을까? 축제는 현실이 아니라 이념의 표현이다. 대혁명 시기의 공식적 축제들은 더욱 그러했다. 그것은 혁명이 궁극적으로 나아가고자 하는 유토피아를 지향했지만 현실 속에 드러난 그 유토피아는 허상에 지나지 않았다.

지금까지 최고 존재의 축제에 관한 연구는 로베스피에르 개인의 정치적 성향과 밀접히 연관되어 진행되었다. 사실 그 축제는 로베스피에르의 '개인적인 발명'이라고 할 만큼 그의 정치적 사상과 목적이 그대로 구현된 이벤트였다.[20] 그래서 올라르는 최고 존재의 축제를 '로베스피에르의 신비적이고 종교적인 프로젝트'로 보았고,[21] 게랭 역시 '재산과 새로운 사회 질서를 유지하기 위한 로베스피에르의 사악한 책략'으로 평가하였다.[22] 그러나 종교적 해석을 강조하는 마티에는 로베스피에르 개인의 정치적 의도를 좀더 희석시키는 방향으로 해석하였다. 그는 최고 존재의 축제를 '혁명과 가톨릭을 화해시키려는 선의의 책략'으로 간주하였다. 더 나아가 그것이 로베스피에르 개인의 정치적 전략에 의해 만들어진 것이라기보다는 오랜 이신론(理神論)적인 전통

위에 혁명과 통합을 향한 열정이 접목되어 만들어진 것이라고 보았다.[23] 협소한 성당과 성직자로부터의 해방된 야외 미사, 미신과 광신으로부터 정화된 자연종교의 다소 극(劇)적인 연출은 최고 존재의 축제가 갖는 이신론적인 성격을 잘 보여준다.[24]

따라서 문제는 최고 존재의 축제를 정치적 해석에서 강조하듯이 '로베스피에르의 정치적 술책'으로 보아야 하는가, 아니면 종교적 해석에서 주장하듯이 그의 '종교적 발명'으로 보아야 하는가 하는 점이다. 이것은 로베스피에르 개인의 종교적 심성이나 사상에 관한 폭넓은 연구를 통해 해답을 얻을 수 있을 것이다. 그러나 전략가로서의 술책과 신자로서의 발명이 사실 그렇게 다른 것 같지 않다. 각각이 대립적인 것이라기보다는 전자는 후자의 근거이며 후자는 전자의 명분이라고 보는 것이 타당하다. 즉 로베스피에르는 축제라는 종교적 형태를 통해 공포정치에 대한 명분과 국민적 대통합의 성취라는 정치적 목적을 이루려한 것이다.

주지하다시피 로베스피에르는 혁명의 위기를 극복하고 무질서와 혼란을 막기 위해 1793년 가을부터 '혁명정부'임을 선언하고 공포정치를 실시하고 있었다. 그가 보기에 공포정치만이 혁명을 종결짓고 공화국을 확립하기 위한 현실적 수단이었던 것이다. 하지만 공포정치에도 불구하고 혁명은 진정되지 않았고 무질서와 혼란은 더해갔다. 이에 로베스피에르는 공포정치만으로는, 즉 물리적 힘만으로는 안정을 확보할 수 없다는 것을 깨닫게 되었다.[25] 그것은 윤리·도덕과 같은 정신적인 것에 의해 보완되어야 했다. 그렇게 해서 내놓은 것이 바로 공화주의 미덕을 상징하는 최고 존재였고, 이 점은 그의 「플로레알 18일의 보고서」에서도 어느 정도 확인하였다. 로베스피에르는 공화국의 확립을 위해서는 두 개의 기둥이 필요하다며 다음과 같이 말하였다.

> 정의를 확립하고 공적인 도덕을 재생하기 위해서는 범죄자의 머리에 벼락을 내리칠 수 있어야 할 뿐만 아니라 종교적 예배 형태가 있어야 한다.[26]

요컨대 혼란과 무질서에 종지부를 찍기 위해서는 물리적인 힘(공포정치)만이 아니라 정신적이고 도덕적인 힘도 필요했는데, 그 해결책이 바로 최고 존재였던 것이다. 최고 존재는 자연을 움직이는 영원하고 절대적인 원리이다. 동양적 개념으로 '자연적 순리'라고 할 수 있겠지만 서양의 개념으로는 이신론 사상을 반영한 것이라 할 수 있다. 로베스피에르는 그 절대적인 자연의 원리를 공화주의의 원리와 결합했다. 자연의 보편성을 끌어들여 공화주의의 보편성을 주장하려는 정치적 전략이다. 그 두 개를 연결시키려는 시도는 이미 공화력의 제정에서도 확인한 바 있다. 결국 이런 과정에서 자연의 신인 최고 존재는 공화주의의 미덕을 상징하는 정치적 신으로 탈바꿈한다. 이런 정치적 맥락을 고려할 때 최고 존재의 축제는 당시 절정에 있었던 공포정치와 동전의 양면 관계에 있다. 로베스피에르는 공포정치의 효과를 보완하고 더 나아가 그것에 대한 국민의 동의를 끌어내기 위해 최고 존재의 축제라는 종교적 형태를 사용한 것이다. 로베스피에르의 '정치적 술책'과 '종교적 발명'이 결국 하나라고 말한 이유는 이 때문이다.

그런데 문제는 최고 존재의 축제가 그것이 궁극적으로 추구한 국민적 대통합을 과연 성취하였는가 하는 점이다. 늘 그렇듯이 축제는 현실이 아니라 이념의 표현이다. 대혁명 시기의 공식적 축제들은 더욱 그러하였다. 그것은 혁명이 궁극적으로 나아가야 할 유토피아의 세계였다. 다비드의 빈틈없는 준비에도 불구하고 최고 존재의 축제는 통합의 축제였다기보다는 혁명정부에 대한 불만과 불평이 새어나온 불협화음의 축제였다. 당일 로베스피에르가 행렬을 할 때 길가에서 들려오는 야유의 고함소리는 그 축제가 추구한 통합의 이념이 공허한 메아리에 그쳤음을 보여주는 증거다. 뿐만 아니라 최고 존재의 축제가 거행되고 이틀 뒤에 발표된 '프레리알 22일의 법령'은 그 통합이 얼마나 허구이고 불완전한 것이었는지를 보여주는 또 다른 증거이다. 그것은 반혁명세력에 대한 재판 절차를 극도로 단순화한 것으로 공포정치를 절정으로 끌고 간 법령이다. 이처럼 최고 존재의 축제는 공포정치라는 정치적 맥락을 고려해야만 그 성격과 한계를 더욱 분명히 알 수 있다.[27]

　로베스피에르가 제창한 축제 체계는 이후 총재정부 시대에도 한동안 이어졌다. 축제를 통해 사회적 통합을 성취하려는 원칙이 계승된 만큼 '플로레알 18일의 체계'가 유지된 것이다. 반면 소란한 가장행렬이나 화형식, 전투적인 파랑돌 춤, 장례식 등 카니발적인 민중축제 관행은 거의 사라졌다.
　그러다가 1795년 10월 25일(공화력 4년 브뤼메르 3일) 법령을 발표해 새로운 축제 체계를 확립하였다. 그러나 그것은 '플로레알 18일의 체계'와 많이 다르지는 않았다. 브뤼메르 3일의 법령에 의하면 한 해의 축제는 7월 14일과 8월 10일, 1월 21일, 7월 27일(테르미도르 9일), 9월 22일(방데미에르 1일) 등과 같이 혁명적 사건을 기념하고 혁명적 이념을 고무하기 위한 국경일과 36개의 십일제로 구성되어 있었다.[28] 십일제에는 청년과 배우자 · 노인 · 재생 · 농업 등과 같은 '자연적 덕'을 기리는 축제가 거행되었다. 그리고 이런 정기적인 축제 외에도 상황에 따라 임시로 거행되는 축제들도 많았는데, 특히 공화력 4년과 6년이 그러하였다.[29]

단지 새로운 축제 체계에서 달라진 것이 있다면 그것은 5월 31일이 빠지고 7월 27일(테르미도르 9일)이 첨가되었다는 점이다. 그 이유가 뭘까? 5월 31일은 민중과 자코뱅파가 지롱드파를 몰아낸 날이고 테르미도르 9일은 온건파 의원들이 자코뱅파를 몰아낸 날이다. 총재정부를 구성하고 있던 정치가들은 대부분 온건한 공화주의자로, 복귀한 지롱드파도 많이 있었다. 따라서 그들이 지롱드파가 숙청된 5월 31일을 빼고 자코뱅파를 몰아낸 테르미도르 9일을 새로운 기념일로 삼는 것은 너무도 당연한 것이었다. 이런 측면에서 볼 때 공동체의 기념일을 분석함으로써 그 집단의 정체성이 드러난다는 아스만(A. Assmann)의 주장은 전적으로 타당하다. 한 집단이 무엇을 기념하는가 하는 것은 전적으로 이데올로기의 문제이며, 그렇게 형성된 집단 정체성은 특정 정치적 의도를 벗어날 수 없다.

총재정부와 통령정부 시대의 축제는 그 당시 박차를 가하고 있던 중앙집권화와 맞물려 더욱 체계적이고 획일적인 형태를 띠었다.[30] 축제의 내용도 다비드의 영향을 받아 더욱 주지주의적이고 추상적으로 되었는데, 그러면 그럴수록 축제는 밋밋해지고 '썰렁해졌다.' 축제를 통해 추구된 것이 욕망의 해소나 유희적 기쁨이 아니라 정치적 목적이었기 때문이다. 그 정치적 목적이란 부르주아적인 혁명 이념의 고취와 국민정체성, 특히 공화주의적인 국민 정체성 형성, 국민적 통합의 성취 등이었다.

제8부 축제를 통한 혁명 끝내기

1 구체제와 폭력적 혁명의 기억 지우기

혁명 엘리트들은 구체제의 억압, 그리고 혁명 초기 민중들의 폭력을 환기시키지 않는 순수한 공간에서 축제를 거행하고 싶어 했다. 과거의 기억은 국민 통합과 공화주의라는 새로운 미래를 구현하는 데 걸림돌이 되기 때문이었다.

과거의 기억을 지우다

1790년 연맹제 때 구체제의 흔적이 없는 야생의 순수한 공간을 찾으려고 혁명 엘리트들이 얼마나 노력했는지는 이미 확인하였다. 그들은 새로운 시대의 이념을 표현할 공간은 전제주의, 심지어 얼마 전에 있었던 폭력적 혁명(혁명적 날들을 말함)의 기억조차 없는 곳이어야 한다고 생각하였다. 그런데 파리에서는 야생의 순수한 공간을 찾는다는 것도, 구체제의 흔적을 지운다는 것도 쉬운 일이 아니었다. 파리 그 자체가 이미 구체제가 남긴 커다란 유산이 아닌가! 도처에 구체제 때 세워진 건물과 정원, 거리 들이 널려 있고, 그것들은 매 순간 과거의 위계와 질서를 환기시키고 있었다. 이렇게 과거에 대한 흔적이 충만한 파리 시는 '순수하고 투명한 공간'을 추구하는 시민 축제의 무대가 될 수 없었다.[1] 그런 이유로 '역사적 도시 지우기와 정화 작업'을 위한 다양한 방법들이 동원되었다.

구체제 때 만들어진 파리의 거리와 건물은 너무 좁고 어두웠다. 혁명 엘리트들은 구체제의 흔적이 없는 확 트인 공간을 원했지만 대부분 구체제의 건물과 좁은 도로를 이용해야 했다. 그 건물과 공간들은 너무 옹색했고,[2] 길은 너무 협소했다. 또 어떤 건물들은 미로나 지하통로들이 많아 축제 반대 세력에게 이용될 수 있었다. 그런 이유로 팔레 루아얄 광장에서는 대혁명 기간 내내 한 번밖에 축제가 열리지 않았다.[3] 복잡한 공간 자체도 문제였지만 그 공간에는 구체제를 환기시키는 흔적들이 너무 많았다. 따라서 혁명 엘리트들은 이상적 축제 공간을 위해 '감추기와 무시하기, 정화시키기' 등의 다양한 흔적 지우기 방법을 사용하였다.[4]

루이 16세가 거주했던 튈르리 궁부터 살펴보자. 1792년 샤토비유 축제 때는 멀리 보이는 튈르리 궁을 가리기 위해 퐁 투르낭을 막고 총칼을 세워 그 전망을 가렸다. 그리고 1794년 최고 존재의 축제 때 혁명정부는 원형경기장과 통합의 닫집을 세워 군주제를 상징하는 튈르리 궁을 가렸으며, 국민 궁의 뜰(cour de Palais national)은 나무를 심어 가렸다. 이 외에도 1790년 '낭시에서 숨진 시민들을 위한 축제' 때에는 '가브리엘(Gabriel)의 피사드'에 사람들의 시선이 가는 것을 막기 위해 그 맞은편에 조국의 제단이나 피라미드, 개선문 등을 세워 사람들의 시선을 유도하였다.[5]

혁명 엘리트들이 축제의 행렬 때 승리의 광장을 무시하고 혁명 광장(루이 15세 광장)을 선택한 것도 마찬가지 이유였다. 승리의 광장은 주민들이 많이 거주하는 상업지역으로 파리의 실제적인 중심이자, 구체제 하에서 행해진 대부분의 축제 행렬의 출발지였다. 그러나 축제의 행렬이 승리의 광장을 무시하고 혁명 광장을 거쳐 샹 드 마르스로 들어간 이유는 승리의 광장이 환기시킬 수 있는 과거에 대한 기억을 지우려는 것이었다.

하지만 얼마 후 혁명 광장도 문제되었다. 포르티에(Portiez)는 축제의 행렬 때 혁명사가 반영된 장소인 혁명 광장을 제외시켜야 한다고 주장하였다. 혁명 광장은 1792년 루이 15세 광장을 개칭한 것으로, 당시 기요틴이 설치되어 왕과 왕비를 비롯한 수많은 사람들이 처형된 곳이다. 따라서 혁명 엘리트들이 축제를 통해 폭력의 기억을 지우고자 했을 때 이 광장을 제외하는 것은 어쩌면 당연한 절차였을 것이다.[6] 그들은 '축제는 서부로, 사형은 동부로 집중시키는 이른바 파리에서 동부 걷어내기 운동'을 시작하였다. 혁명 광장에 설치되었던 기요틴은 '몰락한 왕의 광장'(지금의 나시옹 광장)으로 옮기고, 혁명 광장의 이름을 통합의 광장(지금의 콩코드 광장)으로 바꾸었다. 이후 정부의 공식 행렬 대부분은 동부(바스티유 광장이나 나시옹 광장)를 피해 서부 지역에서 이루어졌다.(다섯 장소에서 혁명사를 기념해야 했던 1793년 8월 10일의 축제는 예외임) 이 '동부 걷어내기 운동'은 오늘날까지 그 흔적을 남겨 동서지역의 경제적 혹은 문화적 차이를 가져왔다.

축제 공간에서 과거의 흔적을 지우기 위해 좀더 적극적인 방법이 사용되기도 하였다. 예를 들면 나무를 심거나 나뭇가지와 꽃다발로 장식해 전원적이고 자연적인 분위기를 조성하는 것이 그렇다. 특히 바스티유 광장은 축제 때만 되면 어김없이 '식물원'으로 변하였다. 여기저기

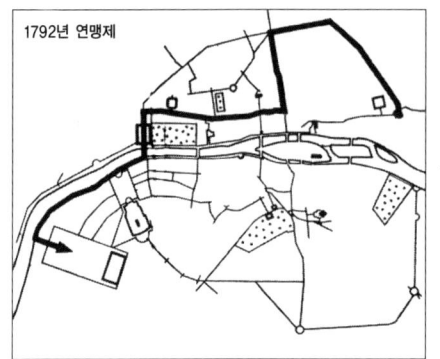
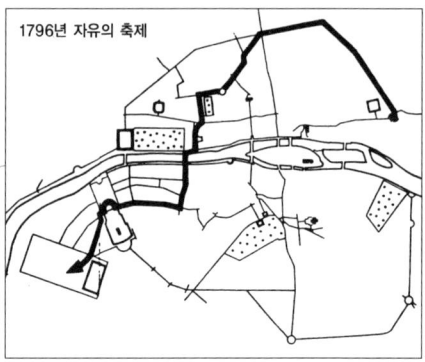
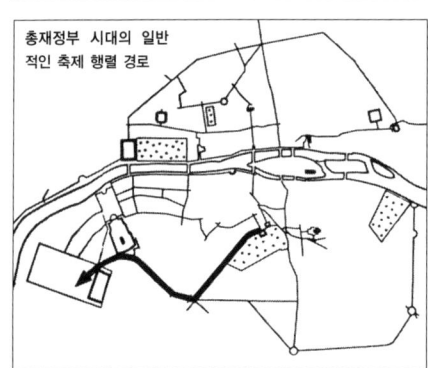
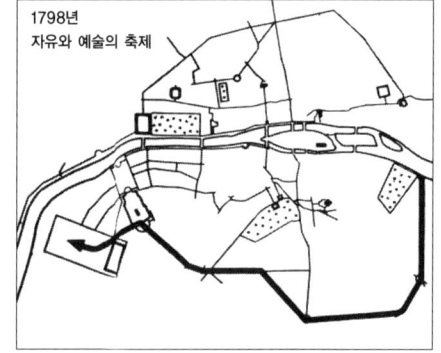

혁명 시기에 축제가 진행되면서 동부(바스티유 광장)에서 출발해 북부의 주요 시가지를 거쳐 혁명 광장을 통과해 샹 드 마르스로 진입하는 경로가 관례화되었다. 그러나 점차 혁명적 지역, 특히 혁명의 폭력을 상징하는 혁명 광장을 거치지 않고 샹 드 마르스로 진입하려는 경향이 나타났다. 이러한 행렬 경로의 변화는 '혁명의 결빙'을 보여주는 또 다른 증거가 아닐 수 없다. 그림은 혁명 초의 대표적인 축제인 1792년 연맹제의 행렬 경로와 혁명 말기의 축제들, 예를 들면 1796년 7월 27일의 자유의 축제, 총재정부 시대의 일반적인 축제 행렬 경로, 1798년 7월 27일의 자유와 예술의 축제의 경로를 비교한 것이다.

자유의 나무가 심겨지고 주위의 건물들이 꽃과 나뭇가지로 장식되었다. 그곳에서 벌어진 폭력적 기억을 지움과 동시에 식물의 이미지, 즉 급격한 변화 없이 완만히 성장하는 이미지를 강조하기 위함이었다.[7)]

혁명 엘리트들이 축제 공간을 구성하는 데 이렇게 주도면밀한 노력을 기울인 이유는 과거의 흔적을 없애려는 이유도 있었지만, 언제 어디에서 부딪칠지 모르는 민중의 저항에 대한 불안감 때문이었다. 그런 저항과 방해는 투명하고 평화로운 이상적 축제를 거행하는 데 걸림돌이 되었다. 따라서 혁명 엘리트들은 곳곳에 도사리고 있는 불안의 요소를 단속하고 감시하기 위해 통제를 점점 강화하였다. 모든 축제 공간에 경찰을 배치하고 각종 금지 조항을 알리는 경고문들을 붙었다. 이것들은 행렬을 방해하는 소란스러운 행위나, 초대장 없이 무단으로 입장하는 행위들을 금지하는 내용을 담고 있었다. 이런 조치들은 혁명 엘리트들이 가지고 있던 민중의 모임에 대한 강박적인 두려움을 반영하는 것으로, 그 자체로 '혁명의 결빙'을 표현하고 있다.

축제 행렬의 경로 바꾸기

축제의 교육적 목적을 위해 공간을 재배치하는 경향은 비단 파리에만 국한되지 않았다. 노르망디 지방 캉(Caen)의 사례를 통해 축제의 공간 재구성이 이후 도시화 과정에 미친 영향을 살펴보자.

캉 시에는 행렬을 위한 두 개의 기본 경로가 있었다. 하나는 상부의 상업 구역과 하부의 구 시가지를 연결하는 경로, 즉 생 피에르 교회와 루아얄 광장을 연결하는 경로로 그 중심은 구 시가지였다. 그리고 다른 하나는 대혁명 기간에 새로 만들어진 것으로 구 시가지와 루아얄 광장을 피해 국민산책로(Cours National)로 방향을 바꾸는 경로이다. 특히 후자의 경로는 이후 도시의 개발과 발달에 많은 영향을 주었다. 최고 존재의 축제를 비롯해 대혁명 기간의 많은 축제 행렬이 이 두 번째 경로를 택하였다. 그 이유는 이념적이면서 현실적인 것이었다. 첫 번째 경로는 길이 좁고 불편했으며 귀족이나 민중들의 저항에 직면할 가능성도 많았던 것에 반해[8] 새 경로는 구체제의 흔적을 벗어난 것으로 밝은 미래로 향하는 통로로 인식되었을 뿐만 아니라 실제 접근이 용이하기도 하였다.

 캉에서도 역시 축제를 위해 도시 공간을 재배치하는 과정에서 계몽시대부터 강조되었던 '교육적인 도시 만들기'가 빠르게 진척되었다. 구체제의 흔적을 지우기 위한 대대적인 작업이 시작된 것이다. 생 소뵈르(Saint-Sauveur) 교회의 모습을 감추기 위해 그 앞에 거대한 인공산을 세웠고, 죄인 공시대를 감추기 위해 그 주위에 자유의 나무를 심었다. 그리고 루아얄 광장에 세워진 왕의 조각상을 가리기 위해 그 주위에 리본으로 장식된 깃대를 **빽빽**이 세워두더니, 언제부턴가 행렬할 때 아예 루아얄 광장을 거치지 않고 새롭게 퐁테트(Fontette) 광장을 거쳤다.

 그러나 구 시가지는 주민들이 많이 거주하는 도시의 중심이었기 때문에 다시 행렬의 경로로 선택되었다. 그 결과 위의 두 개의 경로를 통합한 제3경로가 나타났다. 그것은 구 시가지의 퐁테트 광장과 국민 산책로를 연결하는 경로로 대혁명 후반기의 축제, 이를테면 1798년 9월 22일(공화력 6년 방데미에르 1일)의 축제 행렬에는 이 경로를 선택하였다(오른쪽 지도 참조). 제3경로가 활성화되면서 캉의 도시화에도 많은 변화를 가져왔다. 시의 남서지역에 우위성이 부여되면서 그

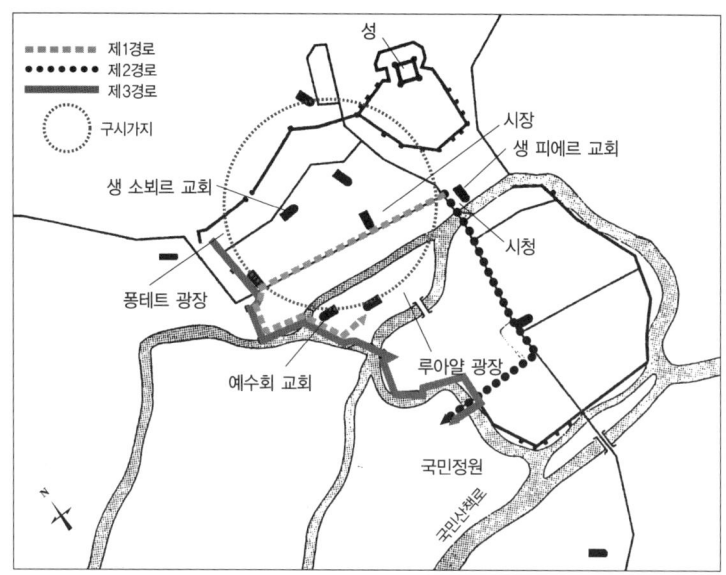

캉 시 행렬 경로의 변화.

지역이 더욱 발달하게 된 것이다.

결과적으로 캉 시에는 대혁명으로 인해 구체제와는 전혀 다른 행렬 경로가 확립되었다. 새 경로는 구체제 하에서처럼 상부 시가지, 성채와 수도원의 높은 경사지를 지나 활동적인 도시를 가로질러 전개되기보다는 하부 지역, 즉 늪과 평지를 지나 다소 한산한 지역을 가로질러 전개되었다. 남북을 중심축으로 한 경로가 남서를 중심축으로 한 경로로 대체되었다.

남서를 중심축으로 한 새 경로는 단순히 물리적인 편리함을 위한 것이 아니라 이념적 선택의 결과였다. 그것은 특정 장소에 대한 배제와 선호를 통해 분명히 보여주고 있다. 무엇보다 그것은 성을 배제했다. 성은 구체제의 상징물이며 구체제 하에서 벌어진 모든 축제의 중심이었기 때문이다. 뿐만 아니라 그것은 1789년 7월과 8월의 대공포와 1791년 11월의 봉기의 무대였다. 그런 혁명적인 기억에도 불구하고, 아니 그 때문에 의례적인 행렬은 성(城)을 배제하였다. 다음으로 수도원과 교회도 배제되었다. 그것들이 배제된 이유는 당시 비기독교화 운동으로 인해 반종교적 감정이 팽배해 있었기 때문이다. 행렬의 경로에 포함된 교회는 단 두 개였다. 하나는 넓은 앞마당을 가진 생 피에르 교회이고 다른 하나는 지형적이고 미학적인 고려로 선택된 예수회 교회(l'église de Jésuites)였다. 그러나 그곳을 이용할 때에도 그 종교적 성격을 지우기 위한 다양한 수단이 사용되었다. 예를 들면 제단을 삼색 휘장으로 장식한다든지, 성 요한 축일에 생 피에르 교회의 앞마당에 '성 요한의 화톳불'을 피우기보다는 왕과 성인의 마네킹을 태운다든지, 교회의 종교적 장식을 뜯어내고 거기에 오벨리스크와 고대풍의 메달을 장식한다든지 하는 식이다. 이런 점에서 대혁명 기간의 축제의 공간은 그냥 주어진 것이 아니었다. 그것은 기억해야 할 것과 잊어야 할 것을 기준으로 철저하게 재단되고 계획된 '교육용 세트'였다.

2 축제의 교육성을 높이다

혁명 엘리트들은 교육적이고 정치적인 목적을 위해 축제를 언어와 상징으로 채우고 축제에서 연극적인 성격을 배제하려 했다. 하지만 그러는 사이 축제는 획일화되고 지루해져갔다.

문자와 언어로 의미로 고정시키다

카니발적인 이미지는 늘 새로운 의미를 지향하는 생동적이고 변화무쌍한 것이다. 혁명 엘리트들은 정치적이고 미학적인 관점 모두에서 이 이미지를 싫어하였다. 정치적으로 그것은 정부를 위협하고 혁명을 선동하는 경향이 있었다. 미학적으로도 뒤섞임과 괴기성을 특징으로 하는 그것은 자연적인 조화와 순수성을 추구하는 그들의 취향과 맞지 않았다. 혁명 엘리트들은 카니발적인 이미지의 모호성을 비난하며 혁명 이념을 명시적으로, 하나의 고정된 의미로 전달할 수 있는 문자와 언어를 선호하였다. 그 결과 혁명당국의 축제에는 교육적 글귀와 연설, 난해한 은유와 비유가 넘쳐났다. 그리고 그것들은 정치적이고 교육적인 메시지를 쏟아냈다. '말로 하지 않으면 아무것도 이루어지지 않는다'(Rien ne vas pas sans dire)는 엘리트들이 주장하는 혁명 미학의 제1의 원리였다. 감각과 감정에 호소하는 카니발주의보다는 지성과 이성에 호소하는 주지주의를 더 중시한 것이다.

메시지의 표현과 전달에서 '의미의 고정'은 혁명 엘리트들에게 매우 중요한 문제였다. 그것은 다의미성(多意味性)이 야기할 수 있는 행동의 모방과 선동의 위험성을 막기 위한 정치적 장치였다. 다비드 역시 특히 그 점을 중시하였다. 자신이 그린 르펠르티에의 초상화를 설명하는 과정에서 의미를 고정시키기 위한 그의 강박적인 신념을 확인할 수 있다. 그는 그것이 자신의 작품이 일으킬 수 있는 다의미성과 그로 인한 선동적 위험성을 막을 수 있는 최선의 방법이라고 생각하였다. 다비드의 주도면밀한 작품 해설을 들어보자.

아버지는 아들에게 르펠르티에의 초상화를 보여줄 때 다음 네 가지 점을 강조해야 한다.

첫째, 르펠르티에의 얼굴을 보여줄 때는 조국을 위해서 단호히 목숨까지 아끼지 않았던 그의 침착한 성품을 강조해야 한다.

둘째, 르펠르티에의 대검을 보여줄 때는 (왕)을 시해하기 위해 필요했던 그의 용기를 강조해야 한다.

셋째, 르펠르티에의 옆구리에 난 상처를 보여줄 때는(그런데 이때 주의할 것은 상처를 보여주는 것이 위험한 효과를 줄 수 있기 때문에 '아들아 숨을 크게 쉬고 눈을 돌려라'라고 말해야 한다) 그 복수심을 교육적 효과로 유도할 수 있어야 한다.

넷째, 르펠르티에의 왕관을 보여줄 때는 조국을 위해 바친 희생은

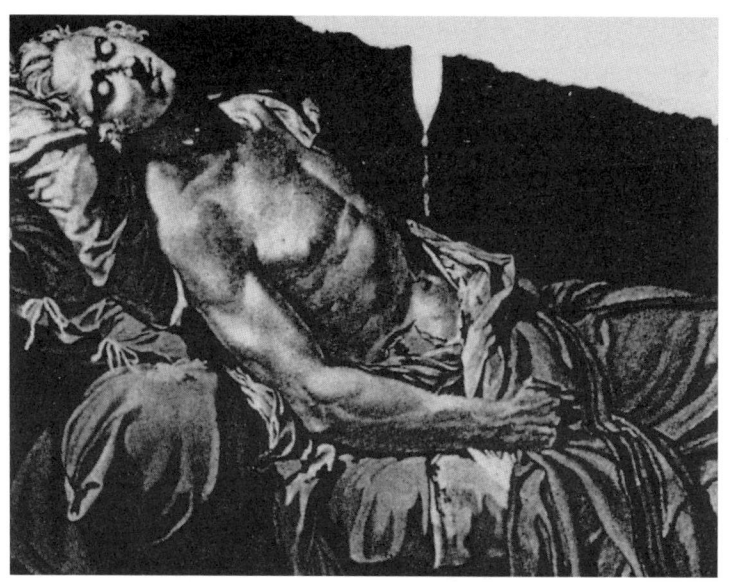

다비드가 그린 「암살당한 르펠르티에」.

보상을 받을 수 있다는 점을 명심시켜야 한다.

이렇게 장황하게 작품 해설을 한 다비드의 의도는 확실하다. 르펠르티에의 모습과 그의 몸에 난 상처를 보며 복수심을 선동하기보다는 조국을 향한 충성심을 고무하려 한 것이다. 그는 이런 작품 해설을 통해 이미 자신의 작품을 규정해버렸다. 그럼으로써 그 작품 속에 다른 '반(反)공식적인 의미나 해석'이 들어설 여지를 막아버렸다.[9]

의미를 고정시키는 가장 효과적인 방법은 문자를 사용하는 것이다. 1793년 11월 7일(공화력 2년 브뤼메르 17일) 다비드는 공회에서 퐁뇌프에 헤라클레스 상을 세우자고 제안한 적이 있었다. 그때 다비드가 제안한 것은 여러 개의 문자로 각 신체의 힘과 덕을 표현하는 거대한 조각상이었다. 예를 들면 헤라클레스의 이마에는 '계몽'(Lumiére), 가슴에는 '자연'(Nature)과 '덕'(Verité), 팔에는 '힘'(Force), 손에는 '노동'(Travail) 등의 문자가 붙어 있는 식이다. 그리고 헤라클레스의 한 손에는 서로 껴안고 달려가는 '자유'와 '평등'의 알레고리가 들려 있고, 다른 손에는 헤라클레스의 상징인 곤봉이 들려 있다. 이 언어로 표현된 거대한 신체야말로 다비드의 문자주의를 가장 잘 보여주는 것이 아닐 수 없다. 헤라클레스와 그의 손에 든 곤봉, 그 조각상의 소재와 제스처만으로도 민중을 비유할 수 있었지만 다비드는 그것만으로 부족하다고 생각하였다. 그것은 문자를 통해 좀더 명확한 의미가 부여될 필요가 있었다. 다비드는 어떠한 비유라도 그것은 언어를 통해 더욱 충만해질 수 있다고 보았다. 이 조각상은 비록 실현되진 않았지만 혁명 엘리트들의 주지주의적 미학이 시각적 수준으로는 완성될 수 없고 언어적 차원으로 보강되어야 함을 보여주는 대표적인 사례이다.[10]

다비드의 헤라클레스 상은 알레고리적 표현에 만족하지 않고 '드러내고, 제시하고, 지명하는' 요소들로 가득했다. 그런데 아이러니한 점은 이런 '의미의 과잉'으로 인해 그것이 오히려 민중을 표현한 것이라고 인식하기 어려울 정도였다는 사실이다. 그리고 그런 강박적 문자주의가 암시하는 또 한 가지 사실은 혁명 엘리트들의 창조적 수사학이 그만큼 고갈되었다는 점이다. 문자와 언어는 알레고리와 형상을 통해 충분히 표현할 수 없을 때 동원되는 '차선책'이기 때문이다.[11]

건전하고 교육적인 이미지 찾기

혁명 엘리트들에게는 교육적이고 정치적 목적을 위해 주지주의와 문자주의로 가득 찬 축제가 필요했겠지만, 시민들로서는 그런 축제가 참으로 무미건조하고 지루하였다. 축제가 지루해지기 시작하면 그것을 통한 교육적 효과 또한 기대할 수 없다. 인간은 감각적이고 경험적인 존재이기 때문에 즐겁고 흥분되는 것들을 통해 더 많은 교육적 효과를 얻을 수 있기 때문이다.[12] 이것은 혁명 엘리트들이 축제에 감각적 이미지를 도입하지 않을 수 없었던 배경이다. 그들은 인간이 감각적 존재라면 어쩔 수 없이 교육을 위해 그 감각을 이용해야 한다고 생각하였다.

계몽시대의 철학자 홀바흐(Holbach)는 인간의 감각 중에는 쾌감과 불쾌감이 있고 전자는 미덕을, 후자는 악을 형성한다고 하였다. 혁명 엘리트들은 그중에서 미덕을 형성할 수 있는 감각(쾌감)을 통해 인간을 교육시키려 하였다. 그들이 보기에 지금까지 교회는 인간의 쾌감만이 아니라 불쾌감과 공포감까지 조장해왔다. 사제의 황금색 제의, 양초, 교회 안의 어두운 침묵과 비의(mystère), 피 흘리는 십자가상이 모두 그러했다.[13] 교회는 인간의 종교적 감흥을 고무하기 위해 너무 극적인 효과에 의지하였으며, 지나치게 표현주의적인 이미지나 과장된 감동을 이용해왔던 것이다. 혁명정부는 그런 과도한 종교적 이미지들은 인간의 취향을 나쁘게 하는 요인이며 따라서 교육적 수단으로 적절하지 않다고 보았다. 이런 이유로 미셸 엠므 프티(Michel-Edme Petit)는 공회의 한 연설에서 '교회의 부정적 이미지는 인간에게 공포와 두려움만을 일으키기 때문에 헌법을 교육시키고 그럼으로써 국민을 만드는 데에는 적절하지 않다'고 주장하였다.[14]

그렇다면 인간에게 건전한 감동을 일으키고 그것을 통해 축제의 교육적 효과를 증가시킬 수 있는 이미지는 무엇일까? 여러 가지 이미지

공화력 4년 프레리알 10일에 거행된 '승리의 축제'이다. 멀리 자유의 여성 상이 보인다.

중에서 혁명 엘리트들이 선호한 것은 시각적인 이미지였다. 그들이 보기에 시각은 청각이나 촉각, 후각에 비해 훨씬 더 투명하고 덜 거짓된 장르였다. 다비드는 음악과 시가 단지 상형문자라면 시각적 예술은 '사물 그 자체'라고 말하였다. 그래도 여전히 문제는 남아 있었다. 첫 번째 문제는 시각적 이미지 중에서도 가장 설득력 있고, 그래서 축제에 도입할 만한 것은 무엇인가였고, 두 번째 문제는 시각적 이미지 중에서도 대표적인 형태인 '스펙터클'이 과연 적절한가 하는 것이었다.[15]

첫 번째 문제에 대한 해결책은 '조각상'이었다. 조각상은 다소 산만해질 수 있는 관중의 시선을 중앙으로 집중시킬 수 있는 교육적 효과가 있었기 때문이다. 그래서 같은 시각적인 이미지라도 회화보다는 조각상이 더 선호되었다.16) 조각상 중에서도 흉상보다는 입상(立像)이 더 효과적이었다. 영웅처럼 우뚝 서 있는 거대한 남성 조각상은 혁명의 위대성을 표현하기 위한 혁명 미학에 적격이었다. 따라서 혁명 엘리트들은 공화국의 상징으로 여성상을 선택했음에도 불구하고 모성애를 띠고 앉아 있는 여성 상보다는 곧게 서 있는 남성 입상을 더욱 선호하였다.

첫 번째 문제에 비해 두 번째 문제는 훨씬 복잡하고 미묘하였다. 혁명 엘리트들은 감성주의의 영향을 받아 축제에서 스펙터클이 가지는 교육적 효과를 인정하면서도 원칙적으로는 연극적이지 않은 순수하고 투명한 축제를 선호하였다. 특히 루소가 주장한 '소란한 스펙터클 없이 전 국민의 존재 그 자체가 스펙터클이 되는 전원적 축제, 연극적이지 않은 순수한 축제'는 혁명 엘리트들에겐 계율이나 다름없는 원칙이었다.17) 그들이 이렇게 연극적 스펙터클을 싫어한 데에는 몇 가지 이유가 있었다. 우선 영원성을 추구하는 그들에게 있어 연극은 일시적 행사에 지나지 않았다. 다비드는 축제의 연극성을 비난하며 연극 공연 중에 형성된 일체감은 연극 공연이 끝남과 동시에 깨진다고 한탄한 바 있다. 또 다른 이유는 연극에서 나타나는 사회적 또는 미학적 분리 때문이었다. 혁명 엘리트들은 연극이 관객을 보고 듣는 수동적 존재로 만들 뿐만 아니라, 배우와 관객을 분리시켜 그들 사이의 일체감 형성을 방해한다고 믿었다. 그들이 연극성을 싫어한 마지막 이유는 그것이 마스크와 변장 · 기계 · 속임수 · 과장된 행동에 의해 '진실'을 가린다는 점 때문이었다. 순수한 존재성을 추구하는 혁명 엘리트들은 인위적인 연출이나 일시적인 이미지 모방을 싫어하였다. 그들이 보기에 연극이 만들어낸 세계는 거짓된 세계였다. 그래서 그들은 추상적 개념을

구체적 이미지나 연극적 행동으로 구현해내는 것을 원칙적으로 인정하지 않았다.[18]

사실적 표현을 위한 노력

그러나 연극성이 없는 축제, 순수한 이념 그 자체로만 만들어진 축제는 불가능하다. 그것을 잘 알고 있었던 혁명 엘리트들은 제한적으로나마 축제에 연극적 스펙터클을 도입하려는 다양한 시도들을 하였다. 축제에 연극성을 도입하는 문제는 결국 모의(模擬, simulacre)의 문제로 귀결된다. 혁명 엘리트들에게 가장 중요한 문제는 어떻게 하면 난장과 조롱, 폭력이 없는 순수한 기쁨으로 충만한 모의를 만들 것인가 하는 문제였다. 여기서 모의란 어떤 것을 모방하는 행동만이 아니라 어떤 것을 모방한 형상(모형)도 포함된다. 축제와 관련해보면 그것은 한편으로는 행진에 사용된 초상과 흉상·입상과 같은 모형(object)이고 다른 한편으로는 성(城)의 점령이나 다리의 통과와 같은 재현(mise en scène)을 의미한다.

혁명 엘리트들은 모의를 비난하고 그것을 자신들이 선호하는 표현양식인 표징(emblème)이나 기호(signe)·모델(model)·상징(symbole)·알레고리와 구별하였다. 그들이 모의에 적대적이었던 이유는 그것이 '위장된 속임수'를 사용한다는 점 때문이었다. 예를 들어 공화력 2년 앙시에르(Anciers)의 위원회가 헌법책을 표현하기 위해 미사경본을 사용하였는데, 보스키옹(Bosquillon)은 진짜 헌법 책을 쓰지 않고 그것을 표현하기 위해 모형을, 그것도 미사경본을 모형으로 사용했다는 점에 대해 경악을 금치 못했다. 그리고 어쩔 수 없이 축제에 자유의 나무 모형을 사용할 때에도 그 '볼품없음'을 비난하였다. 모형이 가짜고 볼품없다는 점 말고도 그것의 일회성도 그들의 마음에 들지 않았다. 1793년 8월 10일 통합의 광장에 세워진 모형이 비판 받은 이유는 미학적 측면에서 그것이 괴기적이고 상스러운 것도 문제였지만 무엇보다 축제가 끝나면 폐기되는 그 일회성 때문이었다. 혁명 엘리트들은 그 일회성으로는 기념축제가 추구하는 영원성을 표현할 수 없다고 보았다.

이처럼 그들은 모의에 대해 원칙적으로는 부정적이었지만 그것의 현실적이고 교육적인 필요성 때문에 무턱대고 배척할 수만은 없었다. 따라서 혁명 엘리트들은 매우 신중하게 접근하였는데, 우선 모형이란 그 대상의 부재로 인해 야기된 것이기 때문에 그들은 가능하면 모형을 사실적으로 보이게 하려고 하였다.[19] 이를 위해 다양한 방법이 고안되었는데, 예를 들어 그들은 흉상이 입상에 비해 실물을 사실적으로 표현할 수 없다고 보고 그것을 보완하기 위해 세부적인 형상화와 연극적 연출을 추가하였다. 예를 들면 켕시가 추상주의를 선호하였음에도 불구하고 시모노의 흉상을 제작할 때 그것이 시모노임을 분명하게 보여주기 위해 흉상에 상처 자국을 낸 경우가 그러하다. 프랭클린과 시드니의 흉상을 표현할 때 역시 그것을 들고 가는 사람들을 미국인과 영국인으로 변장시킴으로써 표현을 더욱 분명하게 하였다. 지나치게 사실성을 강조하다보니 '살아 있는 모형'을 주장하는 경우도 생겼다. 한때 다비드는 바라(Bara)의 추모식을 기획하면서, 바라를 표현하기 위해서는 조각상보다는 살아 있는 어린이가 더욱 효과적이라고 하였다. 심지어 모모로(Momoro)는 이성의 축제 때 여배우 등장을 옹호하며, '죽은 조각상은 몽매한 정신을 착각으로 이끌어 우상숭배로 나아갈 수 있지만, 살아 있는 여성은 그 자체로 신성화되지 않기 때문에 그럴 위험이 없다'고 주장하였다. 살아 있는 사람으로 어떤 인물을 표현하고자 할 때도 가능하면 그 인물을 잘 알고 있는 마을 사람이 그 역할을 맡으면 더 효과적이라는 의견도 있었다. 그러나 그것은 자칫 연극과의 경계를 모호하게 만들기 때문에 큰 설득력을 얻지는 못하였다.

사실적 표현을 위해서는 모형의 소재도 중요하였다. 마분지와 천, 종이는 너무 일시적이고 인위적이라는 이유로 선호되지 않았다. 반면에 석고와 청동, 대리석 등은 그 영구적 성격으로 인해 선호되었다. 특히 석고는 청동과 대리석이 일반화되기 이전에 축제의 기념물을 제작하는 데 많이 사용되었다.

모형의 크기 역시 사실성을 반감시킬 만큼 작아서는 곤란했다. 너무 작아서 사실성을 살릴 수 없는 것은 모형이라기보다는 모델이라 할 만했다. 예를 들어 자유의 여신을 상징하는 한 여배우가 흰 비단 쿠션 위에 들고 가는 마호가니로 아담하게 만든 기요틴, 행렬에 전시되는 너무 작은 바스티유 성, 샤토비유 축제 때 등장한 작은 갤리선, 광장에 세워진 작은 성 등이 그러했다. 혁명 엘리트들은 이런 '소형화'가 착각(illusion)을 일으킬 수 있다고 보았다. 그들은 모형이라면 어느 정도의 크기를 가지고 있어야 한다고 생각한 것이다. 예를 들어 테르미도르 9일의 축제 때 광장에 세워진 거대한 왕관, 팔레 루아얄을 표현하기 위해 세워진 거대한 정자, 돌·떡갈나무·폭포수 등으로 장식된 거대한 인공 산은 사실적인 느낌을 주는 모형이라고 할 만했다. 일정한 크기에 의해 사실성을 부여하려는 이러한 강박관념 때문에 가끔 마을 전체가 복원되기도 하였다. 시골을 표현하기 위해 초가를 짓고 그것을 더 사실적으로 보이기 위해 무질서하게 배열하는 세심함까지 보였다.

또 도시를 표현할 때에는 간판을 붙인 선술집과 물건과 도구를 진열한 상점 등을 세웠다.

한편, 모형을 사실적으로 표현하는 것보다 혁명적 사건을 연기하는 것, 즉 재현에는 더욱 세심한 배려가 필요하였다. 툴롱 함락을 기념한 다고 했을 때 성의 모형을 그럴듯하게 세워놓는 것보다 복잡한 장비를 갖추고 성을 공격하는 장면을 재현하는 것이 더 어려운 것은 당연하다. 그렇지만 그 장면은 혁명 기념제의 핵심이기 때문에 빠뜨릴 수 없었다. 따라서 사건을 재현하되 다양한 '타협'이 강구되었다. 우선 사건을 그대로 재현하는 연출이 불가능할 때는 '청각적인 혹은 시각적인 재현'으로 대체하였다. 예를 들어 클레르몽(Clermont)의 한 교회에서는 실제 요새를 공격하는 행동을 하지 않고 총검이나 소총·쇠꼬챙이·쇠스랑이 부딪치는 요란한 소리만으로 대체하였다. 그리고 셸레(Chelles)의 8월 10일의 축제에서도 산 위에서 대포소리를 들려줌으로써 실제 전투장면을 대체하였다.

시각적인 재현으로 대체하는 경우도 있었다. 전투할 때 실제의 적이 아니라 백색 깃발을 향해 칼을 휘두르는 제스처가 그렇다. 물론 좀더 사실적인 생동감을 주기 위해 실제 적을 향해 공격하거나 화재를 그대로 재현하기도 했지만, 결국 이 모든 것들은 혁명 엘리트들이 전달하려는 의미와 다른 착각을 일으킬 수 있고, 그래서 관객을 다른 방향으로 '선동'할 수 있다는 점에서 문제가 있었다.

이러한 착각을 방지하기 위해 혁명 엘리트들은 재현에 알레고리를 결합하는 혼합주의(syncrétisme) 방식을 사용하였다.[20] 다의미성(多意味性)으로 인해 행동을 선동할 수 있는 위험성을 알레고리를 통해 제거하고자 한 것이다. 예를 들어 페르테 수 주아르(Ferté-sous-Jouarre)

의 툴롱 탈환 기념제 때 등장한 산이 그러하다. 그것은 한편으로 매우 사실주의적으로 표현되었다는 점에서 모형이었지만, 다른 한편으로는 다양한 색깔의 돌을 통해 의미를 전달하려고 했다는 점에서 알레고리이기도 하였다. 그 돌의 색깔은 당시 국민공회를 구성하고 있던 의원들의 출신지를 암시하고 있었다. 또 다른 사례로서 르 망의 최고 존재의 축제 때 등장한 '화살로 하늘을 위협하는 마네킹'이 있다. 그것 역시 열여덟 개의 발을 가진 도마뱀의 형상을 통해 위협적인 이미지를 사실적으로 표현한 모형이었지만, 그것이 무신론을 의미하고 있다는 점에서는 알레고리였다.

모의의 다의미성과 그로 인한 위험성을 제거하기 위해 혁명 엘리트들이 강구한 마지막 '타협책'은 문자를 사용하는 것이었다. 문자는 모의의 모호성에 명확한 의미를 부여하고 그 의미의 표류를 방지할 수 있는 고정된 틀이었다. 샤르트르의 성당을 이성의 신전으로 급조할 때 이런 일이 일어났다. 그때 성당을 이성의 신전으로 개조하자는 결정이 나면서 거기에 걸린 에페(Ephése) 공의회의 그림을 어떻게 할 것인가가 논의되었다. 그 결론은 그림 위에 '조잡한 사기꾼들, 이제 너희들의 역할은 끝났다'라는 글귀 하나를 새겨넣는 것이었다. 그로 인해 그림의 의미를 변화시키고 성당을 이성의 신전으로 손쉽게 변형시켰다.[21] 결국 이러한 타협책은 혁명 엘리트들이 '말하지 않으면 아무것도 되지 않는다'라는 혁명 미학의 제1원리로 회귀했다는 것을 보여준다.

모의의 폭력성 없애기

　모의에 가해진 이러한 다양한 타협책에도 불구하고, 혁명 엘리트들은 가능하면 모의를 사용하지 않는다는 원칙을 지키려 하였다. 특히 인생의 각 단계를 표현하고 그 단계의 사회적 역할과 미덕을 기리는 도덕적 축제에서는 모의가 금기시되었다. 인생의 각 단계를 표현하기 위해 모의는 필요하지도 않았고, 해서도 안 되었다. 특히 '배우자의 축제'가 그랬다. 결혼은 그것을 연출하는 사람들에게 도덕적 문제를 제기할 수 있는 '심각한 사건'이었기 때문이다. 사실 순수한 현존성(現存性)을 추구하는 도덕적 축제에서 노인과 어린이, 배우자를 표현하기 위해 배우에 의지할 필요가 없었다. 그대로 자신을 나타내면 될 뿐 거기에 어떠한 가장이나 변장이 필요하지 않았던 것이다. 다비드가 나이별 축제를 선호한 이유는 이 때문이다.

　한편 모의가 필요하지 않았던 도덕적 축제에 비해 모의가 필요한 축제, 특히 1월 21일 왕의 처형 기념일은 혁명 엘리트들에게 참으로 난처한 문제였다. 혁명 엘리트들은 가능한 한 그 모의의 폭력성과 위험성을 줄이기 위해 여러 수단을 마련하였다. 그중에 하나가 선서를 강조하는 방법이었다. 폭력적 모의 장면을 보여주기보다는 국민과 공화국에 대한 충성을 다짐하게 함으로써 폭력적 모의가 일으킬 적개심을 공화주의적인 열정으로 유도하려 한 것이다. 결국 1월 21일 기념일에서 루이 16세의 마네킹을 처형하는 모의 자체가 점점 사라졌다. 1799년 1월 21일(공화 7년 플뤼비오즈 2일), 몽페랑(Montferrand)에서 열린 축제를 보자. 그때 광장에 설치된 무대에는 '왕'만이 아니라 여러 명의 '왕의 수비대'도 등장하였다. 붉고 푸른 휘장을 달고 있는 그들은 귀족을 형상화한 인물들임이 분명했다. 그들을 상대로 한 소전투가 끝나고 전쟁위원회가 왕과 귀족들에게 사형 선고를 내렸다. 하지만 그것으로 끝이었다. 실제 왕을 처형하는 모의는 이루어지지 않았다. 만약 왕의 처형 모의를 보여준다고 해도 매우 세심한 주의를 기울였다. 그중에 하나가 왕의 마네킹에 '루이 16세'가 아니라 '왕정'이라는 비유적인 글귀를 붙임으로써, 처형의 대상이 특정한 인물이 아니라 추상적인 이념으로 여겨지게 했는데, 그것이 민중의 적개심을 완화시키는 방법이었다.

그런데 이렇게 혁명 기념제에서 구체성을 점차 줄여가자 나중에는 그것이 누구를 표현하는 마네킹인지, 그것이 어떤 사건을 재현하는 모의인지 모호한 지경에 이르렀다. 점점 혁명 기념일에 그날의 특정 사건과는 무관한 획일적이고 틀에 박힌 모의만 등장했다. 특히 1월 21일의 경우 그날과 연관된 왕의 처형 모의는 점점 모호해지고 천편일률적인 것이 되었다. 예를 들면 이러하다. 처음에 노예복을 입은 소년들이 나타나 행진한 후 재빨리 그 옷을 벗어버리고 자유의 옷으로 갈아입고 행진한다. 그들이 행진하는 동안 사람들은 노예복을 불에 태운다. 그것이 혁명을 통해 억압에서 벗어나 자유를 얻는 과정을 표현한 모의라는 것은 쉽게 알 수 있다. 그러나 문제는 그 모의의 어디에도 왕의 처형을 환기시키는 장면은 없다는 점이다.

결국 기념되는 각 사건의 특수성은 무시되고 모든 모의는 혁명의 기원적 사건인 바스티유 함락을 표현하는 모의로 획일화되었다. 바스티유 감옥을 함락하는 소전투 장면조차 대포를 쏘고 성벽을 부수고 수비병을 살해하는 장면을 구체적이고 사실적으로 보여주기보다는 구태의연한 장면만을 보여주었다. 바스티유 습격의 구체적 사건을 보여주는 것이 중요했던 것이 아니라 그것을 통해 획득한 혁명과 공화주의의 추상적 이념만을 보여주면 되기 때문이었다. 결국 거의 모든 혁명 기념제에서 그 기념제의 특수성과는 무관하게 늘 소전투의 모의만이 등장하였는데, 바스티유 함락 기념일에는 말할 것도 없고 1월 21일과 8월 10일, 9월 20일에도 그러했다.

그렇다면 혁명 엘리트가 이처럼 획일적으로 소전투의 모의만을 보여준 이유가 무엇일까? 그 이유는 첫째 구체적인 모의가 야기할 수 있는 폭력성과 잔인성을 피하려 했기 때문이다. 너무 구체적이고 사실적으로 표현된 생생한 모의는 다양한 속임수(illusion)를 동원하고, 모호하고 위험한 그 다의미성으로 인해 폭력적 행동을 선동할 수 있었다. 그래서 혁명 엘리트들은 왕을 사실적으로 처형하는 장면이나 성을 부수고 수비병을 살해하는 구체적인 장면보다는, 상징적인 행위들만으로 구성된 다소 구태의연한 장면만을 보여주었고 이러한 과정을 통해 혁명 기념제에서 중요했던 '폭력적 기억 지우기'를 실행할 수 있었던 것이다.

획일적인 모의를 사용한 두 번째 이유는 그것을 통해 혁명의 본질은 하나라는 점을 보여주고자 했기 때문이다. 그 본질이란 '바스티유 사건에 의해 혁명이 시작되고 공화주의가 확립되었다는 사실'이었다. 여기서 바스티유 사건이 가지는 의미는 그 폭력성이 아니라 그 시원성(始原性)이다. 혁명정부는 그 시원적 사건을 신화화시켜 공화주의에 연결하고, 또 그것을 자신들의 정당성의 근거로 삼았다. 따라서 그들에게 시원적 사건 외의 다른 많은 개별적 사건들은 그 본질을 이루기 위해 필요한 부수적 사건일 뿐이며, 따라서 그 특수성을 기념한다는 것은 무의미한 일이었다.

3 자유의 나무와 나이별 축제

자유의 나무는 오월수가 지닌 폭력적 이미지를 지웠고, 나이별 축제는 혁명에 역사적 성격이 없는 자연적이고 순수한 시간의 개념을 부여했다. 그것들은 혁명을 끝내기 위한 '발명품'이었다.

평등의 교사, 자유의 나무

대혁명 기간에 혁명 엘리트들이 자연과 식물의 이미지를 강조하는 과정에서 자유의 나무(arbre de la liberté)가 공식화되었다. 자유의 나무는 축제에서뿐만 아니라 평상시에도 길과 광장에 심겨져 사람들로 하여금 혁명과 공화국에 대해 '명상'하도록 하였다. 자유의 나무는 전통적인 오월수(五月樹)에서 유래한다. 오월수가 대혁명 초기의 민중축제에서 자율적으로 나타났음은 앞에서 확인하였다. 혁명 초에는 민중폭력을 선동했던 오월수가 점점 폭력보다는 승리를 기념하는 의미를 띠게 되면서 자유의 나무로 공식화되기에 이르렀다.[22]

자유의 나무를 공식화하는 과정에서 그것을 옹호하는 많은 이론들이 등장했다. 누구보다 나무의 교육적 기능을 누구보다도 강조한 사람은 그레구아르(Grégoire) 사제였는데, 그는 나무는 태고 시대부터 있었던 신성한 존재이고 자율성과 보편성을 상징하기 때문에 혁명 이념의 보편성을 교육하는 데 효과적이라고 주장하였다.[23] 투앵(A. Thouin)은 나무를 보면 명상과 사색에 잠길 수 있어 인간의 재생에 도움이 된다고 주장하면서, 그런 기능을 효과적으로 수행하기 위해서는 크고 수명이 긴 나무여야 하고 그 주위는 당당하게 장식되어야 한다고 강조하였다. 국토의 산림 발전을 위해 자유의 나무가 장려되어야 한다고 주장하는 실용주의자도 있었다.[24]

　이처럼 자유의 나무를 옹호한 이유는 제각각이지만 그것이 혁명의 상징으로 공식화된 것은 무엇보다 그 교육적 기능 때문이었다. 그것은 나무가 가진 몇 가지 속성에 기인한다. 우선 나무는 늘 같은 곳에 서서 모든 사건을 지켜본다. 즉 '증인으로서의 위력'을 가지고 있다. 나무는 사람보다 오래 살기 때문에 이전의 모든 사건들을 목격한 '증인'이며 따라서 사람들이 그 사건을 회상하는 데 도움을 줄 수 있다. 이것은 나무의 '기념비'로서의 성격을 강조한 것이다.[25] 다음은 나무가 가지는 완만하고 자연적인 성장 과정이다. 나무의 자연스러운 성장 이미지, 즉 보이지 않지만 느낄 수 있고 필연적이지만 급격한 변화가 없는 행복하고 반복적인 성장 이미지는 혁명 엘리트들이 추구한 이성적이고 합리적이면서 단절 없이 이루어지는 미래의 이미지를 표현하기에 적절했다. 마지막으로 나무의 성장이 주는 '수직성'의 이미지이다. 물론 이 수직성은 혁명 엘리트들이 추구한 수평성의 이미지와 모순된다. 그들은 축제 공간으로 무한히 확대될 수 있는 확 트인 야외를 선호했듯이 수평적인 이미지를 더 선호하였다. 그러나 나무의 수직성은 얼핏

자유의 나무를 심는 의식. 자유의 나무는 혁명의 상징하는 여러 물건과 문구로 장식되었다.

전통사회의 위계를 상징할 수 있음에도 불구하고, 혁명 엘리트들은 나무의 수직성이 위계보다는 '곧음'을 상징하는 것이라고 옹호하고 그 '곧음'이 혁명 이념의 교육에 도움이 된다고 믿었다. 이런 점에서 자유의 나무는 '말 없는 선생님'으로서 손색이 없어 보였다.[26]

나무의 중요성은 루소에 의해서도 강조되었다. 그는 『언어의 기원에 관한 논고』(*Essai sur l'origine des langages*)에서 '오래된 떡갈나무 아래서 열정적인 청년들은 그들의 폭력을 잊고, 서로에게 점점 친숙하게 된다. 그리고 서로 대화하는 중에 남을 이해하는 법도 배운다. 거기서 최초의 축제가 만들어진다'라고 언급하였다. 그 영향을 받아 대혁명 시기에도 자유의 나무는 축제의 중심이었다. 광장과 거리에 자유의 나무를 심어놓고 그것을 혁명의 상징들로 장식했으며, 그 주위에서 춤을 추며 즐겼다.[27]

축제의 중심으로서 사람들을 하나로 묶는 자유의 나무는 공간적 평등성을 상징하는 것으로 인식되었다. 나무 주위에서 모든 사람들은 사회적 위계에 상관없이 뒤섞여 함께 즐길 수 있다. 관리·군인뿐만 아니라 심지어 죄수조차 축제날에는 석방되어 동석하였다. 그것이 다소 연출된 것이라고 해도 나무 주위에서 모든 사람들이 뒤섞일 수 있었다는 것은 그 자체로 평등을 구현했다. 그래서 바레르는 나무가 구현하는 '공간적 민주주의'는 그 자체가 평등의 교사라고 언급하였다.[28] 여기에 평등을 환기시킬 수 있는 다소 의도적인 연출까지 더해졌다. 예를 들어 나무 주위를 돌며 노인들이 '우리 자손들은 시대의 격동으로부터 언제나 이 나무를 보호할 것이다'라고 선언하면, 청년들은 '우리는 전제의 격동으로부터 언제나 이 나무를 보호할 것이다'라고 응답하는 식이다. 이러한 연출은 나무를 통해 각 세대에게 그들의 합당한 역할을 인식시키고 그것을 통해 생물학적 평등성을 표현하기 위한 것이었다.

오월수가 자유의 나무로 대체되는 과정에서 중요한 것은 그것을 통해 혁명 이념을 고무하는 것만큼이나 오월수에 각인된 폭력적이고 야만적인 이미지를 지우는 것이었다. 그렇다면 오월수가 그 자체로 상징했던 해방과 폭력의 이미지는 어디로 보내고 어떻게 지워야 할까? 그 당시 나무와 관련된 담론들에 의하면 그것은 뿌리로 숨어들었다. 뿌리로 숨어들어간 폭력은 더 이상 해방을 위한 힘이 아니라 어둡고 신비한 힘, 불안하고 맹목적인 성질에 지나지 않았다. 자유의 나무를 옹호한 그레구아르 사제조차 나무의 뿌리를 언급하면서 그 위험성과 불안을 강조한 바 있다.

자유의 나무에 와서는 이제 나무가 폭력을 상징하는 것이 아니라 그 신성한 나무에 가해진 유해한 행동이 폭력이 되었다.[29] 그런데 자유의 나무에 폭력을 가하는 사람들은 누구인가? 혁명정부에 불만을 품은 농민들이 대부분이다. 저항적인 농민들은 몰래 광장에 심겨진 자유의 나무를 훼손하거나 뽑아버렸다. 이 지경에 이르면 국민의 통합을 상징하는 나무는 통합은커녕 사회적 갈등만을 일으키는 나무로 전락하고 만다. 나무에 대한 폭력은 그 가해자에 대한 또 다른 폭력들을 유발하기 때문이다.[30] 하지만 이 모든 문제에도 불구하고 자유의 나무는 오월수에 각인된 폭력적 기억을 걷어내고 혁명과 공화국, 국민과 같은 이념을 교육시키는 중요한 수단으로 확립되었다.

나이별 구분이 강조되는 축제

나이별 축제는 자유의 나무와 마찬가지로 그것이 지닌 자연적이고 생물학적 속성으로 인해 축제에서 비슷한 역할을 하였다. 나이별 축제는 '나이의 생물학적 역할'을 강조하는 축제, 예를 들면 '노인의 축제' '배우자의 축제' '청년의 축제' 등이 있지만 이 외에도 넓게 보면 나이별 집단이 등장하는 모든 축제가 여기에 포함된다. 이 나이별 축제는 대혁명 시기의 가장 획기적인 발명품 중의 하나였다. 아리에스(P. Ariès)가 '전통사회의 삶은 나이와 상관없이 경험되었다'라고 주장했듯이, 전통사회에서 사람의 정체성은 나이보다는 사회적 신분이나 직업에 의해 좌우되었다. 전통적인 축제들이 나이보다는 직업과 신분을 강조했던 이유는 이 때문일 것이다. 이런 현상은 혁명 초기까지 이어져 혁명 기념일에도 직업별·신분별로 행진하곤 하였다.[31] 예를 들어 스트라스부르의 연맹제 행렬을 살펴보자. 연맹제가 군사적인 축제였음에도 불구하고 여전히 '라인 강의 물고기를 잡는 어부'와 '쟁기를 든 농민' '조국의 제단에 꽃을 뿌리는 정원사' 등 전통적 직업 집단이 등장하였다. 직업조합이 폐지된 직후 이런 직업적인, 혹은 신분적인 순서에 입각한 스펙터클은 점점 줄어들었지만, 직업을 형상화하는 전통이 완전히 없어진 것은 아니었다. 단지 상황에 따라 그 특성을 가감(加減)하거나 그 구체성을 흐리게 하는 정도였다. 예를 들어 구체적인 직업을 형상화하기보다는 '상업'과 '농업' '공업' '예술' '과학' 등과 같은 추상적인 알레고리로 표현하는 방법이 그러하다. 하지만 이러한 경향조차 점점 줄어들어 신분별·직업별 집단이 무의미해져갔다.

  신분별·직업별 집단이 무의미하다면 무엇으로 그것을 대체할 것인가? 그 과정에서 새로운 집단 구별법이 생겨났는데 그것이 바로 나이에 의한 구별법이다. 나이 집단은 그 중요성과 효과가 인정되면서 점점 확산되어 대혁명 시기의 모든 축제에 등장하였다. 노인의 축제나 청년의 축제와 같이 각 인생 단계의 미덕을 기리는 도덕적 축제에서는 말할 것도 없다. 도덕적 축제는 각 인생 단계의 특수성을 강조하기 위해 더욱 엄격하게 나이 집단을 구별하였다. 이에 나이 집단을 공간적으로 혹은 시각적으로 분리하기 위한 다양한 방법이 동원되었다. 첫째는 공간의 격리를 이용하는 방법으로 행렬할 때 두 나이 집단 사이에 공백을 두는 방법이다. 그리고 두 번째는 순서에 의해 구별하는 방법으로 예를 들면 자유의 나무 주위에서 춤을 출 때 어린이와 청년, 노인이 순서대로 돌아가며 춤추는 방법이다. 세 번째는 연회 때 각 나이 집단마다 주는 음식을 양을 달리하여 구별하는 방법이고, 네 번째는 나이 집단별로 상이한 놀이를 정해주어 구별하는 방법이다. 예를 들어

1796년 4월 29일(공화력 4년 플레리알 10일) 오리악 지방에서 거행된 인정과 승리의 축제 때 아이들에게는 잡기놀이, 청년들에게는 사격 연습과 백병전, 성년들에게는 포병놀이(artillerie)를 배분한 것이 그러하다.[32] 마지막 방법은 나이 집단별로 그 특성에 맞는 상이한 연설을 준비시키는 방법이다.[33] 이처럼 도덕적 축제는 다양한 방법을 사용해 나이 집단의 차별성을 강조하고 그것을 통해 각각의 집단이 가지는 사회적 역할과 중요성을 인식시켰다.

나이 집단의 구별은 도덕적 축제만이 아니라 대혁명 시기 대부분의 축제, 심지어 나이와 무관한 왕의 처형 기념일에도 등장하였다. 그 축제는 공화력 4년까지는 아직도 루이 16세의 죽음을 강조하는 '유혈의 축제'로 표현되었지만, 점차 그 위험성이 인식되면서 교육적인 축제로 변모되었다. 그 결과 왕의 죽음을 환기시키는 행사보다는 도덕적 축제 때와 비슷한 행사들, 예를 들면 노래와 시 암송 경연대회, 스포츠 경기 등으로 대체되었다. 그때 총재정부는 학부모와 아이들을 학교 운동장에 초대해 연회를 베풀면서 '무지는 독재의 어머니'라는 내용의 연설을 하였다. 왕의 처형 기념식의 특성은 사라지고 무지를 계몽하는 (그것이 전제군주제로 연결되긴 하지만) 교육적 축제로 변한 것이다. 이런 변화를 통해 '폭력적 기억을 환기시키는 죽음의 축제'는 '평화적이고 장엄한 시상식'이 되었다.

세 단계의 나이 집단

축제에 참여해 자신의 역할을 담당할 수 있는 시기는 9세부터이다. 9세는 어린이 단계에서 벗어나 동료들과 놀이를 통해 육체적 경쟁을 할 수 있고 초등교육이나 기초적인 군사교육을 받을 수 있는 나이로서 인생 사이클에 들어설 수 있는 나이로 고려되었다. 9세부터 시작된 나이 집단은 대개 세 시기로 구분되었다.

1. 청소년 혹은 청년 집단(9~21세) 이 집단은 다시 세 시기로 구분되는데, 첫째는 9세에서 12세까지로 이들은 집에서 조국의 제단까지 노인들을 안내하는 역할을 맡았다. 두 번째는 13세에서 16세의 나이로서, 특히 16세는 매우 중요하였다. 그 나이는 청소년 시기와 청년 시기를 구분하는 기준이며, 축제에서 독립적인 역할을 담당하고 공동체를 위해 무장을 시작할 수 있는 나이기 때문이다. 그래서 축제 때 그들을 위한 특별 의례가 마련되었을 뿐만 아니라 「헌법」을 나를 수 있는 특권이 부여되기도 하였다. 세 번째는 17세에서 21세까지로, 21세는 모든 미성숙이 종결되고 정치적 사고를 할 수 있는 나이, 그래서 선거를 시작할 수 있는 나이였다. 결국 그 시기는 청년이 성인 사회에 들어서는 나이였다.

2. 성인 집단(22~60세) 이 집단은 자식이 없는 신혼부부와 부모들의 집단으로 세분화되었는데, 독신자들은 이 나이에 해당되어도 축제에 참여할 수 없었다. 결혼해서 조국을 위해 아이를 낳지 못한다면 축제에 참여할 권리가 없다고 보았기 때문이다. 신혼부부들은 아직 자식이 없다는 점에서 약간 부정적으로 인식되었지만, 축제에는 참여할 수 있었고 그중에서 배우자의 축제와 노인의 축제에서는 중요한 역할까지 담당할 수 있었다. 성인 집단의 주인공은 누구보다 자식을 둔 부모 집단으로서, 그들은 연설 때 특별한 찬양을 받았으

며 행렬할 때에도 자식들과 함께 중심을 차지하였다.

3. 노인 집단(61세 이상) 나이 집단에 들어갈 수 있는 나이가 9세로 명시된 것에 비해 노인 집단의 끝은 죽음의 불확실성으로 인해 분명히 명시되지 않았다. 그들은 '지혜'를 상징하는 집단으로 축제 때 청년이나 성인들에게 훌륭한 모범을 보여줄 수 있는 집단이었다.[34]

청년들의 입교식

이처럼 세 개의 나이 집단으로 구별되었지만 그 중요성이 모두 같지는 않았다. 예를 들면 성인에서 노인으로 넘어가는 단계에 비해 16세로 들어서는 단계가 더 중요하였다. 그래서 청년의 축제 때에는 16세 청소년들을 위한 각별한 입교식을 거행했다.[35] 그 입교식에는 어린이의 상징과 관습을 포기하는 의례와 청년으로서의 능력과 자격을 평가하는 의례가 포함되어 있었다.

물랭 지방에서 16세 청소년들이 아동기를 벗어나는 의례를 어떻게 하였는지 살펴보자. 그곳에서는 청년의 축제 때가 되면 '십일제회'(assemblée décadaire) 회원들이 조국의 제단에서 둥근 원을 만들었다. 그러면 16세가 된 청소년들이 그 안으로 들어가는데, 들어갈 때는 꽃을 가지고 들어가서 나올 때는 무기를 들고 나왔다. 그것은 어린이의 상징인 꽃을 버리고 이제 무기를 든 어엿한 청년이 되었음을 상징하는 의례였다.

16세 청소년들은 입교식 때 청년으로서의 능력과 자격을 사람들 앞에 보여주어야 했다. 그들은 그것을 보여주기 위해 특별한 시험을 치르거나 시련을 견디어야 했다. 레클레르크는 입교식 때 읽기와 쓰기·행진·무기 조작을 할 수 있는 시험을 치르게 하자고 주장하였는데, 그들이 국민방위대에 들어가기 위해서는 그런 능력이 필요하기 때문이었다. 이 외에도 콜로 데르부와는 보이스카우트 식의 방법을 제안하였다. 즉 16세의 청소년들에게 숲에서 야영을 하거나 예기치 못한 시련을 주어 그들이 즉석에서 그 시련을 해결할 수 있는지 알아보는 식이다.

그러나 실제의 입교식에서 그런 시험을 한다는 것이 현실적으로 어려웠기 때문에 힘찬 복명복창이나 상징적인 제스처, 즉 연설가가 그들을 향해 연설하면 그들이 칼을 뽑아 휘두르는 제스처 등으로 만족하였다. 이 외에도 16세 청소년들이 「라 마르세예즈」를 부르면서 대포를 떡갈나무로 장식하는 행사도 있었다. 그것은 국가에 대한 충성과 혁명정신을 심어주기 위한 행사였다. 입교식이 끝나면 모두 함께 일치된 모습으로 행진하였는데, 그것은 입교식을 통해 그들 사이에 통합이 성취되었음을 보여주기 위한 것이었다.

이런 입교식은 16세 때에만 한정되지 않고 21세가 될 때까지, 즉 시민 명부에 등록될 때까지 청년의 축제 때마다 반복되었다. 이 청년의 축제는 16세에서 21세의 청년들이 주축이 되는 축제로, 탄생의 영역에서 사회의 영역으로 옮아가는 과정과 그를 통한 세대 간의 만남을 극화(劇化)시킨 축제라고 할 수 있다. 이런 점에서 사실 그것은 전통사회의 통과의례와 별 다를 게 없다. 나이별 축제는 대혁명 시기의 가장 혁신적인 요소임에도 불구하고 그 속에는 이처럼 전통적인 잔재가 남아 있었다. 아무리 혁신적인 것, 혁명적인 것이라고 해도 그것은 전통을 모방한 것이며 따라서 전통이 완전히 사라지는 법은 없다.

'노인의 축제' 장면. 도덕적 축제에는 이 외에도 '청년의 축제' '배우자의 축제' 등이 있다. 이런 나이별 축제는 자연과 인생의 순리를 강조해 축제에서 정치적 급진성과 혁명성을 제거하는 데 기여하였다.

노인들의 역할과 나이별 축제의 의미

하지만 노인에게도 어느 정도 중요성을 부여한 것은 새로운 점이었다. 도덕적 축제에서 노인은 자신의 지혜와 경험을 후손들에게 증여하는 역할을 하였다. 이러한 증여도 의례적이고 상징적으로 이루어졌다. 노인들이 청년들에게 무화과나무나 포도를 건네주면 이에 대한 보답으로 청년들은 과일바구니와 빵, 작은 술병을 건네주었다. 이것은 선조들이 물려준 무화과나무와 포도로 후손들이 과일을 거두고 포도주를 빚는다는 것을 표현하는 것이었다. 이 외에도 시 관리가 나뭇가지를 노인에게 전달하면 노인이 그것을 받아 다시 청년들에게 건네주는 행위, 혹은 연회 때 노인이 음식을 청년의 식탁으로 넘겨주는 행위 등 다양한 형태로 '증여의 의례'가 거행되었다. 증여의 의례에서 실제 주고받는 것은 물질이었지만 그것이 상징하는 것은 그들이 가진 미덕이었다. 노인들은 청년들에게 경험과 신중함의 미덕을, 청년들은 노인들에게 힘과 정열의 미덕을 서로 건네주는 의식인 것이다.

그렇다면 혁명 엘리트들이 나이별 축제를 창안한 이유가 무엇일까? 우선 이 나이별 축제를 통해 카니발적인 연극성을 배제할 수 있었다. 전통축제에서 신분을 과시하고 직업을 표현하기 위해서는 요란하고 괴기적인 카니발 변장이 필요하였다. 그러나 나이를 표현하는 것은 인간의 자연적인 성장과 존재, 그 자체를 보여주는 것이기 때문에 연극적인 표현이 필요하지 않다. 그렇기 때문에 나이별 축제는 위선적이지 않은 순수한 축제가 될 수 있었다. 요란하지 않고 자연적인 순수한 축제야말로 혁명정부가 이상적으로 생각하던 축제였다.[36]

뿐만 아니라 나이별 축제는 통합된 국민을 표현하기에도 적절하였다. 신분별·직업별 구분은 사회적 차이와 갈등을 드러내지만 나이에 의한 구분은 누구에게나 적용되는 보편적 원리로서 모든 사람들을 다 포함할 수 있었다. 그것은 사회적 위계를 제거함으로써 자연적 평등성을 보장해주고 이를 통해 사회적·정치적 갈등과 대립을 감추고 '영원한 평등의 이상'을 표현해주었다. 결국 나이별 축제는 전 공동체의 '하나 됨'을 표현하여 국민을 표상할 수 있었다.

마지막으로 나이별 축제는 혁명 엘리트들이 추구한 시간 개념, 즉 '영원한 일직선 속에서 그 자신과 항상 동일한 시간, 무한히 회복될 수 있는 영원한 현재'를 표현할 수 있었다. 혁명 엘리트들은 이렇게 축제에 영원성과 신비성의 개념을 끌어들임으로써 축제에서 역사성을 제거하였다. 즉 나이별 축제에 의해 역사적 발전을 나타내는 시간을 생물학적 성장을 나타내는 시간으로 대체한 것이다. 그리고 이를 통해 혁명 정부는 '혁명은 무한히 열려진 역사가 아니라 나이순처럼 어느 것과도 뒤섞이지 않는 하나의 질서'라는 사실을 표현할 수 있다. 결국 나이별 축제는 혁명 엘리트들에게 가장 중요했던 문제, 축제를 통해 혁명을 끝내는 문제를 해결할 수 있는 혁신적인 발명품이었던 셈이다.[37]

4 국민적 통합에서 제국주의로

혁명 시기에 생겨난 자유·국민과 같은 이념은 문화유산 약탈을 일삼는 제국주의를 옹호하는 이념으로 사용되기 시작했다.

축제 속의 고전주의

마르크스는 혁명 기념일에 사용된 모든 고대풍의 이미지와 상징들을 '로마의 금박들'(Oripeaux de Romains)이라고 불렀다. 그만큼 로마를 모방하려는 경향이 강했다는 말이다. 혁명 엘리트들은 교육 제도를 고안함에 있어 고대에서 많은 부분을 차용하였는데, 특히 학교와 축제에서 그러하였다. 로마시대 원형경기장에서 열린 거대한 축제와 의례형식들이 도입되고 그 시대의 영웅들이 숭배되었다.[38]

사실 이런 고전주의적인 경향은 대혁명 시기에 처음 생겨난 것이 아니라 구체제 하에서부터 이미 성행했었다. 그렇다면 혁명 엘리트들이 구체제와의 단절을 강조하면서도 그 시대의 고전주의를 이어받은 이유가 무엇일까? 마티에와 르페브르(Lefevre)는 혁명가들이 고전주의 문화 토양에서 성장했기 때문에 자연스럽게 그것을 받아들였다고 주장하였다. 반면 오트쾨르(Hautecoeur)는 그러한 토양은 불가항력적인 것이 아니고 오히려 혁명가들은 그것에 대해 권태와 싫증을 느끼고 있었다고 주장하였는데, 이 말은 곧 혁명 엘리트들이 고전주의를 계승한 데에는 다른 실질적인 이유가 있었다는 점을 암시한다.

그 실질적인 이유 중 하나는 고대에 모범이 될 만한 영웅들이 많았다는 점이다. 혁명가들은 국민들에게 모범이 될 만한 영웅들이 필요하였는데, 그 모델을 구체제가 아니라 고대에서 찾고 싶었던 것이다. 더구나 로마와는 공화주의를 공유하고 있다는 동질감을 느꼈기 때문에 더욱 그랬다. 로마 공화제의 시조인 브루투스는 대혁명 시기에 공화주의를 상징하는 인물로 숭배되었다. 혁명 엘리트들이 고대를 선호한 또 다른 이유는 그 시대를 구체제의 타락과 나태에 오염되지 않은 태초의 시대라고 보았기 때문이다. 고대 시기는 황금시대의 평등을 환기시켰다. 비요 바렌이 주장하였듯이 고대는 모든 시민이 개인적 자유를 행사하고 전제주의로 오염되지 않은 공화주의의 이상적 모델이었던 것이다. 이처럼 혁명 엘리트들이 고대를 선호한 데에는 그 시대를 유토피아적인 절대적 시작으로 확립하려는 '탈 역사적인 인식'이 자리 잡고 있었다.[39]

고전주의적 경향은 축제에서 가장 풍부하게 표현되었다. 여기에는 대표적 고전주의자인 다비드의 영향이 컸는데, 축제와 예술에 적용된 그의 고전주의는 기본적으로 정치 교육적 관점에 입각하고 있었다. 그의 목적은 고대를 모델로 하여 인간을 새로운 공화주의적인 국민으로 재생시키는 것이었다. 르펠르티에의 초상화나 헤라클레스 조각상, 그가 기획한 장엄한 축제들은 모두 이런 목적을 염두에 두고 있다. 그는 이미 1792년 볼테르의 팡테옹 안치식을 기획하면서 고대풍의 거대한 마차와 브루투스의 이미지를 사용함으로써 고전주의적인 취향을 선보였다. 이후 샤토비유 축제와 8월 10일의 축제, 최고 존재의 축제 등 대부분이 그에 의해서 기획되었다. 그는 이 축제들에 다양한 고대의 장식들, 예를 들면 개선문이나 원형경기장, 코린트식 기둥 등을 사용하였다. 이런 점에서 그의 축제는 그 자체가 하나의 거대한 '고전주의적인 교과서'라 할 만했다.[40]

장식과 이미지만이 아니라 음악도 마찬가지였다. 고섹과 메울, 그레트리(Grétry) 등에 의해 고전주의 음악이 도입되었다. 오페라 작사가 마리 요셉 셰니에 역시 큰 역할을 하였다. 그가 가지고 있던 신념들, 예를 들면 화려한 수사학을 파괴한 간결한 운문과 고대 행진에 대한 찬양, 군사적 교육의 강조, 이미지와 제스처가 없는 순수함 등은 혁명기의 축제를 고전주의적 종합예술로 만드는 데 기여하였다.[41]

이탈리아 예술품을 프랑스로 옮겨오다

1798년 7월 27일과 26일(공화력 6년 테르미도르 9일과 10일)에 걸쳐 거행된 '자유와 예술의 축제'는 고대 문화에 대한 취향이 희화적이고 제국주의적으로 표출된 축제였다. 그 축제는 테르미도르 9일 기념식을 기해 나폴레옹이 이탈리아를 침략하는 과정에서 약탈한 로마 유물이 프랑스에 도착한 것을 기념하는 축제였다. 이 사례를 통해 대혁명 시기 축제를 통해 형성된 국민적 정체성이 고대 문화에 대한 취향을 계기로 제국주의로 표출되는 과정과 보편적 혁명 이념들이 제국주

이탈리아의 예술품들이 로마를 출발해 프랑스 파리로 향하고 있다.

의를 옹호하는 이론으로 동원되는 과정을 잘 살펴볼 수 있다.

 문화재를 강조하고 더 나아가 그것의 약탈을 합리화하는 이론적 기반은 이미 공화력 2년 반달리즘을 비판하면서 나타났지만, 그것이 현실화되고 독트린화된 것은 나폴레옹의 벨기에와 이탈리아 침입이 본격화되면서부터였다. 당시 나폴레옹은 벨기에와 이탈리아로부터 많은 문화재를 약탈해 왔는데, 이것을 자유라는 거창한 이념으로 옹호했던 것이다. 하지만 그것은 결국 외국의 문화유산과 예술품의 약탈을 정당화하는 변명에 불과했다. 비카르(Wicar)는 예술품을 자유와 연결시켜 자유로운 인민만이 다른 인민들의 자유로운 예술품을 소유할 자격이 있다고 주장하였는데, 이 말은 혁명을 통해 자유를 획득한 프랑스 인만이 옛날 자유로운 로마인이 성취한 예술품을 향유할 자격이 있다는 논리이다.[42] 그레구와르 신부 역시 자유와 예술을 동일시하여 로마의 예술품은 공화국 군대의 승리를 계기로 그 '최후의 처소'로 '본국 송환'해야 한다고 주장하였다. 로마의 공화국과 자유를 계승한 프랑스가 로마 예술품의 최후의 처소이자 본국이라는 의미이다.[43] 1794년 9월 20일 벨기에서 루벤스(Rubens)의 작품이 반입될 때 뤽 바르비에(Luc Barbier)는 자유의 공화국인 프랑스만이 그 '자유의 유산'을 소유할 수 있다고 주장하였는데, 이 역시 같은 논리이다.[44]

프랑스 내에 이런 제국주의적 문화 이론에 대한 비판이 전혀 없었던 것은 아니다. 예를 들어 켕시는 고대의 유산은 전 유럽의 재산이라서 특정 국가가 배타적으로 소유할 수 없고, 또한 이탈리아만이 그것의 '본래적 처소'이기 때문에 거기서 유물을 뜯어낼 수 없다고 반박하였다. 다비드 역시 켕시의 주장에 동의하여 다른 동료들과 함께 예술품의 이송을 반대하는 청원서를 제출하였지만 소용없었다. 총재정부는 1794년 초부터 로마 예술품을 프랑스로 이송하기로 결정하고 그것을 기념하기 위한 축제를 추진하였다.

이 축제는 '이탈리아 과학과 예술품 조사위원회'와 국립연구소(Institut National), 특히 그 연구소 연구원인 투앵을 중심으로 추진되었다. 투앵은 축제를 단순히 로마 예술품의 이송을 기념하는 것만이 아니라 그것을 통해 공화주의 정부의 우수성을 선전할 기회로 삼고자 하였다. 당시 내무장관이었던 뇌프샤토는 그의 계획을 수용하고 적극 지원하였다. 예술품을 프랑스로 이송하는 날을 테르미도르 9일로 결정한 데에도 정치적 의도가 있었다. 우선 현실적으로 그날은 총재정부가 로베스피에르를 몰락시킴으로써 권력을 잡은 날이다. 정부는 그날

이탈리아에서 이송된 예술품들을 실은 마차들이 파리 시내를 행진하고 있다.

축제를 거행함으로써 유래 없는 군사적 성공과 그로 인한 예술품의 습득을 자신들의 권력과 연결시키고 그럼으로써 자신들 정권의 명분과 정당성을 선전하려 하였다. 그리고 그 축제를 통해 자신들이 왕당파와 극좌파의 정치적 위협 속에서도 혁명이 물려준 성과를 인수하여 밝은 미래를 향해 나아갈 것이며, 더 나아가 혁명은 단지 반혁명에 대한 승리만이 아니라 교육과 과학·예술·문화에 있어서도 새로운 길을 열었다는 점을 과시하려 하였다.[45]

자유와 예술의 축제의 이데올로기

자유와 예술의 축제를 이런 정치적 의도가 관철되는 국가적 기념일로 만들기 위해 세 가지 테마가 사용되었다. 우주의 상징성과 로마성

(romanité), 혁명을 강조하는 교육적 담론이 그것이다. 그 축제의 행렬에는 로마의 문화유산을 실은 마차와 함께 이국적인 식물과 나무·광물·야생동물을 실은 마차가 등장하였다. 그 마차에는 '자연사'라는 글귀가 붙어 있고 태양을 비롯한 우주의 상징물로 장식되어 있었다. 이렇게 자연이나 태양과 같은 상징을 사용한 이유는 프랑스 혁명이 보편적인 자연에 대해서도 승리를 거두었다는 것을 표현하기 위해서다. 또한 그 축제는 각종 장식과 브루투스의 숭배에서도 알 수 있듯이 로마적인 성격이 강하였다. 당시 각 언론과 보고서들은 이 행진이 마치 로마인의 개선식을 연상시켰다고 적고 있다. 하지만 '로마의 개선식은 전리품을 전시하는 군사적 개선식이지만 프랑스의 개선식은 자유의 개선식이다'라고 주장하며 그 둘의 차별성을 주장하기도 하였다.

마지막으로 자유와 예술의 축제는 혁명적 언어에 전적으로 의존하였다. 여기서 언어에는 문자만이 아니라 연설·노래까지도 모두 포함된다. '말로 하지 않으면 아무것도 되지 않는다'는 혁명 미학의 제1원리가 여기서도 어김없이 작용하고 있다. 이날의 축제는 온통 글귀와 연설·노래가 범람하였다. 물론 여기저기에 글귀를 붙인 이유는 보호를 위해 대부분 유물을 마차 안에 넣어 이송했기 때문에 글귀라도 붙여 그 정보를 알려주어야 했던 속사정도 있었다. 그러나 '과학과 예술은 자유를 지지하고 찬양한다'라든가 '예술은 영광을 증가시킬 수 있는 조국을 원한다' '결국 그것은 자유의 땅에 오게 되었다'와 같은 글귀들은 단순한 정보 전달만이 아니라 자유를 선전하고 더 나아가 자유를 근거로 그 예술품의 프랑스 소유를 정당화하는 것이다. 이날 행해진 연설은 이런 의미를 더욱 분명하게 전달하였다. 특히 뇌프샤토가

이탈리아 예술품들을 실은 마차들이 앵발리드 앞에 도착하였다. 이 예술품들은 자유와 예술의 축제가 벌어지는 샹 드 마르스로 이송되어 전시된 후, 루브르 박물관 등에 소장되었다.

연설 중에 '이 예술품의 이동은 자연과 역사의 법칙에 따른 것이다'라고 한 말은 그 축제의 문화정치학을 극명하게 보여준다.[46]

앞에서 잠시 언급하였듯이 대혁명 시기 문화재에 관한 논쟁은 1793년 반달리즘이 극성을 부리면서 본격화되었다. 당시 '문화옹호론자'들은 문화적 유산을 파괴하는 문화재 파괴주의자들을 비판하면서, '문화재는 자유정신의 창조자이다'라고 주장하였다. 그러나 이후 대불동맹국과 전쟁하면서 프랑스 지식인들은 '자유'라는 구실로 자국의 문화재만이 아니라 세계의 문화유산을 독점하려는 경향을 보이기 시작했다. 문화재 옹호주의가 대외전쟁과 대외침략을 겪으면서 신속하게 '자유의 유산을 독점하려는 제국주의'로 변형된 것이다. 그러면서 정부의 제국주의적인 문화정책을 뒷받침하는 이데올로기로 기여하였다.

자유와 예술의 축제는 프랑스 정부가 자유와 문화에 대해 가졌던 관념이 얼마나 이데올로기적인 성격을 가지고 있는지, 더 나아가 대혁명 시기 혁명 기념일들이 추구한 자유와 국민과 같은 보편적 이념이 어떻게 제국주의를 옹호하는 이론으로 쓰일 수 있는지를 잘 보여주는 사례이다. 그리고 궁극적으로 혁명이 만들어낸 '국민'이라고 하는 개념 속에 이미 제국주의적 배타성이 도사리고 있음을 암시하는 사례이기도 하다.

혁명기의 축제, 더 깊이 알아보기
• 보론

공화주의적인 국민 정체성 만들기

'국민'(Nation)이라는 용어는 이미 대혁명 이전부터 사용되어오던 것이다. 17세기 얀세니스트의 설교에서부터 18세기 루소의 정치사상에 이르기까지 '국민'이라는 용어는 명확하게 정의되지 않은 채 흔히 사용되었다. 이후 국민에 관한 담론은 더욱 활성화되어 혁명 전야인 1780년대 이르면 그 용어는 상징적 힘을 가진 정치문화 담론의 키워드로 부상하기에 이르고, 혁명 직후 그것은 조국이나 애국·자유·공화국 등과 더불어 정치적 논쟁의 핵심이 된다. 하지만 아이러니하게도 논쟁을 거듭하면 거듭할수록 더욱 분명해진 것은 '프랑스에 국민이 존재하지 않는다'는 사실이었다. 그렇다면 이제 과제는 분명하다. 프랑스에 존재하진 않지만 새로운 시대를 열어가기 위해 필요한 그 국민이라는 실체를 만드는 것이다.

구체제 하에서 프랑스 인을 구성했던 요소들은 새로운 국민을 형성하는 데 오히려 방해만 될 뿐이었다. 지역적 방대함에 기인하는 문화적 다양성과 종교적 심성, 조합이나 단체에 대한 귀속의식, 왕에 대한 뿌리 깊은 애정 등이 그러하다. 새로운 시대가 요구하는 국민은 주권의식을 가진 공화주의 시민이다. 이에 혁명정부는 구체제 프랑스 인들의 낡은 의식(意識)을 척결하고 새로운 국민 정체성을 확립하기 위해 야심 찬 '국민 만들기'(nation-making) 문화정책을 시도하였다.

그런데 국민을 만든다는 것은 기본적으로 문화적이고 종교적인 사업이 아닐 수 없다. 왜냐하면 국민이란 국가를 향한 충성심이나 귀속의식으로서, 지속적이고 반복적인 주입을 통해 새겨질 수 있는 어떤 '마음 상태'이기 때문이다. 예를 들면 상징적 의례와 애국적인 노래, 구호 등의 반복이나 정치적 상징물의 제시를 통해 마음속에 각인된 조국이나 공화정을 향한 열정 같은 것이다. 국민의 이런 심리적이고 종교적인 성격 때문에 그것이 신비적인 기원이나 신화를 가진 것처럼 보이는 것도 사실이다. 하지만 독자들은 지금까지의 글을 통해서 국민에 그런 신화적인 기원이 없다는 것을 충분히 짐작했을 줄 안다. 그것은 프랑스 대혁명이라는 정치적 상황이 만들어낸 정치적 의지의 산물이다. 이 국민 만들기라는 시대적 과제를 해결하기 위해 가장 효과적인 수단으로 부상한 것인 축제라는 문화적 형식이었다.

국민을 만들기 위한 혁명가들의 노력은 존경스러울 정도였다. 공교육위원회를 중심으로 모든 혁명가들이 이 문제에 매달렸다. 어떻게 하면 공화주의적인 국민 정체성을 형성할 수 있을 것인가? 다양한 수단들이 고려되었다. 학교와 군대·민중협회·저널, 수많은 정치적 상징물과 박물관 등. 하지만 가장 효과적인 것은 '축제'(fête)였다. 왜냐하면 축제는 인간의 지성보다는 감성에 호소하는 것으로 조국과 공화정에 대한 열정적 감정을 고양시키기에 적절했기 때문이다. 국민 의식을 고양시키기 위해서는 지적 교육보다는 반복적인 제스처나 새로운 이미지를 통해 감각에 충격을 가하는 것이 더욱 효과적인 방법인데, 그 제스처와 이미지들을 풍부하게 제시하고 실행할 수 있는 무대가 바로 축제이다.

카바니는 '인간은 엄격한 논리와 합리적 이성 못지않게 열정과 감수성에 의해 좌우되기 때문에 그들을 형제애와 조국애에 기반한 국민으로 만들기 위해서는 축제가 필요하다'고 말하였다. 좀더 종교적 측면에 경도되어 있을 뿐 라보의 주장도 크게 다르지 않다. 그는 공화국이 발표된 지 꼭 한 달만인 1792년 10월 21일 연설을 통해 '국민은 교육을 통해 만들어져야 한다'고 전제한 후, 그것을 위해 감각과 상상력·기억·추론 등 인간이 가진 모든 능력이 동원되어야 한다고 주장하였다. 인간의 감각과 상상력에 어떤 대상을 향한 열정을 불러일으키려 했다는 점에서 그가 염두에 두고 있던 방법은 매우 종교적인 방법이었음에 분명하다. '이제 신을 숭배하는 신전 대신에 조국을 위한 국민적 신전(National Temple)을 세워야 한다'는 그의 주장은 이를 뒷받침한다. 국민을 만들기 위한 효과적인 수단으로 축제를 강조한 혁명가들은 비단 위의 두 사람에 한정되지 않는다. '국민적 대축제'를 주장했던 로베스피에르를 비롯해 대부분의 혁명가들이 단기간에 국민을 형성할 수 있는 가장 효과적인 수단을 축제라고 확신하고 있었다.

그렇다면 혁명가들이 축제라는 수단을 통해 만들고자 했던 국민은 어떤 것이었을까? 프랑스 대혁명은 자유와 평등·우애·이성 등과 같은 무수한 혁명적 이념을 만들어냈는데, 그것들을 가장 구체화시킨 이념이 바로 공화주의이다. 혁명가들은 공화주의 정치 체제 하에서 인간의 자유와 평등이 가장 잘 구현될 수 있다고 보았다. 이런 점에서 프랑스 대혁명은 그 자체로 공화주의 이념과 동일시될 수 있다. 1792년 9월 21일에 선포된 제1공화정은 프랑스 역사에서 왕정 이외의 정치체제로서는 최초의 것이었다. 이 전대미문의 역사적 실험을 성공시키는 데 가장 중요한 것은 공화주의에 대한 광범위한 동의를 확보하는 것이었다. 그것을 위해서는 왕정의 신민들을 공화국의 시민, 즉 주권의식을 가진 공화주의 국민으로 만들어야 했다. 1792년 이후 공회와 공안위원회, 공교육위원회가 공화주의를 선전하고 공화주의적인 국민을 만들기 위한 다양한 문화 사업을 정력적으로 추진한 이유는 이 때문이다.

축제를 통해 공화주의 이념을 선전하려는 경향은 이미 1792년 4월 샤토비유 축제에서 드러났다. 그러나 아직은 입헌군주제였던 당시로서 공화주의 이념은 직접적이고 명시적인 형태로 선전되지 않았다. 1793년 8월 10일의 축제에서는 모든 것이 명확하고 분명해졌다. 당시 여러 혁명적 사건을 연출함으로써 궁극적으로 강조한 것은 공화주의 헌법이었다. 이런 연출은 혁명의 종국적 귀결이 공화주의임을 천명한 것이다. 1794년 6월 8일 로베스피에르는 최고 존재의 축제를 열어 공화주의 미덕을 제시하였다. 그것은 질서와 안정, 조화로운 세계였다. 이처럼 대혁명 기간에 거행된 축제들은 특수한 혁명적 사건을 기념하면서 궁극적으로 공화주의 이념을 선전하는 데 사용되었다. 물론 모든 축제들이 그러했다고 말할 수는 없겠지만 대표적인 공식 축제들은 그러한 경향을 벗어나지 못하였다. 공화주의적인 국민 정체성을 확립하기 위한 노력은 로베스피에르 이후 총재정부에 계승되었지만 전체적으로 성공적이었다고 평가할 수는 없다. 그 노력이 결실을 맺게 된 것은 19세기 말 제3공화정 하에서였다.

제3공화정 시기 공화주의자들은 대혁명과 공화주의를 국민 정체성의 핵심적 요소로 삼았다. 그 점은 그들이 7월 14일을 국민적 축제(fête nationale)로 확립한 데에서 잘 확인할 수 있다. 당시 수많은 역사적 사건 기념일들이 '국민적 축제'의 자리를 놓고 경합하였다. 이런 많은 후보들을 제치고 '1789년 7월 14일'이 국민적 축제로 결정된 이유는 그날이 인간에게 자유와 평등을 가져다준 날이기도 했지만 공화주의자들의 또 다른 정치적 의도 때문이기도 하다. 당시 공화주의자들은 교권주의자와 급진주의자들의 정치 공세에 시달리고 있었다. 공화주의자들이 보기에 좌우의 급진세력을 누르고 전 국민의 공감대를 형성할 수 있는 정치이념은 공화주의였다. 이런 정치적 의도 속에서 그들은 프랑스 대혁명을 공화주의와 등치시키고 7월 14일을 명실상부한 최고의 국민적 축제로 확립하였다. 공화주의자들의 노력은 성공적이어서 100년 이상 진행된 '정통성 투쟁'에서 공화주의는 승리하였고 이제 프랑스 국민 어느 누구도 공화정이 프랑스의 가장 정통적인 정치체제라는 것을 의심하지 않게 되었다. 하지만 19세기 말 공화주의자들의 정력적인 노력도 제1공화정을 확립했던 선조들의 노력이 없었다면 결코 성공하지 못했을 것이다. 이런 측면에서 제1공화정 하의 혁명가들이 실행했던 문화정책은 좀더 장기적인 안목에서 평가될 필요가 있을 것이다.

기억과 기념, 그리고 축제

개인이든 집단이든 그 정체성의 형성은 기억이나 기념과 밀접한 연관을 가진다. 과거의 경험이나 사건에 대한 망각과 기억의 반복 과정을 통해 한 개인과 집단의 정체성이 형성되는 것이다. 특히 집단 정체성은 그 스스로 만들어지는 것이 아니라 기념관이나 고문서 · 축제 · 의사록 · 기념비 · 신성한 장소 · 역사책 등과 같은 문화적 형식을 통해 지속적으로 반복 학습되는 과정에서 형성된다. 이런 문화적 형식들이 아스만에 의하면 '문화적 기억'이고 일련의 프랑스 역사학자들에 의하면 '기억의 터'(les lieux de mémoire)가 되는 셈이다.

앞에서 확인하였듯이 혁명 당국은 단기간에 효과적으로 공화주의적인 국민 정체성을 형성하기 위해 수많은 의례들, 즉 영웅 숭배의식이나 혁명 기념일을 확립하였다. 그러한 기념을 통해 혁명 이념이 확산되고 새로운 정치문화가 형성되었다. 하지만 여기서 중요한 것은 그것이 단순한 기념이 아니라 세심하게 의도되고 조작된 기념이라는 점이다. 즉 기념되는 혁명적 사건은 모두가 기억하는 객관적이고 보편적인 기억이 아니라 혁명 당국이 원하는 방식의 기억이었다. 혁명적 사건의 기억과 기념이 어떻게 세심하게 조작, 왜곡되는지는 1793년 8월 10일의 축제에서 극명하게 드러난다.

사실 기념제란 어떤 특정한 정체성을 형성하기 위해 기억을 조작, 왜곡하는 방법에 다름 아니다. 아스만은 집단 정체성을 형성하는 과정에서 기억의 조작과 왜곡은 필연적이라고 했다. 더 나아가 그는 정체성을 형성하는 기억은 '회상'으로서의 기억인데, 회상은 근본적으로 재구성된 것이며 그것은 항상 현재에서 출발하기 때문에 기억을 회상할 시점에서 기억된 것이 치환 · 변형 · 왜곡 · 가치전도 내지는 복구되는 것이 불가피하다고 주장하였다.

기념이란 잊혀진 것을 다시 환기시키는 과정이기도 하지만 다른 한편으로는 기억되어서는 안 될 것을 망각시키는 과정이기도 하다. 이 말은 흔히 기념하면 뭔가를 환기시키는 형식으로 알고 있지만 사실 뭔가를 망각시키기 위한 형식이기도 하다는 점을 강조한 말이다. 아스만이 '기억(기념)이란 선택하고 의미를 부여하는 과정이고 그 과정에서 망각이 필연적으로 포함된다'라고 주장한 것도 같은 맥락이다. 뿐만 아니라 기념은 이미 그 사건이 종결되었음을 선언하고 그럼으로써 생생한 현실을 이미 지나간 과거로 만들어버리는 형식이기도 하다. 현실을 더 이상 변화시킬 수 없는 기정사실로 선언한다는 점에 있어 기념제는 본질적으로 보수적인 의례라고 할 수 있다.

대혁명 시기 기억을 조작해 집단 정체성을 형성하는 과정에서 상호 밀접히 연관된 이중의 작용이 동시에 일어났다. 그것은 한편으로는 혁명 당국이 원하지 않는 기억, 예를 들면 구체제에서 억압받은 기억과 혁명 초 민중들의 폭력에 대한 기억들을 망각시켜가는 과정이었으며, 다른 한편으로는 혁명 당국이 원하는 기억, 즉 질서와 안정, 혁명의 최종적 결과로서 부르주아적인 공화국의 확립에 유리한 기억을 환기시키는 과정이었다. 한마디로 말하면 혁명 당국의 기념제는 혁명의 종결을 선언하고 그 결과로서 공화국의 탄생을 선언하기 위한 의례였다고 할 수 있다.

혁명기 축제에 관한 연구사

대혁명 시기에 거행된 축제는 한동안 역사가들에 의해 외면당해왔다. 그 이유는 1799년 공화력의 폐지와 함께 혁명기 축제 자체가 거의 소멸했기 때문이기도 하지만, 좀더 중요한 이유는 그것이 본래의 목적이었던 국민적 통합을 성취하기보다는 오히려 끊임없는 정치적 분열만을 일으켰기 때문이다. 보수적 역사가들은 카니발적인 변장과 소란스러운 가장행렬이 등장하는 민중축제를 미학적으로 혐오했을 뿐만 아니라 무미건조한 혁명 당국의 공식적 축제 역시 무가치한 것으로 판단하였다. 그러한 오해와 편견 속에서 대혁명기의 정치와 문화를 이해할 수 있는 중요한 수단인 축제는 오랫동안 잊혀진 채 방치되었다.

축제가 역사가들의 연구와 논쟁의 무대로 소환된 시기는 19세기 말이었다. 19세기 말은 민족주의의 발전 속에서 유럽 각국이 국민 정체성의 형성을 중요 과제로 삼았던 시기이다. 프랑스 제3공화정은 국민 정체성의 핵심을 공화주의로 설정하고 공화제 확립에 주력하였다. 이것은 제1공화국의 선조들이 직면한 것과 비슷한 상황이었다. 이런 와중에서 축제라는 형식이 국민 정체성을 형성할 수 있는 중요한 수단으로 재인식되기에 이르렀고, 이것은 혁명기 축제에 대한 재평가와 연구의 활성화로 이어졌다.

19세기 말 혁명기 축제에 관한 대표적 역사가로는 혁명기 축제를 종교적 형태로 파악한 미슐레, 마티에와 그것을 정치적 수단으로 파악한 올라르 등이 있다. 낭만주의 역사가 미슐레는 대혁명 시기의 축제를 긍정적으로 평가한 최초의 역사가였다. 그는 무엇보다 축제의 종교적 성격에 주목하였다. 그에 의하면 종교적 형태로서의 축제는 다음과 같은 요소를 가지고 있다. 첫째, 그것은 민중이 자발적으로 참여한 것이어야 하고 둘째, 모든 종교적 의례가 그러하듯이 '기적'의 요소가 포함되어야 하며 셋째, 축제를 통해 모든 참가자들이 하나의 일체감을 형성할 수 있어야 한다. 그 일체감은 윤무(輪舞)와 파랑돌(farandole) 춤으로 드러난다. 마지막으로 미슐레는 여성과 어린이의 참여는 축제에 종교적 성격만이 아니라 평화적 성격까지 부여한다고 보았다. 그렇다면 이런 요소들을 충족시킬 수 있는 축제에는 어떤 것들이 있을까? 그것은 바로 혁명적 날들이다. 여성과 어린이를 포함해 민중들이 자발적으로 모여 여러 기적적인 요소들에 의해 혁명적 승리를 이끌고 모두 하나 되어 파랑돌 춤을 추며 환희의 순간 마무리했던 '혁명적 날들'만큼 그것에 더 잘 부합하는 것은 없다. 미슐레가 혁명적 날들을 혁명기의 가장 이상적인 축제라고 주장한 이유는 이 때문이다. 이런 측면에서 그는 혁명 자체를 하나의 거대한 축제 과정으로 보았다.

이처럼 민중의 자발적 참여와 환희를 중시한 미슐레에게 1793년 8월 10일의 축제나 1794년 6월 8일의 최고 존재의 축제는 축제라고 할 수 없었다. 왜냐하면 그것들은 민중의 자발적 참여보다는 동원에 의지하였고 일체감과 통합보다는 각 정파들의 이익을 표현함으로써 궁극적으로 정치적 분열을 조장하였기 때문이다. 여기서 미슐레가 간파한 것처럼 대혁명 시기의 축제는 정치적으로 이용되는 측면이 있었다. 바로 이 점을 들어 축제의 정치적 기능을 특별히 강조한 사람이 올라르였다.

올라르는 대혁명 시기의 축제들이 정치적 반대파를 제거하거나 혹은 애국심을 고양해 조국을 방어하기 위한 정치적 수단이었다고 주장하였다. 축제의 종교적 성격보다는 정치적 기능을 강조한 셈이다. 올라르의 주장은 실제 그 축제를 조직했던 혁명가들의 의도와도 일치하기 때문에 이후 많은 지지를 얻었을 뿐만 아니라 혁명기 축제에 관한 더욱 풍부한 이해도 가능하게 하였다. 그리고 미슐레에게서는 불가능했던 '축제의 유형학'도 가능해졌다. 즉 엘리트적인 축제냐 민중적인 축제냐, 혹은 공식적인 축제냐 비공식적인 축제냐 등의 유형적 구별이

가능해진 것이다.

　하지만 올라르는 축제의 정치적 기능에 집착한 나머지 축제의 다양성을 지나치게 강조하는 우를 범했다. 그가 보기에 대혁명 시기에는 다양한 정치 세력만큼이나 다양한 축제들이 존재하였다. 그러나 이렇게 축제의 다양성을 강조하는 것은 축제의 유형학을 풍부하게 하는 데는 도움이 될지 모르지만 역사적 사실을 충분히 반영한 것이라고는 할 수 없다. 왜냐하면 여러 정치 당파들이 자신들의 다양한 이념을 표현하려 했음에도 불구하고 실제 축제의 표현 방식은 비슷비슷했기 때문이다. 어느 정파의 축제인가의 여부를 떠나 모두 '자유의 여신'이 등장하고 「라 마르세예즈」가 울리고 '삼색기'가 나부꼈다. 그 이유는 각 정파들이 자신들 각자의 이념을 표현할 수 있는 창의력이 부족했기 때문이라 할 수도 있겠지만, 그들 각 정파의 이념이 무의식적으로 사실상 동일한 것을 향했기 때문이라 할 수도 있다.

　후자의 원인에 더 무게를 두고 축제의 외형적 유사성을 강조한 역사가 마티에이다. 그는 혁명기 축제들이 그것을 주최한 정파에 따라 다른 것 같지만 실은 모두 동일한 이념을 표현하고 있다고 주장하였다. 즉 모두 하나의 공통된 이념, 조국과 혁명의 수호를 바라고 있었고 그런 만큼 그것이 표현되어 나타난 축제들의 모습도 모두 같다는 것이다. 더 나아가 마티에는 그 축제들이 기존의 가톨릭 예배를 대체해 나타난 새로운 '시민적 예배들'이라고 주장하였다. 그는 축제에 나타난 혁명적 상징들과 행렬, 애국적 제스처들이 사실은 종래의 가톨릭 예배를 변형한 것이며, 그것들은 정치적 당파를 초월해 모든 축제에 동일하게 등장한다고 지적하였다. 결국 대혁명 시기의 축제를 가톨릭을 대체한 새로운 종교로 파악했다는 점에 있어서는 마티에 역시 미슐레와 마찬가지로 종교적 해석을 따르고 있는 셈이다.

그런데 축제가 혁명 이념과 조국애를 고무하기 위해 가톨릭 예배를 대체해 만들어진 '대안'(remède)이었다는 마티에의 견해와 혁명 이념과 조국애를 선전하기 위한 정치적 '수단'(expédient)이었다는 올라르의 견해가 그렇게 다른 것 같지는 않다. 왜냐하면 마티에가 사용한 '종교적'이라는 표현과 올라르가 사용한 '정치적'이라는 표현이 사실은 동일한 것이기 때문이다. 다시 말해 혁명가들은 정치적 목적을 위해 효율적인 종교적 수단을 사용한 셈이다. 사실 엄밀한 의미에서 '정치적' 성격을 전혀 갖지 않는 종교는 없지 않은가!

19세기 역사가들의 혁명기 축제 연구에 대한 공헌에도 불구하고 당시의 연구는 공통적인 한계를 가지고 있었다. 그들은 축제 조직가의 목적과 의도에만 지나치게 집착한 나머지 축제 전체의 모습을 조망하는 데는 실패하였다. 사실 축제의 목적과 의도만으로 축제를 충분히 이해했다고 할 수 없다. 왜냐하면 축제는 늘 의미의 과잉으로 나타나며 그 결과 처음 의도한 축제와 실제 참가자들 사이에 경험된 축제는 다를 수 있기 때문이다. 따라서 축제를 충분히 이해하기 위해서는 거기에 나타난 상징과 표현, 그리고 그것을 수용하는 참가자들에 관한 연구가 동시에 이루어져야 할 것이다.

19세기 말에 붐을 일으켰던 축제 연구는 한때 공백기를 보이다가 1968년 5월 혁명을 계기로 다시 고조되었다. 이 20세기 후배 연구자들은 19세기 선배들의 정치적 해석과 종교적 해석이 개념적으로 모호할 뿐만 아니라 그들의 연구가 지나치게 축제 조직가들의 사상과 목적에만 치우쳐 있다고 반성하면서, 실제 드러난 '축제 자체의 모습'을 강조하기 시작하였다. 여기에 포함되는 대표적인 역사가는 보벨과 오주프, 헌트 등이다.

보벨은 프랑스 대혁명에 대한 정통주의 해석의 계승자일 뿐만 아니라 아날 3세대를 대표하는 인물로 심성사(心性史)를 개척한 역사가이기도 하다. 그는 프로방스 지방의 축제를 집중적으로 연구하여 『1750년에서 1820년까지 프로방스 지방 축제의 변형』(Les Métamorphoses de la fête en Provence de 1750 à 1820)을 저술하였다. 그는 여기서 프로방스 지방의 축제를 장기 지속의 축제(전통적 축제)와 단기 지속의 축제(혁명기 축제)로 나누어 파악한 후 그 속에서 심성이 어떻게 변화해가는지를 탐구하였다. 보벨은 축제를 통해 심성의 변화 과정을 보여주었을 뿐만 아니라 방법론에 있어서도 사료분석이나 통계학적 방법 등과 같은 전통적인 역사학 방법론 외에도 민속학과 인류학 등의 학문을 접목하는 새로운 방법을 도입하였다.

올라르에서 소불로 이어지는 정통주의 해석을 계승하고 있는 만큼 보벨이 올라르의 정치적 해석의 영향을 받았다고 추측할 수 있다. 하지만 그 스스로 인정하듯이 자신의 견해와 종교적 해석을 주장하는 오주프의 견해는 그렇게 다르지 않다. 왜냐하면 동일한 축제를 오주프는 그것을 조직한 혁명 당국의 위치에서 바라보았고 보벨은 지방에서 그것을 실제 받아들인 민중의 위치에서 바라보았다는 점만 다를 뿐 그들의 견해가 대립적인 것은 아니기 때문이다. 사실 대혁명 당시 중앙 정부가 지방에 축제 프로그램을 일률적으로 명령했지만 그것이 모든 지방에 동일하게 받아들여지지 않고 지방마다 다양하고 복잡하게 전개되었다. 20세기 후배 역사가들은 이 다양한 모습에 관심을 가졌다.

오주프는 『1789~1799년의 혁명 축제』(*La Fête révolutionnaire 1789~1799*)에서 파리와 지방에서 거행된 축제들을 보여주고 있지만 주로 파리의 축제에 많은 부분을 할애하고 있다. 그녀는 마티에와 마찬가지로 혁명기의 축제를 일종의 종교적 형태로 보았다. 그녀에 의하면 혁명기 축제들은 숭배의 대상을 종교적 대상(신·십자가 등)에서 세속적 대상(조국·공화국·자유)으로 전이시키는 기능을 하였다. 대상만 다를 뿐 무엇인가를 신성시하고 숭배하였다는 점에 있어서는 혁명기 축제 역시 가톨릭과 마찬가지로 일종의 '종교'였다는 것이 그녀의 설명이다.

새로운 정치문화사를 확립하는 데 많은 공헌을 했던 수정주의 역사가 헌트 역시 혁명가들이 축제를 통해 근대 국가의 이데올로기를 선전하려 했다는 점을 강조하였다. 그녀는 『프랑스 대혁명의 정치와 문화, 계급』(*Politics, Culture and Class in the French Revolution*)에서 새로운 정치 문화와 정치 상징들이 등장하고 국가 이데올로기가 확립되는 과정에서 혁명기 축제가 얼마나 중요한 역할을 담당하였는지를 잘 보여주었다.

이처럼 대혁명 시기의 축제에 관한 연구는 그것이 종교적 형식이냐 아니면 정치적 수단이냐에 대한 해석을 중심으로 전개되었다. 종교적 형식을 강조하면 대혁명 시기의 축제가 가진 다양성은 사라진다. 축제 사이의 여러 가지 차이점은 무시되고 오주프가 주장한 대로 자유와 평등과 같은 혁명적 이념이나 조국애를 강조하는 하나의 단일한 의례만 있을 뿐이다. 반면 정치적 수단을 강조하면 그런 막연한 혁명적 이념이나 조국애보다 오히려 축제 사이의 여러 차이점, 즉 그 축제를 조직한 각 정파들의 주장이나 견해가 더욱 중요하게 부각된다.

모든 것이 정치적 의미에서 자유로울 수 없었던 혁명 시기에 축제라고 예외일 수 있었을까? 축제야말로 그 어떤 영역보다 정치적 기능과 역할에 충실하였다. 모든 언어와 상징, 행동 들이 정치적 함의를 가지고 있었던 시기에 모든 것을 초월해 보편성을 지향한 종교적 축제를 상정한다는 것은 불가능하다. 보편성 자체가 정치적으로 표현되었던 시대인 만큼 더욱 더 그러하다. 그런 점에서 대혁명 시기의 축제들이 다소 비슷비슷한 점이 있다고 해도 그것들은 본질적으로 다른 축제들이었다.

결국 축제가 종교적 형식인가 정치적 수단인가를 묻는 것은 더 이상 의미가 없다. 중요한 것은 그것이 종교적 형식이든 정치적 수단이든 그 속에서 권력이 작동하는 방식, 그것의 세심하고 치밀한 메커니즘을 밝혀내는 것이다. 그것을 위해서는 당시의 정치적 배경과 혁명가들의 정치적 사상뿐만 아니라 축제 자체에서 드러난 다양한 표현양식에 대한 분석이 필요하다. 축제의 표현양식에 대한 새로운 분석과 해석의 가능성은 앞으로도 무한히 열려 있으며 그것을 통해 혁명사에 대한 이해도 깊어질 것이다.

주註

제1부 축제가 된 '혁명적 날들'

1) François Furet/Mona Ozouf, *The Critical Dictionary of the French Revolution*, London, Harvard University Press, 1989, pp. 123~124.
2) Jean-Pierre Bois, *Histoire des 14 Juillet 1789~1919*, Rennes, 1991, pp. 17~24.
3) 미슐레는 축제에서 여성과 어린이의 존재를 특히 강조하였다. 그 예로 그는 1793년 8월 10일의 축제성에 대해 부정하면서도 '그래도 그날을 축제답게 만들어준 것은 아이들과 여성들이었다'라고 평가할 정도였다. J. Michelet, *Histoire de la Révolution française*, Paris, Gallimard, 1847, p. 28.
4) Marie-Louise Biver, *Fêtes révolutionnaires à Paris*, Paris, Presses Universitaires de France, 1979, p. 51.
5) A, Soboul, 최갑수 옮김, 『프랑스 대혁명사 上』, 두레, 1984, pp. 214~218.
6) 대혁명 기간에 유행한 혁명적 유행가로서 자세한 내용은 제4부 참조.
7) 이 노래는 스트라스부르에서 루제 드 릴르가 작사, 작곡하여 「라인 주둔군을 위한 군가」로 명명한 것이다. 이후 1792년 파리 연맹제 당시 마르세유 의용군이 파리에 입성 때 부르면서 「라 마르세예즈」가 되었다. 오늘날은 프랑스 국가(國歌)가 되었다. Hervé Luxardo, *Histoire de la Marseillaise*, Paris, Plon, 1989, pp. 11~54.
8) A. Soboul, 앞의 책, pp. 299~305. 테르미도르 이후 티보도(Thibaudeau)는 '그날은 의회주의 원칙의 포기였고, 의회는 스스로의 정통성을 저버렸다'고 회고하였다. F. Furet/M. Ozouf, 앞의 책, p. 132.
9) 이러한 현상을 가리켜 미슐레는 '파리의 정신은 코뮌과 함께 사라졌다'고 한탄하였다. J. Michelet, 앞의 책, p. 780.

10) M. Vovelle, *Les Métamorphoses de la fête en Provence de 1750 à 1820*, Paris, Flammarion, 1976, p. 105.
11) 그 애국주의자들을 '냉장탑 사람들'(glaciéristes)이라고 불렀는데 그 명칭은 아비뇽 교황청의 글라시에르(Glacière) 탑에서 대량학살되었기 때문에 붙여진 이름이다.
12) René Moulinas, "Violences à Avignon: les massacres de la Glacière(octobre 1791)", *Ville et Révolution française*, Lyon, Presses Universitaires de Lyon, 1994, pp. 84~89.
13) M. Vovelle, *La Mentalité révolutionnaire*, Paris, Messidor, 1985, pp. 160~161.
14) 오월수는 전통적 민속 축제인 오월제(5월 1일)에 광장이나 개인 집의 문 앞에 심는 나무로서 메이폴(may pole)이라고도 한다. 오월수에 관한 사료는 국립문서보관소 외에 페리고르(Périgord), 케르시(Quercy), 루에르그(Rouergue)와 같은 각 현 문서보관소의 D XIV 시리즈, 그리고 도르도뉴(Dordogne) 현의 문서보관소 B 시리즈(la série B; 주로 소송기록)에 포함되어 있다. 또한 보충 자료로서 왕이 조사를 위해 파견한 시 위원(commisaire civil)의 보고서들이 추가될 수 있다.
15) 가지가 제거된 앙상한 오월수는 흡사 교수대와 마찬가지로 '폭력'을 상징했지만, 이후 나뭇잎이 풍성한 자유의 나무는 해방과 평화의 기쁨을 상징했다.
16) 전통사회의 오월수도 이런 이중적인 의미를 가지고 있었다. 바라냐크(Varagnac)는 전통사회의 오월수가 한편으로는 재생과 다산을 의미하고, 다른 한편으로는 해방과 저항을 의미한다고 하였다. 작은 신발이나 그릇으로 장식되어 소녀의 집 앞에 세워진 오월수는 전자의 오월수이고, 빵 가마의 소제용 솔 등으로 장식된 오월수는 후자의 오월수이다. 이 외에도 샤리바리에 등장하는 오월수, 즉 뿔 등으로 장식되어 신랑 집 앞에 세워진 오월수, 괴팍한 여성의 집 앞에 세워진 가시돋힌 오월수들도 위협적인 의미를 내포하고 있다. 이처럼 전통사회에서 오월수는 축제의 중심이었다. A. Corvol, "Les arbres de liberté : orignes et transformations", *Actes du 114ᵉ Congrès Nationaux des Sociétés Savantes*, Paris, 1989, pp. 283~285.
17) M. Ozouf, *La fête révolutionnaire 1789~99*, Paris, Gallimard, 1976 pp. 281~294.

제2부 연맹제와 국민 만들기

1) 혁명 초기 농촌의 대공포는 농민들의 약탈과 방화, 폭력으로 촉발된 것이지만 그것을 더욱 부채질한 것은 '귀족의 음모'에 대한 공포와 두려움이었다. 농민들은 귀족들이 언제 '군대'(강도단)를 이끌고 자신들을 반격할지 모른다고 생각했다. 그러한 두려움에 쫓겨 더욱 폭력적으로 귀족의 성을 약탈하고 그들을 살해하였다. 조르주 르페브르, 최갑수 옮김, 『1789년의 대공포』, 까치, 2002, 참조.
2) M. Ozouf, *La fête révolutionnaire 1789~99*, p. 49.
3) M. Ozouf, *La fête révolutionnaire 1789~99*, pp. 49~51.
4) 1790년 겨울, 도시와 도시, 민병대와 민병대 사이에 맺어진 이런 방어조약 의례(연맹적 축제)에 대해 많은 기록들이 남아 있다. 그 기록들에 의하면 이 우애적인 동맹을 표현하기 위해 여러 가지 말이 고안되고 있었음을 알 수 있다. 예를 들면 화합(Union), 화해(réconciliation), 사회조약(pacte social), 도시들의 동맹(coalition de villes), 우애와 애국의 의례, 연맹(fédération) 등이다. 구체제 하에서 거의 사용되지 않았던 연맹이라는 말은 몽테스키외에 의해 잠시 언급된 바 있다. 그는 홀란드 공화국을 구성하고 있던 각 지방들 간의 조약을 언급하면서 연맹이라는 개념을 사용하였다. 마블리 역시 이 말을 공화국과 연결하였다. 따라서 혁명 이전에 연맹(fédération, confédération)이라는 단어는 미국과 스위스 같은 공화국을 설명하는 말로 받아들여지고 있었다. Mably, *Observations sur les lois et le gouvernement des États-Unis d'amérique*, Amsterdam, J. F. Rocard, 1784.(F. Furet/M. Ozouf, 앞의 책, p. 476에서 재인용) 이것이 혁명 초 각 지방 민병대의 우애 조약을 설명하는 말로 채택된 것이다. 많은 논의 끝에 군인들 사이의 우애를 표현하는 말로 '콩페데라시옹'과 '페데라시옹'이라는 말로 좁혀졌지만 사용의 편리함 때문에 후자로 결정되었다. 1793년경 연맹이라는 말은 지롱드파와 같은 지방분권주의자들을 지칭하는 말로 사용되기도 하였다. Marie-Louise Biver, 앞의 책, pp. 75~78.
5) 이때 행렬에 군인들 외에 마을 사람들도 참여했는데 그들의 행진 순서는 지방마다 달랐다. 어떤 지역은 전통적인 직업조합 순서, 즉 의사·재단사·이발사·기와공 등의 순으로 행진했다. 반면 새로운 행진 순서가 발명되기도 했는데, 예를 들면 사회적 위계의 의미를 제거한 어린이 집단과 여성 집단이 그러하다. 여기에 혁신적 연출까지 가해져 남자들은 위계적으로 줄을 지어 행진했지만 어린이와 여성들은 자유스럽게 행진하는 모습까지 보여주었다. 퐁티비(Pontivy)에서처럼 알파벳 순서에 따라 행진하는 지역도 있었다. Marie-Louis Biver, 앞의 책,

p. 82.
6) P. Arches, "Le premier project de fédération nationale", *Annales Historiques de la Revolution Française*(이하 *A. H. R. F.*로 생략), 1956, pp. 225~226. 당시 정부와 국왕은 이 '소란법석'과 국민방위대가 정규군에 미칠 영향을 근심해서 정규군이 연맹제에 참가하는 것에 대해 부정적이었다. 하지만 이 운동을 제어할 힘이 없었다. 결국 6월 4일 전쟁 장관은 '국왕께서 정규군도 애국적 연맹제에 참가해 국민방위대와 함께 왕에게 시민선서를 할 수 있도록 허락하였다'라고 발표하였다. 왕은 연맹제를 특별한 연합체(즉 군인의 연합체)로서가 아니라 공동의 번영을 위한 전 프랑스 인의 의지의 통합으로 인정하였기 때문에 정규군도 참가하지 못할 이유가 없었다는 것이 그의 설명이었다. 이렇게 해서 정규군도 국민방위대와 함께 축제에 참가하였다. A. Sommier, 앞의 책, p. 6.
7) Marie-Louis Biver, 앞의 책, pp. 78~81.
8) M. Ozouf, "Le Cortège et la ville: les itinéraires parisiens des les fêtes révolutionnaires", *A. H. R. F.*, setembre-octobre n° 5, 1971, pp. 889~892.
9) 루앙 시는 연맹제의 장소로 생 줄리앙(Saint-Julien)의 평원을 선택했는데, 그 이유는 대포를 울리면 네 개의 중대가 동시에 조국의 제단을 향해 행진하는 것을 가능하게 할 만큼 넓었기 때문이다. 그런 '동시성'은 통합을 가시적으로 보여줄 수 있었다. 또한 낭시에서도 넓은 평야의 끝 지점에서 동시에 출발한 세 개의 종대가 생 제느비에브의 야산을 올라가는 장면을 연출했는데, 이것 역시 통합을 향한 인간의 진보를 가시적으로 보여주기 위한 것이다. A. Sommier, 앞의 책, p. 86.
10) Daniel Rabreau, "Architecture et fêtes révolutionnaires", *Art Press*, Avesnes-Sur-Helpe, Art Publications, 1789, pp. 52~55.
11) Daniel Rabreau, 앞의 책, pp. 84~86.
12) R. -A. Etilin, "L'architecture et la fête de la Fédération. Paris, 1790", *Les fêtes de la Révolution*, Paris, Société des études robespierristes, 1977, pp. 132~140.
13) 조각상은 관중에게 미치는 영향이 크다고 보고 당국은 연맹제를 개최할 즈음에 승리의 광장에 세워진 왕의 조각상들을 제거하고자 하였다. 조각상의 이런 중요성 때문에 1793년 극성을 부린 반달리즘 운동 때 가장 심한 공격을 받은 것이 조각상들이었다.
14) 연맹제 때 구체제의 화려한 귀족 축제를 반대하며 검소함(modeste)과 단순함이 강조되었다. 그것이 어느 정도였느냐 하면 바스티유 폐허를 어떻게 장식할 것이냐를 논의할 때 '단순한 오벨리스크'를 세우자는 주장이 있었지만 그것도 무시하

고 '여기가 바스티유였다'라는 푯말 하나로 대신할 정도였다.
15) R. -A. Etlin, 앞의 책, pp. 131~132.
16) Jean-Pierre Bois, 앞의 책, pp. 58~60.
17) 이 수치는 좀 과장되었고 당시 파리 인구를 감안하면 10만을 넘지 않았을 것이라고 주장하는 사람들도 있다. Françoise Kermina, "Grandeur et décadence de la fête réolutionnaire", Histoire magazine, n° 22, 1981, p. 17.
18) 뉘네츠는 '손수레의 날들'을 바쿠스제나 혹은 바벨탑에 비유하였다. 이러한 비유에는 민중들의 소란스러운 축제에 대한 편견이 깔려 있다. V. -N. Jouffre, "Le chantier national. Les préparatifs de la Fédération", Fêtes et Révolution, Paris, Aavp-Action Artistique, pp. 62~69.
19) L. -S. Mercier, Le tableau de Paris, Paris, La Découverte, 1998, p. 75.
20) L. -S. Mercier, 앞의 책, p. 70.
21) V. -N. Jouffre, 앞의 책, pp. 62~69.
22) M. Ozouf, La fête révolutionnaire 1789~99, pp. 67~72. 오주프는 조국 대순례를 전통적인 종교적 순례에 비유하며 그것이 프랑스 전 국토를 신성화시켰다고 주장하였다.
23) 노병이 선택된 이유는 연맹제가 전 국민을 아우르는 '일체성의 성격'을 가지고 있음을 보여주기 위한 의도였다. J. -P. Bois, 앞의 책, p. 62.
24) 당시 무레 부인(Madame Mouret)은 행렬의 다양성을 위해 여성들을 참여시키자고 주장했지만 거절되었다. 결국 여성들은 연맹제 행렬에서 제외되었고, 샹 드 마르스의 공식적인 의례가 끝나고 며칠 후 '여성들의 연맹제'가 노트르담에서 조촐하게 거행되었다. J. -P. Bois, 앞의 책, p. 65.
25) 1790년 7월 14일 샹 드 마르스의 영웅은 라파예트였다. 미라보는 라 마르크(La Mark)에게 보내는 한 편지에서 특히 이 점을 비판하며 연맹제의 반혁명적 성격을 지적하였다.
26) A. Sommier, 앞의 책, pp. 60~61.
27) R. -A. Etilin, 앞의 책, pp. 151~154.
28) A. Sommier, 앞의 책, pp. 62~64.
29) A. Sommier, 앞의 책, pp. 64~65.
30) M. Ozouf, La fête révolutionnaire 1789~99, pp. 73~74.
31) H. A. Taine, "Les origines de la France contemporaine 2", La Révolution, tome II, Paris, Hachette, 1878, 참조.
32) 텐느는 대공포 속에 나타난 연맹적 축제와 1790년의 연맹제는 다른 것이라고 주

장한다. 전자는 방어를 위한 자율적 모임이었지만 후자는 이미 정부에 의해 계획되고 의도된 보수적 기념식이다. 그는 국민적 통합이 구현되었다면 그것은 자율적 축제에서 구현된 것이기 때문에 연맹제와는 무관하다고 주장하였다.
33) 특히 1792년의 연맹제는 통합보다는 반(反)군주제적인 감정이 지배하였다. 이런 점에서 뒤리(A. Duruy)는 1790년의 연맹제 이후 다른 연맹제들은 타락했다고 주장하였다.
34) M. Lambert, *Les Fédérations en Franche-Comté et la fête de la Férération 14 juillet 1790*, Paris, Perrin, 1890, p. 251.
35) A. Assmann, 『기억의 공간』, 경북대학교 출판부, 2003, pp. 23~30.

제3부 공화주의를 향한 열망, 샤토비유 축제

1) R. Schneider, *Quatremère de Quincy et son intervention dans les arts, 1788~1830*, Paris, Hachette, 1910, 참조.
2) 시모노 축제의 현학주의를 잘 보여주는 것은 '창에 찔린 상어'의 알레고리다. 여기서 창이 법(法)이고 상어가 인민을 의미하는지, 아니면 창이 인민이고 상어가 군주제를 의미하는지 알 수가 없다. 이렇게 모호한 이미지를 제시하면서 켕시는 그것에 대해 어떠한 설명도 하지 않았다. 뿐만 아니라 시모노 축제에 사용된 무수한 라틴어 문구들에 대해서도 라틴어를 모르는 군중들을 위해 간단한 설명조차 하지 않았다.
3) 예를 들면 교회의 재산관리위원을 연상시키는 섹션 관리들의 검은색 복장, 성경과 성인의 유골함을 연상시키는 법률책, 복사처럼 차려 입은 소년들이 행렬에서 종교적 성격을 파악할 수 있다고 하였다.
4) M. Ozouf, *La fête révolutionnaire 1789~99*, pp. 81~94.
5) *Récit exact de ce qui s'est passé à la fête de la liberté, le 15 avril 1792, l'an quartriéme de la liberté, pour la réception des soldats de Châpteauvieux, unis aux gardes-françoises*, Paris, s. d..
6) 이 장엄하고 화려한 장례식에는 삼색 띠를 두른 성직자들이 참석하였고 여기에 파리 시장 바이이와 국민방위대 사령관인 라파예트가 참석하였다. 그러나 국민방위대 내에서 이 장례식에 반대한 군인들은 참석하지 않았다. *Détail du service qui sera célébré par la garde narionale parisienne, le lundi 20 setembre 1790, dans de camp de la Fédération, en mémoire de nos frères d'armes morts à Nancy pour l'exécution de la loi. Avec l'ordre et la*

marche et un discours ardressé aux gardes nationale françaises et à l'armée parisienne, Paris, 1790; J. -M. Heurault de Lamerville, Récit, envisagé sous le rapport moral, de la cérémonie funèbre qui a eu lieu au champ de la fédération, le 20 setembre 1790, inséré dans le procès-verbal de l'Assemblée nationale, Paris, s. d..

7) 샤토비유 군인을 폭도로 규정하고 처형했던 국민의회는 1791년 9월 '국왕 만세'를 외치며 해산되고 그 이후 입법의회가 소집되었다. 제헌의회가 혁명을 주도한 애국파로 구성되긴 했지만 그들 대부분은 특권의식을 버리지 못한 채 국민개병제(國民皆兵制)의 승인을 거부했으며 국왕에 우호적이었다. 그러나 입법의회는 급진적인 자코뱅파가 진출하여 다수파인 중도파를 장악하고 있어 왕과의 충돌을 예견하고 있었다. 따라서 입법의회는 제헌의회보다 왕과 귀족에 대해 적대적이었다. 샤토비유 군인에 대한 복권 문제가 논의될 당시 외국 군대의 위협이 점차 증대하고 그와 동시에 국민들 사이에는 외국과 내통한 왕과 귀족에 대한 반감이 팽팽했었다. 이런 시대적 배경 속에서 입법의회는 아주 근소한 차이로 샤토비유 군인의 복권을 승인하였다. 당시 복권에 찬성한 의원과 반대한 의원의 명단은 Liste des députes qui ont voté pour ou contre l'admission des soldats de Châteauvieux à la barre, & aux honneur de la séance dans l'Assemblée-nationale, le 8 avril, l'an quatrième de la liberté, Paris, 1792, 참조.

8) 이 시기 출판된 샤토비유 군인의 복권이나 '낭시 사건'을 다룬 팸플릿이나 편지·연설문은 C. Lucas e. d., The French Revolution Research Collection, Section 12, 624~647, 참조.

9) L'ordre, la marche et les cérémonies de l'entrée des soldats de Chaâteau-Vieux, au club des Jacobins, du Manège. Dédié a la gardes nationale, s. l., 1792.

10) Compte rendu par les commissaires des sociétés patriotiques, réunis pour régler la fête de la liberté, s. l. n. d..

11) L'ordre, la marche et les cérémonies de l'entrée des soldats de Château-Vieux, au club des Jacobins, du Manège. Dédié à la gardes nationale, s. l., 1792. 볼테르의 팡테옹 안치식은 자코뱅 클럽의 주최, 국민의회의 승인, 다양한 민중협회의 참여 하에 1791년 7월 11일 거행되었다. 다비드와 켕시가 함께 기획한 그 행렬에는 볼테르가 좋아했던 고전주의 양식이 주로 사용되었다. 볼테르의 안치식은 고대풍의 마차에 그려진 브루투스의 그림과 깨진 백합꽃(군주제 몰락을 상징)이 등장했다는 이유로 공화주의적인 축제로 평가되기도 한다. 그러나

사실 그것은 공화주의 운동을 선동하려는 것이 아니라 오히려 그것을 완화시키기 위한 것이었다. 왜냐하면 라파예트의 세심한 고려로 행렬의 깃발에는 1790년 낭시 사건에서 혁명적 샤토비유 군인들로부터 왕의 연대를 분리시키려고 노력한 낭시의 영웅이며 '온건파'의 순교자로 숭배되던 데질(Desilles) 병사의 모습이 그려져 있었기 때문이다. 그뿐만 아니라 석관에도 법에 복종해야 한다는 글귀들이 적혀 있었는데, 그 법은 5월 9일 통과된 국민 청원권이 금지된 법이었다. 민중들은 입헌군주주의자들의 이러한 세심한 고려를 금방 알아차리지는 못했을 것이다. 그 축제가 있은 지 10일 후 왕의 도주 사건이 발생하자 민중들은 반군주주의적인 감정 속에서 볼테르의 팡테옹 안치식이 지녔던 반혁명적 의도들을 읽어내고 비판하였다. S. Schama, *Citizens*, NewYork, Alfred a. Knopf, 1989, pp. 561~566.

12) 축제의 그림과 조각, 건축을 위해 봉사한 예술가들로 예를 들면 당시 자코뱅 클럽의 회원이었던 다비드와 위베르(Hubert), 게베(Gebet), 축제의 행진을 담당한 탈리앙(Talien)과 상테르(Santerre) 등 축제의 실무자들.

13) *Idée général de la fête civique proposée pour la réception des soldats de Château-Vieux*, Paris, 1792.

14) 구체제 하의 대부분의 축제들에 40~50만 리브르의 비용이 사용된 것에 비해 샤토비유 축제에 사용된 비용은 8천 프랑을 넘기지 않도록 하였다. *Détails de la fête de la liberté qui a eu lieu le dimanche quinze avril l'an IV de la liberté*, [Extrait du Courrier des LXXXIII département] s. l. n. d..

15) *Idée général de la fête civique proposée pour la réception des soldats de Château-Vieux*, Paris, 1792.

16) 당시 발행된 인쇄물에 의하면 샤토비유 축제를 방해하는 세력들은 '왕, 귀족, 그들과 결탁한 외국인, 음모자, 귀족에 매수당한 의원들, 성직자, 라파예트의 친구들, 법의 이름으로 잔인하게 사람을 살해한 사람들, 애국주의의 가면을 쓴 사람들, 온건파(modérés), 무관심주의자(impartiaux)들'로 묘사되어 있다. *Le Coup de grâce des Feuillans ou Les soldats de Château-Vieux traités comme ils le méritent. Dialogue dans lequel est le précis de l'affaire de Nancy et l'ordre de la fête civique des martyrs de la liberté, avec les strophes qui seront chantés aux différentes stations de la cérémonie*, s. l., 1792.

17) 행렬의 경로는 생 탕트완느 교외의 교회→왕국의 문(la porte du Troône)→바스티유 폐허→카푸친 거리→국민의회 광장→생 토노레 거리→루이 15세 광장→튈르리 강변→퐁 루아얄(le Pont Royal)→바크 거리→생 도미니크 거리→

앵발리드→샹 드 마르스의 순이었다. *Idée général de la fête civique proposée pour la réception des soldats de Château-Vieux*, Paris, 1792.

18) 샤토비유 군인의 한 사람으로 처형당할 때 숨을 헐떡이며 '곧 부이에가 배반자임이 드러날 것이다. 국민 만세'라고 외쳤다. *Récit exact de ce qui s'est passé à la fête de la liberté, le 15 avril 1792, l'an quatrième de la liberté, pour la réception des soldats de Châteauvieux, unis aux gardes-françaises*, Paris, s. d..

19) *Détail et ordre de la marche de la fête en l'honneur de la liberté, donnée par le peuple à l'occasion de l'arrivée des soldats de Châteauvieux. Ordre du cortège*, Paris, 1792; *Idée générale de la fête civique proposée pour la réception des soldats de Château-Vieux*, Paris, 1792; *Récit exact de ce qui s'est passé à la fête de la liberté, le 15 avril 1792, l'an quatrième de la liberté, pour la réception des soldats de Châteauvieux, unis aux gardes-françaises*, Paris, s. d..

20) 「사 이라」는 혁명기에 「라 마르세예즈」만큼이나 많이 애창되었던 샹송이다. 특히 그것은 「라 마르세예즈」보다 민중적이어서 민중의 정치적인 시위나 축제에는 빠지지 않았다. 「사 이라」는 1790년 연맹제를 위한 샹 드 마르스의 토목작업 당시 거리의 악사였던 라드레(Ladré)에 의해 만들어졌다고 하지만 실제로는 혁명 이전부터 내려온 춤곡에 그가 가사를 붙인 것이었다. 얼마 후 그 가사는 '귀족을 교수대로 보내자'라는 폭력적인 가사로 바뀌었는데, 샤토비유 축제에서 불려진 것도 이 개작된 「사 이라」였다.

21) M. Ozouf, *La fête révolutionnaire 1789~99*, p. 82에서 재인용.

22) 인류학자 터너(V. Turner)는 일상과 대비되는 종교적이고 신성한 축제의 순간을 리미널리티(Liminality) 단계라고 칭하고, 이러한 단계에 머물러 있는 사람들이나 그들이 모여 있는 상황과 공간을 코뮤니타스(Communitas)라고 불렀다. 코뮤니티(Community)가 지역적·공간적 의미만을 가지는 반면 코뮤니타스는 시간적·공간적 의미까지 포괄한 이상적 축제 공동체이다. 류정아, 『축제인류학』, 서울, 살림, 2003, p. 17.

23) 전통 사회의 카니발에서 광인과 광대, 바보는 축제의 중심이었다. 그들은 흔히 '카니발의 왕'이라고도 불렸는데 카니발 주간에 들어가기 직전에 마을별로 혹은 단체별로 선발되어 그해의 카니발을 주관하였다. 특히 광인들은 행렬 중에 익살스럽고 우스꽝스러운 변장을 하고 정치적·종교적 풍자가 섞인 언변을 늘어놓았다. 1793년 말부터 1794년 봄까지 절정을 이룬 민중축제에서 이런 전통적인 카

니발 관행이 부활하였는데, '당나귀를 탄 광인'의 존재는 당시 민중축제의 중요한 표지였다. J. Heer, *Fêtes des fous et carnavals*, Paris, Fayard, 1983.
24) *Détails de la fête de la liberté qui a eu lieu le dimanche quinze avril l'an IV de la libérté*, [Extrait du Courrier des LXXXIII département], s. l. n. d..
25) M. Ozouf, *La fête révolutionnaire 1789~99*, p. 82에서 재인용.
26) *Récit exact de ce qui s'est passé à la fête de la liberté, le 15 avril 1792, l'an quartrième de la liberté, pour la réception des soldats de Châteauvieux, unis aux gardes-françaises*, Paris, s. d..
27) *Adresse aux citoyens du faubourg Saint-Antoine, lue à la séance du 23 avril 1792*, Paris, 1792.
28) 오주프는 샤토비유 축제와 시모노 축제가 모두 자유를 주장하였기 때문에 그들의 정치적 차이에도 불구하고 동일한 축제라고 주장하였다. 그녀는 샤토비유 축제와 시모노 축제에서 사용된 상징들이 동일하다고 보았다. 바스티유 모형, 84개 도의 상징, 자유의 모자, 법의 책, 비슷한 고대풍의 마차에 올라탄 자유의 여신 등이 그렇다고 한다. 그 외에도 그는 샤토비유 축제를 기획한 다비드와 시모노 축제를 기획한 켕시는 모두 신고전주의적 경향을 가지고 있어 두 축제는 사실상 미학적 차이도 없다고 주장하였다. M. Ozouf, *La fête révolutionnaire 1789~99*, pp. 90~94.
29) M. Ozouf, *La fête révolutionnaire 1789~99*, pp. 85~88.
30) *Idèe général de la fête civique proposée pour la réception des soldats de Château-Vieux*, Paris, 1792.
31) *Récit exact de ce qui s'est passé à la fête de la liberté, le 15 avril 1792, l'an quartrième de la liberté, pour la réception des soldats de Châteauvieux, unis aux gardes-françaises*, Paris, s. d..
32) *Détails de la fête de la liberté qui a eu lieu le dimanche quinze avril l'an IV de la liberté*, [Extrait du Courrier des LXXXIII département], s. l. n. d..
33) M. Ozouf, *La fête révolutionnaire 1789~99*.
34) *Adresse aux citoyens du fauxbourg Saint-Antoine, lue à la séance du 23 avril 1792*, Paris, 1792.
35) M. Ozouf, *La fête révolutionnaire 1789~99*.
36) *Le Coup de grâce des Feuillans ou Les soldats de Château-Vieux traités comme ils le méritent. Dialogue dans lequel est le précis de l'affaire de Nancy et l'ordre de la fête civique des martyrs de la liberté, avec les stro-*

phes qui seront chantés aux différentes stations de la cérémonie, s. l., 1792.
37) R. Monnier, "Républicanisme et révolution française", French Historical Studies, vol. 26, no. 1, 2003, p. 88.
38) Condorcet, "Art, amis de la liberté, sur les moyens d'en assurer la durée", Journal de la Société de 1789 Paris, EDHIS, 1982, p. 3.
39) R. Monnier, 앞의 책, p. 105에서 재인용.
40) Oeuvres de Maximilien Robespierre, no. 7, Paris, Presses Universitaires de France, 1952, p. 552.
41) R. Monnier, 앞의 책, p. 109.
42) R. Monnier, 앞의 책, pp. 112~118.
43) P. Gueniffey, "Cordelier et gironds: la préhistoire de la république?", F. Furet & M. Ozouf, ed., Le siècle de l'avénement républicain, Paris, Gallimard, 1993, pp. 201~202.
44) 1790년 2월 2일 가난한 초등학교 교사 당사르(Dansard)가 설립한 최초의 민중협회였다. 그는 제헌동지회가 위치한 자코뱅 수도원의 한 방을 빌려 소장인과 소상인을 모아놓고 국민의회의 법령을 읽어주고 그것을 해석해주곤 하였다. 이세희,『프랑스革命期 파리民衆協會硏究』, 경북대 박사학위논문, 1988, p. 44.
45) 혁명 초 프랑스의 공화주의에는 두 가지 흐름이 있었다. 하나는 직접민주주의를 주장한 코르들리에 클럽의 라비콩트리와 로베르 등 급진적 공화주의자들이고, 다른 하나는 대의제를 주장한 사회 서클이나 미덕 동지회의 콩도르세와 브리소 등 온건한 공화주의자들이었다. 급진적 공화주의자들은 국민의회의 인권 침해적인 제 입법(왕의 거부권)에 맞서 국민주권과 민주주의를 주장하며 저항하였다. 바렌느 사건 이후 급진적 공화주의자들이 적극적인 공화주의 운동을 편 반면, 지롱드파로 결집된 온건한 공화주의자들은 소극적이고 주저하는 태도를 보였다. 한편 자코뱅 클럽은 바렌느 사건 이후 공화주의 운동의 새로운 중심으로 성장하였다. P. Gueniffey, 앞의 책, pp. 197~201.
46) A. Mathiez, "Marat, père des sociétés fraternelles", Annales Révolutionnaires, Tom. 1, Paris, 1908, p. 663.
47) 이세희, 앞의 책, pp. 44~48.
48) S. Schama, 앞의 책, p. 605.
49) M. Usandivaras, "Le sentiment républicain dans le théâtre français de 1789 à 1792", M. Vovelle, ed., Révolution et République, l'Exception Française,

Paris, 1994, pp. 145~152.
50) E. Liris, "De la république officieuse aux officielles", M. Vovelle, ed., *Révolution et République, l'Exception Française*, p. 368.
51) A. Jourdan, "L'Allégorie révolutionnaire de la liberté à la république", *Dix-Huitième Siècle*, no. 27, 1995, pp. 503~532.
52) L. Hunt, *Politics, Culture, and Class in the French Revolution*, London, Methuen & Co. Ltd, 1986, pp. 92~93.
53) L. Hunt, "Pourquoi la république est-elle une femme?", M. Vovelle, ed., *Révolution et République, l'Exception Française*, p. 361.

제4부 혁명의 서사, 8월 10일의 축제

1) 이 외에도 화합의 축제(fête de la Réunion), 프랑스 인의 재생을 위한 축제(fête de la Régénération des Français), 헌법의 축제(fête de la Constitution)라고도 불리며 심지어 연맹제(fédération)라고도 불린다.
2) L. Hautecoeur, *Histoire de l'architecture classique en France(1789~1815)*, Vol. 5, Paris, A. et J. Picard, 1943~57, pp. 123~125.
3) M. Vovelle, "10 août 1793, la fête de l'Unité et de l'Indivisibilité de la République", *Historia*, août, 1987, pp. 75~81.
4) M. Ozouf, *La fête révolutionnaire 1789~99*, p. 99. 라카날의 8월 10일의 축제 계획은 국민방위대와 군인(militaires)을 파리에 소환하는 형식이었는데, 이전의 연맹제와 다른 점이 있다면 연맹제라는 말 대신에 화합(Réunion)이라는 용어를 사용한 것이다. 왜냐하면 연맹주의자들이 프랑스의 곳곳에서 반혁명적 봉기를 일으키는 상황에서 오해를 최소화하기 위해서였다.
5) M. -L. Biver, 앞의 책, p. 68.
6) 이태리 인의 거리(Boulevard des Italiens)라고도 함.
7) J. Ayoub et M. Gernon(ed.), *Procès-verbaux du Comité d'Instrction Publiaue de la Convention Nationale IV*, Paris, 1997, pp. 56~59.
8) J. Ayoub et M. Gernon(ed.), 앞의 책, p. 55.
9) 7월 11일의 법령에는 비용이 55만 리브르였지만 나중에 120만 리브르로 증가하였고, 준비위원도 두 명에서 세 명으로 증가하였다. J. Ayoub et M. Gernon, p. 55.
10) 툴롱 탈환을 위한 시민 축제에 사용된 경비가 23만 리브르였던 것에 비하면 이것

은 엄청난 액수였다.
11) J. Michelet, 앞의 책, pp. 537~538.
12) J. Ayoub et M. Gernon(ed.), 앞의 책, pp. 196~197.
13) P. Manneille, "Les fêtes de la Révolution et la vie théâtrale à Rouen et au Havre", *Annales de Normandie*, no. 1, 1996, p. 41.
14) 이때 사용된 '혁명의 잔'은 시민 뒤드방(Brutus Dudevant)이 여행 중에 조국의 제단에 봉헌한 값비싼 고대풍의 잔이었다. 이 잔을 축제에 사용하자는 제안이 받아들여지면서 이날 사용하게 되었다. P. Manneille, 앞의 책, p. 218.
15) A. de Contades, *Hérault de Séchelles ou la Révolution fraternelle*, Paris, Perrin, 1978. M. -L. Biver, 앞의 책, p. 71에서 재인용.
16) J. Ayoub et M. Gernon(ed.), 앞의 책, p. 58.
17) A. de Contades, 앞의 책. M. -L. Biver, 앞의 책, p. 71에서 재인용.
18) 축제의 진행은 J. Ayoub et M. Gernon(ed.), 앞의 책과 *le Recueil complet de tout ce qui s'est pasé à la fête de l'Unité et l'Indivisibilité de la République Française*, Paris, s. d.를 참조해 재구성하였다.
19) 상연하기로 예정된 연극의 제목은 「릴 시의 폭격」(Le bombardement de Lille)이었다.
20) G. Duplessis, *Mémoires et journal de J. G. Wille, Graveur du Roi, d'après les Manuscrits autographes de la Bibliothèque Impériale*, Paris, 1857, p. 69.
21) M. Ozouf, *La fête révolutionnaire 1789~99*, pp. 294~303.
22) 이에 비해 전통 사회의 축제는 마을과 도시의 청년 집단을 중심으로 진행되었으며 행렬의 순서도 사회적 신분이나 직업에 의해 결정되었다. J. Heer, *Fêtes des fous et carnavals*, Paris, 1983; Y. -M. Bercé, *Fête et révolte: Des mentalités populaires du XVIe au XVIIIe siècle*, Paris, 1994, 참조.
23) M. Ozouf, "Symboles et fonction des âges dans les fêtes de l'époque révolutionnaire", *A. H. R. F.*, no. 201, 1970, pp. 589~561.
24) F. Kermina, "Grandeur et décadence de la fête révolutionnaire", *Histoire Magazine*, no. 7, 1981, p. 17.
25) 린 헌트, 조한욱 옮김, 『프랑스혁명의 가족 로망스』, 서울, 새물결, 1999, pp. 212~224.
26) 왜냐하면 혁명 광장은 루이 16세를 처형시킴으로써 그의 신체를 소멸시킨 장소이기 때문이다.

27) M. Ozouf, *La fête révolutionnaire 1789~99*, pp. 185~186.
28) M. Ozouf, "Le simulacre et la fête révolutionnaire", *Les fêtes de la Révolution*, pp. 323~344.
29) 곤봉은 그것이 누구의 손에 들려 있든지 간에 그 자체로 민중의 힘을 상징하였다. 예를 들어 1792년 샤토비유 축제에서 곤봉을 든 '자유의 여성'과 그해 시모노 축제에서 왕홀을 든 '자유의 여성'은 의미가 다를 수밖에 없다. 전자가 훨씬 더 민중 편에 가깝다고 할 수 있다.
30) L. Hunt, "Hercules and the Radical Image in the French Revolution", Jack R. Censer(ed.), *The French Revolution and Intellectual History*, Chicago, 1989, p. 172.
31) A. Jourdan, 앞의 책, pp. 513~514.
32) M. -L. Biver, 앞의 책, p. 72.
33) R. Maillard (ed.), *Chronicle of the French Revolution 1789~99*, New York, 1988, pp. 351~357.
34) 1793년 7월 13일 마라가 암살되면서 그를 '자유의 순교자'로 숭배하기 위한 장례제와 연극이 전 프랑스와 파리의 섹션들에서 경쟁적으로 일어났다. 민중협회가 주관한 이러한 장례제와 연극은 정부를 비판하고 폭력을 선동하는 무대가 되었다. 대개 그것들은 풍부한 카니발적인 표현양식과 연극적이고 비합리적인 테크닉, 격렬하고 과장된 해학과 야유, 즉흥적이고 폭력적인 이벤트 등을 사용해 마라의 복수를 주장하며 혁명정부를 비난하였다. 로베스피에르는 민중적 소요의 중심이 되고 있던 이러한 연극적 예배를 철저하게 억압하였다. 윤선자, 「프랑스 대혁명기의 민중축제와 엘리트축제에 관한 연구」, 고대 박사학위 논문, 2002, p. 76.
35) J. Ayoub et M. Gernon(ed.), 앞의 책, p. 162.
36) 1793년 7월 14일의 연맹제는 방데 전쟁과 외국의 위협 등 위기 상황으로 인해 연기되었고 실제 당일 공회에서는 정상적인 회기가 진행되고 있었다. 회의 진행 도중 마라의 암살에 대한 소식이 전해졌다. 회의장은 금방 술렁거리기 시작했고, 일부 과격한 의원들은 상실감을 토로하며 마라의 복수를 주장하였다. 그대로라면 다가오는 8월 10일의 축제는 마라의 복수를 테마로 한 축제가 될 것 같았다. 하지만 그때 침착한 의원인 쇼메트는 '파리 시민들은 전제 군주제를 몰락시키면서 자유를 외쳤고 그런 그들이 오늘 이 헌법을 승인하고 공포하였다'라고 주장하며 축제의 중심적인 테마는 헌법이라는 것을 상기시켰다. J. -P. Bois, 앞의 책, pp. 77~80.

37) 하나는 '국민 박물관'(musée des nations)이라고 불린 루브르 박물관(l'universel Musée du Louvre)으로서 그림이나 조각과 같은 예술 작품이 전시되었고, 다른 하나는 프랑스 박물관(musée de la France)이라고 불린 프랑스 기념물 박물관(le Musée des monuments français)으로서 교회나 수도원, 궁정에서 가져온 각종 보물과 유물이 전시되었다. J. Michelet, 앞의 책, p. 539.
38) J. Ayoub et M. Gernon(ed.), 앞의 책, pp. 213~216.
39) J. Michelet, 앞의 책, pp. 539~532.

제5부 공화력과 새로운 축제가 등장하다

1) J. Gaulmier, "Cabanis et son discours sur les fêtes nationales(1791)", Les fetes de la Révolution, pp. 479~482.
2) 이런 급진적인 비기독교화 조치는 성직자들을 지롱드파에 가담하게 만들었다. 이후 지롱드파에 가담한 성직자들은 혁명 대열에서 이탈해 지방 곳곳에서 지롱드파와 함께 반혁명적 봉기를 주도하였다.
3) 비기독교화 운동에서 파견위원들의 역할이 중요하기 했지만 일반적인 현상이었다고 할 수는 없다. 그것은 파견위원 개인의 성향과 그 지역 민중운동과의 관계 속에서 다양하게 나타났다. 예를 들면 가르(Gard)와 에롤(Hérault)의 부아세(Boisset)처럼 온건한 파견위원도 있었고, 앵(Ain)과 몽 블랑(Mont-Blanc)의 알비트(Albitte), 알리에(Allier)와 니에브르(Niévre)의 푸셰(Fouché), 루아르(Loire)의 자보그(Javogues)처럼 과격한 파견위원도 있었다. 전통적 역사학자들은 비기독교화 운동은 '위로부터 지도된 그리고 다소 민중적 투사에 의해 중계된 정치적 조작'이라고 주장한다. 예를 들어 조레스는 '중요한 날에 그 지방의 민중은 그 자리에 없었고 따라서 비기독교화 운동은 이방인에 의해 주도되었다'라고 지적하였고, 마조릭은 그것을 '자코뱅파가 주도한 문화적 혁명'으로 해석했다. 비기독교화 운동의 주체(acteur)에 관한 최근의 연구에 의하면, 그것은 '몇몇 상퀼로트에 의해 주도된 그들의 심오한 열망의 표현'이었다고 한다. 이 역시 비기독교화 운동의 중심이 민중조직이지 실제 대다수 민중은 아니었다는 말이다. A. Soboul, La civilisation et la Révolution française, Paris, Arthaud, 1982, p. 415.
4) 비기독교화 운동이란 용어는 1840년대 뒤팡루(Dupanloup) 주교에 의해 처음으로 사용되었다. 그것은 소극적으로는 기독교에 대한 무관심, 적극적으로는 기독교를 비판하고 금지했던 운동으로 구체제 하에서부터 점진적으로 나타나기 시

작해 대혁명 시기 공화력 2년에 절정을 이루었다. 특히 혁명기의 비기독교화 운동은 종교적 상징을 제거하고 교회를 폐쇄하는 '부정적 비기독교화 운동'과 새로운 예배를 만들려는 '건설적 비기독교화 운동'의 두 가지 모습으로 나타났다. 그리고 비기독교화 운동을 일으킨 주체는 혁명정부와 상퀼로트 모두 해당된다. 백인호, "프랑스 혁명기 혁명력 2년의 비기독교화 운동", 『서양사론』, 제40호, 1993, pp. 74~75.

5) 비기독교화 운동의 경제적 동기는 마르크시스트 역사가 게랭이 특히 강조하였다. 그에 의하면 첨예한 경제적 투쟁은 좀더 온건한 정치적 투쟁으로 전환하기 위해 에베르파가 일으킨 운동이었다. 그리고 그는 (부르주아들이 주도한) 비기독교화 운동이 실패한 이유는 그들이 지상에서의 행복을 보장해주지 못했기 때문이라고 주장했다. 왜냐하면 그로 인해 민중들은 다시 내세의 행복, 종교적 위안(전통적 종교)에 의지했기 때문이다. D. Guérin, *Bourgeois et bras-nus: la guerre sociale sous la révolution 1793~95*, Paris, Nuits rouges, 1998, pp. 149~151.

6) A. Soboul, 앞의 책, pp. 412~418.

7) H. Monin, "Le Discours de Mirabeau sur les fêtes publiques(oeuvre postumé)", *La Révolution française 25*, 1893, pp. 215~216.

8) 랑테나스(Lanthénas)는 이성과 법을 위한 예배를 확립하기 위해서는 의회의 법령에 의해 각 지구(canton)에 정치적, 사회적 교회, 즉 민중협회를 설립해야 한다고 주장하였다. 이때 민중협회는 민중들에게 법과 도덕, 정치를 '설교'해야 한다. 더 나아가 그는 지구와 구역(district), 도의 민중협회들을 결합해 '보편교회'을 만들어야 하며, 이런 제도에 의해서만 인민을 재생시킬 수 있다고 주장하였다. H. Monin, 앞의 책, p. 105.

9) G. Romme, *Rapport surl'ère de la République*, Paris Imp. nat., s.d.

10) 방데미에르 1일 축제의 자연주의적 경향은 오리야크(Aurillac)의 캉탈(Cantal) 자치시가 기획한 행렬을 통해 직접 확인할 수 있다. 그날의 행렬에는 열두 마리의 말이 끄는 화려한 태양의 마차가 있고 그 앞에는 황도대의 상징과 새로운 구분법에 의한 시간의 알레고리들이 있었다. 그와 함께 낮을 상징하는 흰옷을 입은 젊은 여성과 밤을 상징하는 검은 베일을 쓴 젊은 여성이 행진했다. 마차 위에서는 베일을 쓰고 잠든, 가끔 단순한 운동을 하는 프랑스의 수호신이 있었다. 시 관리가 이 행진을 이끌었고 민중들은 섹션과 성, 나이별로 구분되어 행진했다. 그리고 아이들과 여성들은 아직 불완전한 탄생의 표시로 베일을 쓰고 있었다.

11) 파브르 데글랑탱의 회고에 의하면, 이 기이한 여론 축제의 날에 시민들은 합법적

으로 관리의 행동과 인격에 대해 평가할 수 있었다. 프랑스 인들은 마음껏 상상력을 활용해 이 평가 작업에 참여했다. 이날 프랑스 인들은 어떠한 방법에 의해서든 자유롭게 비판할 수 있었다. 즉 노래와 암시(allusion), 캐리커처, 풍자 등이 모두 사용되었고 그것들에 의해 관리들은 조롱과 경멸을 받았다고 한다. 그런데 이 발상은 전혀 참신하거나 혁신적이지 않다. 왜냐하면 전통적인 광인의 축제 혹은 십일제와 똑같기 때문이다.

12) A. Soboul, 앞의 책, pp. 418~422.
13) M. Ozouf, *La fête révolutionnaire 1789~99*, pp. 193~198.
14) Eviatar Zerubavel, "달력과 역사: 국가 기억의 사회적 조직화에 관한 연구", 『국가와 기억』, 민주화운동기념사업회, 2006, p. 367.

제6부 부활하는 민중들의 카니발 관행

1) 알베르 소부울, 최갑수 옮김, 『프랑스 大革命史』上, 서울, 두레, 1984, p. 241.
2) F. -A. Aulard, *Le culte de la Raison et le culte de l'Être suprême, 1793~94*, Paris, Alcan, 1904, pp. 26~30.
3) 이성의 축제에 사용된 마리 조셉 셰니에의 찬송가에는 숭배의 대상이 '자연의 딸, 자유(Descends, ô Liberté, fille de la Nature)'라고 되어 있다. F. A. Aulard, 앞의 책, pp. 54~55. 따라서 기욤(Guillaume)은 기록상의 오류나 역사가들의 오해에 의해 '자유의 축제'가 '이성의 축제'로 알려지게 되었다고 주장하면서, 그는 그 점을 축제의 준비 과정과 찬송가, 오페라 각본 등을 분석해 증명하였다. J. Guillaume, "La déesse de la Liberté à la fête du 20 brumaire an II", *La Révolution française*, 1899, 참조.
4) M. Ozouf, *La fête révolutionnaire 1789~99*, p. 115.
5) 이성의 축제는 최고 존재의 축제에 비해 지방마다 매우 다양하고 자율적으로 진행되었다. 예를 들면 국경 지방인 스트라스부르의 이성의 축제는 좀더 애국적이었고, 열정적인 남부 지방의 이성의 축제는 좀더 과격했으며, 보수적인 서부 지방의 이성의 축제는 좀더 차분했다. 그리고 샤르트르 지방의 이성의 축제는 연극적인 성격이 유독 강했다. M. Ozouf, *La fête révolutionnaire 1789~99*, pp. 125~190.
6) Martine Boiteaux, "Fêtes et Révolution des célébrations aux commémorations", *les Annales des Recherches urbains*, n°7, 1989, pp. 341~343.
7) Moniteur du 3 prairial an II, p. 968. J. Ayoub et M. Gernon(ed.), 앞의 책,

pp. 231~232에서 재인용.
8) 메르시에는 이성의 축제를 '웃음거리와 아이러니, 놀이에 비유했고, 비기독교주의자들의 사임 요구를 거절한 그레구아르 신부를 괴기적 형태'라고 비난했다. F. A. Aulard, 앞의 책, pp. 98~97.
9) 퀴네는 이성의 축제의 인위적이고 비종교적인 성격은 여성 배우의 사용에서 절정을 이루었다고 보았다. 그는 '한 시간 후 그 여성의 신성은 제거되었고, 그녀는 그저 평범한 여배우에 불과했다'라고 주장하였다. E. Quinet, *La Révolution*, Paris, A. Lacroix, Verboeckhoven, 1865, 참조.
10) Judith Schlanger, "Théâtre révolutionnaire et representation du bien", *Poétique, Revue de théorie et d'analyse littéraire*, no. 22, 1975, pp. 210~213. 이성의 축제는 사실 「자유에 대한 봉헌」(Offrande à la Liberté)이라는 오페라 각본에 근거해 진행되었다. 그러나 실제 축제는 각본보다 표현과 연출에 있어 훨씬 복잡하였다. J. Guillaume, 앞의 책, p. 309.
11) D. Guérin, 앞의 책, pp. 173~175.
12) D. Guérin, 앞의 책, pp. 68~69.
13) A. de Baecque, "《Les ris et les pleurs》. Spectacle des affections 1790~91", *Fêtes et Révolution*, pp. 153~155.
14) 1792년은 죽음이 혁명기 축제의 중심이 된 해이다. 미라보와 볼테르의 팡테옹 안치식, 샤토비유 축제와 시모노 축제 등이 치러졌다. 이 시기 장례식에는 프리메이슨의 영향을 받아 피라미드, 축 늘어진 괴인면(mascaron), 왕관, 실편백 등이 많이 등장했다. 그리고 장례식에는 알레고리보다는 사실적인 상처나 피 묻은 옷 등 표현주의가 주로 사용되었다.
15) F. -A. Aulard, "Les cendres de Mirabrau", *La Révolution française*, 1890, pp. 340~341.
16) 당시 미라보가 독살되었다는 소문이 퍼지면서 그것을 확인하기 위해 해부가 이루어졌다. 해부의 결과 역시 인쇄되어 각 협회와 클럽에 신속하게 전달되었다.
17) 그중에서 생 우스타슈(Saint-Eustache) 성당에서 거행된 장례 미사는 혼란과 비극 속에서 거행되었다. 미라보의 모의 시신이 교회 중앙에 안치되는 순간 국민방위대가 발사한 예포의 충격으로 원형 천장의 일부가 떨어졌다. 그 천정의 파편을 맞고 한 유탄병이 숨지는 사고가 발생해 교회는 순식간에 아수라장이 되고 미라보의 장례식은 피의 축제가 되었다. A. de Baecque, 앞의 책, pp. 153~155.
18) 르펠르티에는 왕의 처형된 직후 왕당파에 의해 암살되었고, 샬리에는 리옹의 반혁명적인 봉기 때 지롱드파에 의해 암살되었다. 샬리에가 특히 리옹에서 많이 숭

배된 것에 비해 르펠르티에와 마라는 전국적으로 숭배되었다.

19) A. Soboul, "Sentiment religieux et Cultes populaires pendant La Révolution : Saintes patriotes et martyrs de la libertés", p. 200.

20) *Fête sans-culottide des récompenses. Les détails, l'ordre et la marche de toutes les cérémonies qui doivent être observées à la translation des cendres de l'Ami du Peuple au Panthéon français*, Paris, s.d.

21) *Description de la pompe funèbre au mâmes de Marat le 18 vendémiaire an II*, Paris, 1793.

22) Tournant, "Compte-Rendu de la fête à la Raison et l'inauguration des Bustes des Matyrs de la Liberté", *Bulletin de la Société Historique et archéologique de Corbeil d'Étampes et du Hurepoix*, 17^{e}année, 1911, pp. 257~259.

23) 이 찬송가는 마라와 예수를 나란히 놓음으로써 그 둘을 동질화시키고 있다.

24) A. Soboul, "Sentiment religieux et Cultes populaires pendant La Révolution : Saintes patriotes et martyrs de la libertés", pp. 201~204. 소불은 '애국적 성인을 위한 예배'와 '자유의 순교자의 예배'를 구별하고, 전자는 정치적 성격보다는 종교적 성격이 강한 것으로, 후자는 정치적 성격이 강한 것으로 평가했다. 하지만 비록 자유의 순교자의 예배에서 정치적인 성격이 있다고 하더라고 그것은 민중 투사들에 의해 강조된 것이고 일반 민중들은 종교적 심성을 가지고 있었다고 주장하였다.

25) F. Furet/M. Ozouf, 앞의 책, pp. 563~564.

26) 실제 마라가 죽은 후 마라를 숭배하는 장례 행렬이나 예배와 함께 그의 죽음과 숭배를 테마로 한 수많은 연극이 상연되었는데, 그것은 장례식과 형식과 내용 면에서 매우 유사하였다. 연극들은 대부분 장례식을 그대로 모방한 것이어서 어느 것이 장례식이고 어느 것이 연극 공연인지 구별하기 어려울 지경이었다.

27) 보우망은 마라의 신성화는 혁명 당시보다는 오히려 혁명 이후에 나타났다고 주장했다. 특히 1847년 신비적 사회주의자인 에스키로(A. Esquiros)에 의해 혁명적 예배의 종교적 성격이 강조되었다고 주장하였다. 19세기 이후 올라르는 혁명적 예배의 종교적 성격을 부인했지만, 마티에는 사회적 종교 형태로 인정했다. F. P. Bowman, "Le 'Sacré-Coeur' de Marat", *Les fêtes de la Révolution*, pp. 155~157.

28) Louis David, *Rapport sur la Fête Héroïque pour les bonneurs du Panthéon à décerner aux jeunes Bara et Viala.* […], Paris, Imp. nat., s.d..

29) M. Ozouf, "Le simulacre et la fête révolutinnaire", pp. 351~353.
30) 메르시에는 반축제의 예로서 루이 16세를 둘러싸고 진행된 '죽음의 축제' 외에 루소와 르펠르티에의 팡테옹 안치식, 이성의 축제, 테르미도르의 10일의 축제를 첨가하였다. L. -S. Mercier, *Paris pendant la Révolution(1789~98) ou la Nouveau Paris*, 2 volumes, Paris, 1862, p. 84.
31) C. Lafarge, "L'anti-fête du Nouveau Paris de L. -S. Mercier(1799)", *Les fêtes de la Révolution*, p. 514.
32) 고대 로마의 서민들이 쓰던 모자.
33) Barère, *Mémoire*, Paris, J. Labitte, 1842~44. M. Ozouf, "Le simulacre et la fête révolutinnaire", p. 352에서 재인용.
34) C. Lafarge, 위의 책, pp. 508~536.
35) 막대 꼭대기에 상품들을 달아놓고 경주해서 따게 하는 프랑스의 전통적인 민속놀이. 카니발 축제 때 많이 하였다.
36) C.-M. Bosseno, "Acteurs et spectateurs dans la fêtes officielles", *Fêtes et Révolutions*, pp. 112~139.
37) M. Ozouf, "Le simulacre et la fête révolutinnaire", pp. 347~349.
38) C. Bourrier-Reynaud, "La mascarade anti-religieuse d'Etrevaux en Pluviose an II", *Actes du 114e Congres National des Sociétés Savantes*, Paris, 1989, pp. 223~225.
39) R. Cobb, *Les armées révolutionnatres* Paris, La Haye, Mouton et Cie, 1961~63, p. 161.
40) 이에 관해 오주프는 '프로이트는 아버지를 동물적 형상과 비교하는 아동의 심리를 강조했는데, 이것을 혁명기의 집단 심리와 비교해보는 것도 흥미 있는 일'이라고 지적한 바 있다. Michel de Certeau, *Histoire et psychanalyse entre science et fiction*, Paris, folio, 1986, pp. 72~75.
41) J. Dhers, "La déesse Raison du Mont Unité", *Revue de Comminges*, 1960. M. Ozouf, *La fête révolutionnaire 1789~99*, p. 104에서 재인용.
42) M. Vovelle, *La mentalité révolutionnaire*, p. 169.
43) Chantier Humbert, "Le théâtre dans la rue: les fête de la Révolution", *La Gazette sous l'Hôtel Drout*, n° 30, 1989, pp. 264~265.
44) Mikhaïl Bakhtine, *L'oeuvre de françois rabelais et la culture populaire au moyen âge et sour la renaissance*, Paris, Galimard, 1970, 참조.
45) J. Annat, *Les Sociétés populaires*, Pau, Lescher-Montoué, 1940. M. Ozouf,

La fête révolutionnaire, p. 103에서 재인용.
46) E. Roy, *La Société populaire de Montignac pendant la Révolution*, Bordeaux, Delagrange, 1988. M. Ozouf, *La fête révolutionnaire 1789~99*, p. 104에서 재인용.
47) M. Vovelle, *La mentalité révolutionnaire*, pp. 177~184.
48) 프로방스 지방에서 카니발 주간에 전통적으로 사용된 민속인형.
49) 비기독교적인 카니발 축제에는 전통적 요소도 많이 있었지만 거기에는 지역과 시기에 따라 현재의 정치적 성격이 반영되었다. 대유럽동맹과의 전쟁이 한창인 국경 지역에는 유럽 왕들의 마네킹, 반혁명적인 서부 지역에서는 귀족들의 마네킹, 루이 16세가 처형될 당시에는 특히 왕의 마네킹이 많이 등장했다. 보벨은 이러한 현상을 혁명기 민속축제의 '정치화'(politisation) 혹은 '문화변이현상'(acculturation)으로 설명하였다. M. Vovelle, "Les autodafé des personnes royales dans les mascarades de l'an II" *combats pour la révolution française*, Paris, Édition La Découverte, 1993, p. 316.
50) René Girard, La Violence et le Sacré, Paris, 1972, p. 43.
51) René Girard, 앞의 책, pp. 130~169.

제7부 최고 존재의 축제와 공화국 이념

1) 공포정치 하에서 파리 코뮌은 로베스피에르의 영향 하에 있었다.
2) J. Ayoub et M. Gernon(ed.), 앞의 책, pp. 222~223.
3) 로베스피에르의 「플로레알 18일의 보고서」는 그 다음날 정부의 공식 잡지인 『모니퇴르』지에 실렸다.
4) M. Robespierre, *Rapport······sur les rapports des idées religieuses et morales avec les principes républicains, et sur les fêtes nationales······*, Paris, Imp. nat., n.d..
5) M. Robespierre, 앞의 책.
6) J. Ayoub et M. Gernon(ed.), 앞의 책, p. 230.
7) 물론 그렇다고 로베스피에르가 가톨릭 교회를 옹호한 것은 아니었다. 그에게 가톨릭 교회는 공화국의 시민종교가 되기에는 너무 부패되어 있었다. 그는 '자연의 신(최고 존재의 신)과 성직자들의 신은 얼마나 다른가! … 성직자들은 최고 존재의 모습을 너무나 왜곡시켜왔다 … 최고 존재의 참된 성직자는 자연이다. 그의 교회는 우주이다. 그의 숭배는 덕이며, 그의 축제는 모든 사람의 유대를 새롭게

한다. 최고 존재의 축제는 감사에 찬 순수한 마음의 경배를 바치기 위해 그의 앞에 모여든 위대한 인민들의 축제이다"라고 주장하며 가톨릭과 자신의 최고 존재의 축제가 다름을 강조하였다. 한정숙, "M 로베스피에르의 종교관과 종교정책", 『경희사학』, 제18호, p. 333.

8) J. Ayoub et M. Gernon(ed.), 앞의 책, p. 225.
9) J. Ayoub et M. Gernon(ed.), 앞의 책, p. 225.
10) J. Ayoub et M. Gernon(ed.), 앞의 책, pp. 226~227.
11) '이성의 신전'을 '최고 존재의 신전'으로 바꾸자고 주장한 것은 코뮌이고, 공안위원회는 '프랑스 인민은 최고 존재와 영혼의 불멸성을 인정한다'로 바꾸자고 주장하였다.
12) 그러나 「최고 존재를 위한 찬가」는 실제 축제에서 사용되지 않았다. 왜냐하면 로베스피에르가 전 인민이 함께 부를 수 있는 좀더 쉽고 단순한 노래를 요구했기 때문에 시민 데조르게가 작사하고 고섹이 곡을 붙인 노래로 대체되었기 때문이다. 축제에 사용된 음악은 목격자나 이후 역사가들에 의해 일치된 견해를 보이지 않는데, 네 가지 점은 확실해 보인다. 첫째는 튈르리 공원에서는 고섹이 작곡한 데조르게의 노래가 연주되었다는 것, 둘째는 행진 중 맹인 어린이들은 시민 브루니(Bruni)가 작곡하고 시민 데샹(Deschamps)이 작사한 노래를 불렀다는 것, 셋째는 샹 드 마르스에서는 「라 마르세예즈」에 맞추어 셰니에가 작사한 노래가 불려졌다는 것, 마지막으로는 셰니에가 만든 「최고 존재의 찬가」는 사용되지 않았다는 것이다. Procès-verbeaux, p. 384.
13) 국립도서관에 보관된 「보고서」에는 날짜가 기록되어 있지 않은데, 이후 『논쟁과 법령에 관한 잡지』에 수록된 날짜와 국립문서보관소의 분류기호(1er DIVISION 17 prairial. - 3. C.)를 통해 그것이 발표된 날짜를 추정할 수 있다.
14) J. Ayoub et M. Gernon(ed.), 앞의 책, p. 383.
15) *Discours de Maximilien ROBESPIERRE, président de la Convention nationale, un peuple réuni pour la fête à l'Être-suprême, décadi 20 prairial an second de la République française une et indivisible*, Paris, l'Imprimerie nationale, s. d., 참조.
16) 플로레알 18일 발표된 다비드의 「초안」과 실제 축제에서는 공회의원들과 함께 각종 예술품과 작품, 자연의 생산품을 실은 네 마리(여덟 마리) 황소가 끄는 마차가 행진했다.
17) L. David, *Détail des cérémonies, et de l'ordre à observer dans la fête à l'être suprême, qui doit être célébrée le 20 prairial, d'après le décret de la*

Convention nationale du 18 floréal, l'an deuxiéme de la République une & indivisible, Paris, an II, 1794.

18) M. Ozouf, "Symboles et focntion des âges dans les fêtes de l'êpoque révolutionnaire", Annales Historiques de la Révolution Française, n°201, 1970, p. 589. 그 결과로 나이별 축제는 가장 무미건조하고 지루한 축제의 하나로 인식되었다. 따라서 민속학자들은 그것을 혁명 기념일의 쇠락의 징후로 파악했다.

19) M. Ozouf, *La fête révolutionnaire 1789~99*, pp. 232~233.

20) 최고 존재의 축제가 거행되기 전까지 그 축제와 연관된 모든 것, 즉 공화력 2년 프리메르 1일 민중들의 비기독교화 운동을 금지한 조처, 프리메르 18일 예배의 자유에 관한 원칙을 확립한 것, 플로레알 18일 공화주의 원칙과 함께 최고 존재의 축제를 공포한 것 등이 모두 로베스피에르에 의해 이루어진 것이다.

21) F. -A. Aulard, "Le culte de l'Être Suprême; la fête du 20 prairial an II", *La Révolution française*, 1891, pp. 48~49.

22) D. Guérin, 앞의 책, pp. 248~250.

23) A. Mathiez, *Robespierre et le culte de l'Être Suprême*, Paris, Le Puy, 1910, p. 15~18.

24) 뒤프룅(Duprun)은 로베스피에르가 상상한 '위대한 존재' '존재의 존재' '최고 존재'라는 개념은 그의 독특한 개념이라기보다는 이미 18세기에 합의된 내용이라고 주장했다. Jean Duprun, "Les 'noms divins' dans deux discours de Robespierre", *A.H.R.F.*, avril-juin, 1972, p. 136. 또한 혁명 당시의 봐시 당글라 역시 로베스피에르의 보고서는 무신론을 미신으로 간주하면서 '혁명적 철학(이신론)'을 강조하는 것이라고 주장했다. Boissy d'Anglas, *Essai sur les fêtes nationales*, Paris, Imp. polyglotte, an II.

25) Maurice Dommanget, "Robespierre et les cultes", *A. H. R. F.*, 1924, pp. 214~216. 당시 공교육위원회의 마튜를 중심으로 전체적인 시민적 축제 제도를 확립하려는 계획이 추진되고 있었고, 이러한 경향은 이후 총재정부 시대에는 더욱 강화되었다.

26) M. Robespierre, 앞의 책.

27) 로베스피에르는 이후 테르미도르 8일의 연설에서 이 점을 언급하고 있다. 그때 그는 '(아마도 비요[Billaud]와 콜로[Collot]를 지칭했을 것인데)그들의 방해에 의해 인쇄물이 원활히 배포되지 않았고, 축제 당일 그들은 행진 중의 국민의 대표를 모욕하고 비난했다'고 주장했다. J. Ayoub et M. Gernon(ed.), 앞의 책,

pp. 383~384. 19세기 역사가 미슐레는 '최고 존재의 축제는 한편으로는 로베스피에르의 반대파들의 불만과 증오를 폭발시키는 계기였다. 그들은 길에서 로베스피에르에게 욕설을 퍼붓고, 그것을 보고 인민들은 웃음을 터트렸다…공회 의원들의 귀가길은 장엄한 의식이라기보다는 일종의 피난길이었다'라고 기록하고 있다. J. Michelet, 앞의 책, pp. 327~328.
28) 여기에 1798년부터 인민주권을 위한 축제와 프뤽티도르 18일의 성인추도기념식이 추가되었다.
29) F. Kermina, 앞의 책, p. 19.
30) 특히 테르미도르의 공회에서 십일제에 관한 논쟁을 시작한 바라일롱(Barailon)은 플로레알 18일 법령이 비체계적이라고 비난하였다. 그에 의하면 '로베스피에르의 체제'는 한 해에 동일한 축제를 다른 이름으로 배열하고 계절과 축제를 자연적으로 일치시키지 못했으며, 또한 축제의 주요한 미덕에 역사적 축제를 연결하는 것에도 실패했다고 한다. M. Ozouf, *La fête révolutionnaire 1789~99*, p. 141.

제8부 축제를 통한 혁명 끝내기

1) 실제 파리는 축제를 거행하기에는 이상적인 도시가 아니었다. 이상적인 축제 공간을 위해 필요한 '동질성'이 없었다. 즉 중심부와 주변부의 대립, 역사와 인구의 수용에 있어서 매우 상이한 구역들로 구성되어 있었다. 따라서 그 구역의 어떠한 길도 행렬의 여정으로 택하기에 적절하지 못하였다. M. Ozouf, "Le Cortège et la ville; les itinéraires parisiens des les fêtes révolutionnaires", p. 904.
2) 시청은 구체제 하에서 축제의 중심이었지만, 혁명 시기에는 장소의 협소함으로 인해 주목받지 못하였다. Yves de Saint-agnès, *Guide du Paris révolutionnaire*, Paris, Perrin, 1989, p. 26.
3) 팔레 루아얄은 고전주의 시대 이후 '환상적인 지하'로 간주되어왔다. 따라서 1790년 연맹제 때부터 계속 그 어두운 지하 하수구에 대한 주의가 내려졌다. 불길한 위협이 도사리고 있는 팔레 루아얄은 축제 장소로 적절하지 못해 공화 2년 브뤼메르 20일, 자유의 축제를 제외하곤 축제가 거행된 적이 없었다. Yves de Saint-agnès, 앞의 책, p. 29.
4) Martine Boiteux, "fête et Révolution: des célébration aux commémorations", *les Annales des Recherches urbain*, n° 43, 1989, p. 46.
5) M. Ozouf, "Le Cortège et la ville; les itinéraires parisiens des les fêtes

révolutionnaires", pp. 904~906.
6) 1794년 1월 21일 혁명 광장에서 루이 16세의 처형 1주년 기념행사가 있었다. 그런데 당시는 자코뱅파와 민중세력 간에 사이가 좋지 않은 시기였다. 그런 정치적 분위기 때문에 계획된 행사 외에도 즉흥적으로 공회를 위협하는 폭력적인 모의가 벌어졌다. 공회는 이 사건을 계기로 폭력적 민중축제에 대한 감시를 강화하였고 경찰에 의해 안전이 보장되지 않은 축제에는 참가하지 않는다는 결정을 하게 되었다. M. Ozouf, "Le Cortège et la ville; les itinéraires parisiens des les fêtes révolutionnaires", pp. 908~909.
7) M. Ozouf, "Le Cortège et la ville; les itinéraires parisiens des les fêtes révolutionnaires", p. 907.
8) 혁명 기념제의 행렬이 구시가지를 지나갈 때에는 귀족들이 방해하였다. 그리고 총재정부 하에서 반정부적인 민중들도 정부의 축제를 방해하였다. 예를 들어 공화 7년 축제로 인한 공휴일임에도 불구하고 민중들은 상점을 열거나 길에서 노동하거나 혹은 길 위 마차에 물건을 쌓아놓아 축제 행렬을 방해하였다. M. Ozouf, *La fête révolutionnaire 1789~99*, p. 175.
9) E. J. Delécluze, *Louis David: son école et son temps*, Paris, Macula, 1983, pp. 192~194.
10) 예컨대 혁명 엘리트들은 불꽃 자체만으로는 계몽을 표현하기에 부족하다고 생각하였다. 그들은 거기에 '계몽'이라는 글귀를 써넣어 그 의미를 지정하고(énoncer) 고정시켜야 안심하였다.
11) E. J. Delécluze, 앞의 책, pp. 216~219.
12) 이런 견해는 인간 사고의 독립성을 무시하는 로크의 '경험주의적 교육학'에서 영향을 받은 것이다. 즉 인간의 사고는 기본적으로 감각에 의지하고 있기 때문에, 원리가 아니라 물건이나 스펙터클, 이미지에 의해 형성되고 유도된다는 논리이다. 이런 경험주의적 교육학에 근거해 혁명 엘리트들은 인간을 '물렁물렁한 밀랍'(cire molle)이나 '진흙'(argile)으로 표현하기도 하였는데, 그것은 그만큼 인간은 정치적 의지, 교육적 수단에 의해 새로 재생이 가능하다는 의미일 것이다.
13) Michel-Edme Petit, *Opinion sur l'éducation publique, prononcé le 1er octobre 1793*, Paris, Imp. nat., s.d.
14) M. Ozouf, *La fête révolutionnaire 1789~99*, pp. 241~244.
15) 연극적 스펙터클의 적절성에 관한 논쟁은 퓨리턴적인 비판가들과 감성주의자들 사이에서 벌어졌다. 전자에 비해 후자의 사람들은 연극에 좀더 우호적이었다. 그럼에도 불구하고 감성주의자들이 주장한 연극은 해학적인 환상적인 효과에 의지

하는 카니발적인 연극이 아니라 '자연이라는 위대한 무대에 반영된 예술과 역사'로서의 연극이었다. 그리고 그들이 주장한 팬터마임 역시 보편적인 언어와 명확한 코드를 가지고 시민적 공공성에 이바지할 수 있는 것이어야 했다. M. Ozouf, "Le simulacre et la fête révolutionnaire", p. 327.

16) 모의에 사용될 때에도 초상화와 조각상은 그 효과에 있어 비교가 되지 않았다. 예를 들어 루이 16세의 처형 장면을 모의할 때 초상화를 잘라서 바구니에 넣는 것과 조각상을 부숴서 바구니에 넣은 것이 사람들에게 주는 느낌은 다를 것이다. M. de Girardot, "Les fêtes de la Révolution, de 1790 à l'An VIII", *Ann. de la Soc. Acad. de Nantes et du département de Loire-Inférierre*, tome XXVIII, Nantes, 1857, pp. 142~143. 이런 이유 때문에 레이몽(G. -Marie Raymond)은 조각은 회화보다 훨씬 본질과 근접해 있다고 주장했다. G. M. Raymond, *De la peinture dans ses effets sur les hommes en général et de son influence sur les moeurs et le gouvernement des peuples*, Paris, l'an VII, 참조. 팔코네(Falconet) 역시 회화는 시각을 분산시키지만 조각은 효과적인 간결함(laconisme) 때문에 시선을 집중시킨다고 강조하였다. Falconet, *Réflexions sur la sculpture*, Paris, Prault, 1761, 참조.

17) M. Ozouf, *La fête révolutionnaire 1789~99*, pp. 244~246.

18) Annette Graczyk, "Le théâtre de la Révolution française, média de masses entre 1789 et 1794", *Dix-huitième siècle*, n° 21, 1989, p. 79.

19) 예를 들어 몽티냑의 민중협회는 축제에 사용할 마라의 초상화를 위촉하였을 때 그 모습이 실재 마라와 닮지 않았다고 하여 사람을 파리에 보내 마라의 용모를 다시 조사해오게 하였다. 그리고 카스트르(Castres)의 민중협회 역시 성 파르고(Saint-Fargeau)의 모형을 표현할 때 커다란 상처와 피 묻은 옷, 거기에 존속살인의 낙인을 찍어 가능한 실제 성 파르고와 똑같이 만들려고 하였다.

20) 모의는 그 유사성을 위해 착각(illusion)이 필요하지만 알레고리는 실제에 충실할 필요가 없는 암시(allusion)면 충분하다. 즉 모의는 존재하지 않은 실제와의 닮음을 위해 환상적인 기법과 착각이 필요하지만, 단지 지시하는 것만으로 충분한 암시는 가장할 필요가 없기 때문에 순수하게 표현될 수 있는 것이다. 그리고 그런 지시를 통해 표현된 의미를 고정시키고 '현실과의 거리를 유지'한다. 이런 성격, 즉 의미의 고정과 그로 인한 현실과의 분리 때문에 혁명 엘리트들은 혁명 기념제에 알레고리를 많이 사용하였다. 알레고리는 수수께끼 같은 성격을 가지고 있긴 하지만 사상의 장엄함을 표현하고 환기시킬 수 있다. 그리고 모의와는 달리 행동을 자극하지 않는다. 켕시에 따르면 알레고리는 오히려 제작자가 의도하는 대로

모방할 수 있게 만든다. 즉 이성을 제시하면 이성을, 공화국을 제시하면 공화국을 모방하도록 만든다는 것이다. 게다가 알레고리는 공통의 암호를 해독할 수 있는 '조예 있는 관객'을 전제한다. 알레고리는 격조 높은 것이다. 라콩브(Lacombe)는 『예술의 스펙터클』(Le Spectacle des Beaux-arts)에서 비유의 본질은 '차용된 장막'(voile emprinté) 밑에 숨는 것이라고 하였다. 알레고리는 다소 생기 없어 보이긴 하지만 '예의바른 우회적 담론'이다. 따라서 그것은 패러디가 야기하거나 우스꽝스러움이 내포하는 위협을 제거할 수 있었다. Annie Jourdan, "L'allégorie révolutionnaire de la liberté à la République", Dix-huitième siècle, n° 27, 1995, pp. 181~182.
21) Récit de la fête célébrée pour l'anauguration du Temple de la Raison dans la ci-devant cathédrale de Chartres, le 9 frimaire an II de la République une et indivisible, Paris, Imp. nat., s.d.
22) A. Corvol, "Les arbres de Liberté: origines et transformations" p. 291.
23) Grégoire, Essai historique et patriotique sur les arbres de la liberté, Paris, Desenns, an II, 참조.
24) 자유의 나무에 넘어오면 오월수에서는 중요하지 않았던 나무의 특성이나 축제와 관련된 나무의 의미 등이 중요하게 고려되었다. 즉 나무의 상징적인 의미가 축제와 조화를 이룰 수 있는지, 그 지리적 환경 속에서 잘 성장할 수 있는지 등이 논의되었다. 투앵은 지리적 차이에 따라 사과나무와 오렌지나무, 포도나무 등을 구별해서 심어야 하며, 엘(Hell)은 자유와 평등, 우애를 상징하기에 적절한 나무의 목록을 작성하기도 하였다. Hell, Suite de notes sur les arbres de la liberté, Paris, Imprimeris des 86 départements, s.d., 참조.
25) 1790년 5월 1일 프레삭(Pressac)은 자유의 나무를 심는 의례에서 다음과 같이 연설하였다: '이 나무 아래에서 자신이 프랑스 인임을 기억하고, 또 나중에 자식이 자라면 그 아이들에게 나무가 심겨진 혁명적 시기를 환기시켜주어야 한다.(중략) 그러면 이 나무는 그 아이들에게 국민공회의 공적과 자유의 군인들의 무공을 들려줄 것이다' le Moniteur, (le 25 mai 1790).
26) 시민 기부스트(Guiboust)는 '전제주의 하에서 나무는 포기되었다.(중략) 통치자들은 나무를 포기하고 그들의 주거 내부에 틀어박혔다. 그 주거 내부 속에서 노예의 사슬이 만들어지고(중략) 귀족과 성직자들이 나타나게 되었다'라고 주장하였다. 여기서 그는 귀족과 성직자들은 나무를 포기하고 어둡고 폐쇄적인 실내를 선호하였지만, 혁명은 야외의 공간과 그 속에서 곧게 자라는 나무를 선호한다는 점을 대비시키고 있다.

27) M. Ozouf, *La fête révolutionnaire 1789~99*, pp. 294~303.
28) Barère, "Discours sur les écoles de Mars qui fait l'apologie du dénuement", *Le moniteur uniersel*, 15 Prairial, l'an II. M. Ozouf, 앞의 책, p. 313에서 재인용.
29) 자유의 나무를 인격화시키고 거기에 가해진 위해 행위를 폭력으로 인식하는 담론들을 살펴보자. 한 파견위원의 표현을 빌리면 '(나무는) 모욕당하고, 폭도(reille)로 취급당하고(중략) 신성모독당했다(중략). 낫과 도끼로 구박받았다(중략). 신성모독적인 손으로 나무의 심장을 치자, 수액이 피처럼 흘러내렸다'고 한다. 이 담론은 나무에 대한 공격을 일종의 암살로 묘사하고 있다. 이런 인식 하에서 공격당한 자유의 나무를 위한 장례식도 거행되었다. 예를 들어 아미앵에서 거행된 나무 매장식을 들 수 있다. 그때 수많은 시민들과 군인들이 북을 두드리며 '상처난' 나무에 상장을 덮어 행진한 후 매장의례를 가졌다.
30) M. Ozouf, *La fête révolutionnaire 1789~99*, pp. 311~316.
31) M. Ozouf, "Symboles et fonction des âges dans les fêtes de l'époque révolutionnaire", p. 571.
32) M. Ozouf, *La fête révolutionnaire 1789~99*, p. 225.
33) M. Ozouf, "Symboles et fonction des âges dans les fêtes de l'époque révolutionnaire", pp. 571. 랑테나스는 공화 3년, 십일제에 관한 대 논쟁에서 '나이에 따라 교육과 연설이 구별되어야 한다'고 주장했다. F. Lanthenas, *Dévelopement du project de loi ou cadre pour l'institution des fêtes décadaires* ···, Paris, Imp. nat., l'an V.
34) M. Ozouf, *La fête révolutionnaire 1789~99*, pp. 226~227.
35) 레클레르크는 청소년을 가족들로부터 일시적이지만 완전히 분리시키는 특별한 입교식이 필요하다고 주장하였다. 청년들은 자신들의 가족수첩과 국민제복, 무기 세트를 지참하고서, 가족을 떠나 도 소재지를 향해 순례를 떠난다. 순례 중에 그들은 전통적인 '청년의 수도원장'을 환기시키는 '순례의 수도원장'을 뽑아 자율적으로 질서를 지킨다. 순례 도착지에서 도 행정부에 의해 대대적인 환영을 받는다. 그는 이러한 순례는 가족을 떠나 조국을 향해 나아가는 새로운 인생이 시작되었음을 인식시킬 수 있다고 주장하였다.
36) M. Ozouf, "Symboles et fonction des âges dans les fêtes de l'époque révolutionnaire", p. 589.
37) M. Ozouf, *La fête révolutionnaire 1789~99*, pp. 232~233.
38) M. Vovelle, *La mentalité réolutionnaire*, p. 166.

39) M. Ozouf, *La fête révolutionnaire 1789~99*, pp. 327~333.
40) Chantal Humbert, "Les arts sous la Révolution, Le théâtre dans la rue: les fêtes de la Révolution", *La Gazette sous l'Hôtel Drouet*, n° 30, 1989, p. 43.
41) J. Vier, "Marie-Joseph Chénier(1764~1811)", *Les fêtes de la Révolution*, pp. 411~418.
42) F. Beaucamp, *Le peintre lillois, Jean-Baptiste Wicar(1762~1834), son œuvre et son temps*, Lille, E. Raoust, 1939. E. Pommier, "Le fête de thermidor an VI", *Fêtes et Révolution*, p. 182에서 재인용.
43) H. Grégoire, *Rapport sur les destructions opérés par le vandalisme et sur les moyens de le réprimer*, Paris, 14 fructidor an II. E. Pomier, 앞의 책, p. 188에서 재인용.
44) Gaston Brière, "Le peintre J. L. Barbier et les conquêtes aristiques en Belgique(1794)", *Bulletin de la Société de l'Histoire de l'Art français*, 1920, pp. 204~210.
45) E. Pommier, 앞의 책, pp. 208~215.
46) F. de Neufchâteau, *Recueil de lettres circulires, instructions, programmes, discours et autres public*, Paris, Imp. de la République, an VI-VIII.

프랑스 대혁명 연표

연월	사건	내용
1786. 8. 20	칼론느의 세제개혁안(보조지세안) 제출.	고질적인 재정적자 문제를 해결하기 위해 조세의 평등의 원칙에 근거한 세제개혁안을 발표하였다.
1787. 2	명사회 소집.	
4. 8	칼론느의 면직과 브리엔느의 임명.	
1787. 8	'고등법원의 혁명.'*	
1788. 8. 8	삼부회 소집 약속.	
1789. 1	시에이에스의 〈제3신분이란 무엇인가〉 출판.	순식간에 베스트셀러가 되어 반여론을 형성하였다. 여기서 시에이에스는 '제3신분이란 국민 전체이며 무엇인가를 할 수 있는 역동적인 집단'이라고 주장하였다.
5. 5	삼부회 개회식.	제1신분(성직자) 대표-291명, 이 중 200명 이상이 자유주의적이고 개혁지향적인 성직자. 제2신분(귀족) 대표-270명, 특권유지를 주장하는 특권파. 제3신분(부르주아) 대표-578명, 이 중 절반 이상이 법률가 출신.
6. 17	국민의회 선포.	제3신분 대표가 제안한 '1인1표 방식'이 거부되자 그들은 삼부회를 뛰쳐나와 국민의회를 선포하였다. 이는 자신들이 더 이상 신분의 대표가 아니라 전 국민의 대표라는 점을 만천하에 선포한 것이다. 국민의회는 주로 혁명세력인 '애국파'로 구성되었다.
6. 20	테니스 코트의 서약.	왕이 제3신분의 결정을 무효화하고 회의장을 폐쇄하자 제3신분 대표들은 테니스 코트로 몰려가 새로운 헌법을 제정하기로 서약하였다.
6. 24~25	대부분의 성직자 대표와 귀족대표 47명이 국민의회에 합류.	
6. 26	왕이 베르사유 근방에 2만 명의 군대를 소집.	이 시기 왕은 이중적 전략을 구사하였다. 한편으로는 군대를 소집하여 반격의 기회를 노리면서 다른 한편으로는 다음날인 6월 27일 특권계급의 국민의

연월	사건	내용
		회 합류를 촉구하는 등 타협적인 모습을 보였다.
1789. 7. 7	헌법기초위원회 구성.	
7. 8	국민의회가 왕에게 군대의 철수를 요구하는 서한을 보냄.	
7. 9	국민의회는 스스로 제헌국민의회임을 선언.	
7. 11	재정장관 네케르의 파면.	루이 16세는 군대 철수를 거부하고 오히려 네케르를 파면하고 반혁명파인 브르퇴유(Breteuil)를 임명하는 등 반혁명적인 태도를 보였다.
7. 12	팔레 루아얄에서 카미유 데물랭의 선동으로 최초의 군중 시위가 열림. 저녁 상임위원회와 파리민병대 조직.	상임위원회는 이후 파리 코뮌으로, 파리민병대는 국민방위대로 개칭되어 민중협회와 함께 혁명의 행동대 역할을 하였다.
7. 14	민중들의 바스티유 감옥 습격.**	
7월 말	'대공포'(le Grande Peur).	파리 혁명의 영향을 받아 지방 농민들이 봉건 문서를 소각하고 영주 성에 대해 방화와 약탈을 일삼으며 봉건제 폐지를 요구하였다.
8. 4	봉건제 폐지를 선언.	인신관계의 부과조(부역이나 농노 상속세)는 폐지되었으나, 토지 부과조는 전면 되사기 방식으로 해결되었다. 이런 점에서 이날의 봉건제 폐지는 많은 한계를 가지고 있었다.
8. 26	'인간과 시민의 권리 선언' 채택.	인간의 자유와 평등, 인민주권의 원리, 재산의 신성불가침성 등이 천명되었다.
10. 1	왕실친위대의 연회 사건.	친위대 장교들이 베르사유 궁전의 연회에서 혁명의 상징인 삼색 휘장을 모독하고 짓밟았다. 이 사건은 곧 파리에 전해져 파리 민중들을 분노하게 했다.
10. 5~6	10월 궐기.	6~7천 명의 파리 아녀자들이 연회 사건에 분노하여 베르사유까지 행진해서 왕과 왕비를 끌고 와 튈르리 궁에 거처하게 하였다.
1789. 10~90. 4	헌법동지회(자코뱅 클럽)와 인권우애협회(코르들리에 클럽) 발족.	자코뱅 클럽은 로베스피에르가, 코르들리에 클럽은 당통과 마라가 주도하였다. 이후 혁명의 주축 세력이 되었다.
1789. 11. 2	국가가 모든 교회재산을 몰수.	교회재산을 담보로 아씨냐라는 국채를 발행하였다.

연월	사건	내용
1789. 12. 22	전국 행정구역 개편.	구체제의 무질서한 구분을 일소하고 전국을 도(département), 지구(district), 군(canton), 자치체(commune)로 분할하였다.
1790. 7. 12	성직자 민사기본법 제정.	성직의 선출제와 성직자의 봉급 지불을 규정한 법령이다. 이 법령에 충성 서약을 한 성직자를 선서파 성직자, 서약을 하지 않은 성직자를 비선서파 성직자라고 한다.
7. 14	제1차 연맹제.	
8.	낭시 수비대가 반란을 일으킴.	낭시 수비대 내의 샤토비유 군인이 일으킨 반란은 2년 뒤 샤토비유 축제의 원인이 되었다.
1791. 4. 4	미라보의 팡테옹 안치식.	미라보는 생트 쥬느비에브 교회를 팡테옹으로 변경한 후 최초로 안치되는 영예를 얻었다.
5. 1~2	파리의 바리에르 축제.	
6. 14	르 샤플리에 법 통과.	노동자들의 결사의 자유를 금지한 법으로 인권선언에서 표명된 자유의 원칙이 무시된 법률이었다.
6. 21	왕의 바렌느 탈주 사건.	왕과 그의 가족들이 튈르리 궁을 빠져나와 국외로 도주하려던 사건이다. 그러나 바렌느에서 발각되어 6월 25일 파리로 되돌아왔다.
7. 11	볼테르의 팡테옹 안치식.	
7. 17	샹 드 마르스 발포 사건.	코르들리에 클럽이 샹 드 마르스의 조국의 제단 앞에서 공화제를 요구한 사건이다. 이때 그간 왕과 국민 사이를 중재했던 국민방위대 사령관 라파예트가 공화제를 요구하는 국민을 향해 발포를 하였다. 이 사건을 계기로 자코뱅 클럽 내 보수파들은 따로 떨어져 나와 입헌파인 페이앙 클럽을 결성하였다. 자코뱅은 이후 공화주의 세력으로 거듭났다.
8. 27	팔니츠 선언.	오스트리아와 프러시아가 공동으로 프랑스 혁명주의자들을 위협한 선언이다.
9. 3	'91년 헌법' 통과.	입헌군주제와 단원제, 제한선거제 채택하였다.
9. 30	제헌의회 해산.	
10. 1	입법의회 개회.	우파(페이앙파) - 264명 좌파(자코뱅파) - 136명 중도파(평원파) - 345명
1792. 4. 15	샤토비유 축제 개최.	

연월	사건	내용
1792. 4. 20	오스트리아에 선전포고.	당시 대외전쟁에 찬성한 전쟁파는 국왕과 브리소파, 전쟁을 반대한 화평파는 로베스피에르였다. 국왕과 브리소파는 모두 전쟁을 주장했지만 동기는 달랐다. 국왕은 프랑스가 전쟁에서 패배하기를 브리소파는 승리하기를 원하고 있었다.
4~5	연이은 군사적 패배.	
4. 26	루제 드 릴르, 「라인 주둔군을 위한 군가」 작곡.	이 노래는 이후 「라 마르세예즈」로 통했고 오늘날에는 프랑스의 국가(國歌)가 되었다. 대외전쟁은 조국과 혁명을 하나로 묶어 국민 마음속에 애국심을 조장하고 민족주의를 촉진하였다.
5. 12	에탕프의 시장, 시모노를 위한 장례식.	
6. 20	파리 민중이 의회와 튈르리 궁 앞에서 시위.	왕은 혁명모를 쓰고 발코니에 나와 시위대를 무마했지만 끝내 거부권을 행사해온 혁명적 법령의 재가와 지롱드파 각료의 재임용 등, 시위대의 요구는 들어주지 않았다.
7. 11	의회가 '조국의 위기'를 선언.	이 선언은 민중세력을 더욱 결집시키는 결과를 가져왔다. 사실 전쟁과 혁명의 급진화는 밀접한 연관을 가지고 있었다.
7. 14	연맹제 개최.	이 해 연맹제에서 마르세유 국민방위대들이 「라인 주둔군을 위한 군가」를 부르며 파리에 입성하였다.
7. 25	브륀슈빅의 성명.	망명 귀족과 외국 군주들이 선언한 것으로 '왕실에 최소한의 모욕'이라도 주면 응징하겠다는 위협이었다. 하지만 오히려 파리 시민을 자극하는 결과만 가져왔다.
8. 10	파리 민중과 국민방위대가 튈르리 궁을 침입.	이 사건으로 군주제가 폐지되고 공화제로의 길이 열렸다. 그런 의미에서 '제2의 혁명'이라고 부른다.
9. 2	최후의 요새인 베르됭 포위.	이 소식은 파리 민중에게 극도의 위기의식을 주어 극단적 행동을 하도록 하였다.
9. 2~7	'9월 학살.'	6일 동안 전체 수감자의 4분의 3에 해당되는 1100여명이 민중에 의해 살해되었다. 살해된 사람들은 주로 반혁명적 귀족들이었다.
9. 20	발미 전투의 승리.	프러시아의 정예 직업군대를 프랑스의 국민군대(주로 상퀼로트로 구성)가 이긴 전투로 이후 프랑스군의 사기를 크게 진작시켰다. 그것은 프랑스의

연월	사건	내용
		승리이자 혁명의 승리였다.
1792. 9. 20	국민공회의 개최.	중도적인 평원파가 대다수였고 나머지는 지롱드파와 자코뱅파(산악파)로 구성되었다.
9. 21	군주제를 폐지하고 공화제를 선포.	9월 22일부터 공화 1년 1월 1일이 된다.
1793. 1. 16~17	왕의 재판의 최종 판결.	개별 호명식으로 진행되어 387대 334로 사형이 선고되었다. 왕의 재판은 그간 갈등을 겪어오던 지롱드파와 산악파의 대립을 더욱 격화시켰다.
1. 21	왕의 처형.	혁명 광장(콩코드 광장)에서 실행된 왕의 처형은 국내외를 경악시키고 혁명적 위기를 더욱 고조시켰다.
3. 10	혁명재판소 설치.	
3. 23	제1차 대불 동맹 결성.	영국의 피트 내각은 프랑스 혁명이 점차 격화되자 중립을 포기하고 프랑스에 전쟁을 선포하였다. 제1차 대 프랑스 동맹은 영국을 중심으로 결성되었다.
3. 2	방데 반란 시작.	방데의 농민들이 징집령에 반대하려 일으킨 것으로 그들의 배후는 귀족과 비선서파 성직자들이 있었다. 대규모 방데 반란은 혁명의 위기를 더욱 격화시켜 지롱드파의 몰락과 로베스피에르의 공포정치를 가져오는 원인이 되었다.
4. 5~6	공안위원회 설치.	국민공회에서 선출된 아홉 명의 위원으로 구성되어 임시행정내각을 감시하는 임무를 맡았다. 이후 공포정치를 추진하는 핵심 기관이 되었다.
4. 9	전국에 순찰위원을 파견.	순찰위원은 지방의 관리와 장교, 일반 사병까지 감독하는 막강한 권력을 부여받았다.
5. 4	곡물에 대한 최고가격제 실시.	생필품 품귀현상과 물가 앙등을 방지하기 위한 정책으로 경제적 자유주의 원칙을 침해한 정책이었다.
5. 31	파리 민중의 국민공회 습격.	파리 섹션의 대표들은 반란위원회를 조직하여 국민공회를 습격하고 지롱드파 의원을 숙청하였다. 그동안 사사건건 지롱드파와 자코뱅파가 대립하였는데, 이로 인해 자코뱅파의 독재가 가능하게 되었다. 자코뱅파와 민중과 힘을 합쳐 지롱드파를 제거한 사건이지만 이 사건을 계기로 의회주의는 무너지기 시작하였다.
6. 24	'93년 헌법.'	생존권을 기본권으로 설정하고 그것을 위한 교육

연월	사건	내용
		권 · 노동권 · 국가복지원리를 천명하였을 뿐만 아니라 보통선거 · 저항권 · 반란권까지 규정한 사회민주주의적인 성격의 헌법이다.
1793. 7. 13	마라의 암살.	'민중의 벗'인 마라의 암살은 전국적으로 그를 숭배하는 장례행렬을 촉발시켰을 뿐만 아니라 민중운동의 강화를 가져왔다. 8월부터 마라를 비롯한 '자유의 순교자들의 예배'가 급증하였고 그것은 정치적 집회의 성격을 띠고 있었다.
7. 16	마라의 심장을 코르들리에 클럽에 안치함.	
7. 26	매점관계법 통과.	
7. 27	로베스피에르가 공안위원회 위원이 됨.	로베스피에르는 공안위원회를 강화함으로써 공포정치의 기반을 닦았다.
8. 10	'공화국의 통합과 불가분성을 위한 축제' 개최.	1792년 8월 10일의 봉기를 기념하는 이날 '93년 헌법'이 공식적으로 공포되었다.
8. 23	국민총동원령.	국민개병주의 원칙하에 18세에서 25세의 독신청년들을 제1선에 배치하였다.
9. 2~5	민중 봉기.	민중 투사인 자크 루의 지휘 하에 민중들이 빵과 생필품을 요구하며 반정부 시위를 하였다.
9. 11	전국에 곡물의 최고가격제 확대.	
9. 17	혐의자 체포령 채택.	
9. 18	민중 투사 바를레 체포.	얼마 전 9월 6일 자크 루의 체포와 함께 바를레도 체포함으로써 공안위원회는 점차 민중운동을 억압하기 시작하였다. 자코뱅파의 공포정치는 민중운동에 의해 확보되었지만 결국 둘은 등을 돌리게 되었다.
9. 29	모든 물품에 대해 최고가격제 실시.	
10. 5	공화력의 채택.	1792년 9월 22일을 공화국 원년으로 한 새로운 달력으로 1년을 30일의 12달로 균일화하였다.
10. 10 (공화력 2년 방데미에르 19일)	생 쥐스트의 제의에 의해 '혁명정부'임을 선언.	'혁명정부'란 일종의 전시정부인 셈인데, 이후 의회(국민공회)보다 행정부(공안위원회와 보안위원회)의 권력이 더욱 강화된다는 점에서 의회주의의 붕괴를 가져왔다. 혁명정부의 확립과 강화는 공포

연월	사건	내용
		정치의 조직화와 합법화로 연결되었다.
1793. 11. 10 (공화력 2년 브뤼메르 20일)	노트르담에서 이성의 축제 거행.	1793년 9월부터 10월까지 전국적으로, 교회를 '혁명의 신전'으로 개조하고 혁명의 의례를 거행하는 민중들의 비기독교화 운동이 극성을 부렸다. '이성의 축제'는 비기독교화 운동의 귀결인 동시에 그것을 강화시키는 계기였다.
12. 4 (공화력 2년 프리메르 14일)	혁명정부조직법 통과.	민중운동의 중심인 코뮌이 공안위원회의 감시 하에 들어감으로써 민중운동이 쇠퇴하였다.
1794. 1	왕의 처형 1주년 기념 축제.	왕의 처형을 기념하는 공식적인 혹은 비공식적인 축제들이 전국을 휩쓸었고, 특히 민중협회가 중심이 된 비공식적인 축제는 민중운동 세력을 결집시키는 계기가 되었다.
2. 21, 26 (공화력 2년 방토즈 3일과 8일)	방토즈 법.	망명귀족의 재산을 극빈 애국자에게 나누어준다는 법령으로, 다시 강화되고 있는 민중운동을 무마하기 위한 전략적 술책이었다.
3. 4 (공화력 2년 방토즈 14일)	코르들리에 클럽의 봉기 책동.	클럽의 인권선언 게시판을 휘장으로 가리고 혁명정부에 대한 봉기를 선동하였다.
3. 24 (공화력 2년 제르미날 4일)	코르들리에파(에베르 등) 처형.	코르들리에파의 처형으로 인해 자코뱅파와 민중세력의 결합은 결정적으로 끊어졌다. 이후 민중운동은 급속히 쇠퇴하였다.
4. 5 (공화력 2년 제르미날 16일)	관용파(당통 등) 처형.	코르들리에파 이후 관용파의 처형으로 인해 결과적으로 로베스피에르는 자신을 지지해준 '왼팔'과 '오른팔'을 잘라낸 격이 되었다. 이런 점에서 '제르미날의 참극'은 테르미도르 반동의 서막인 셈이다.
5. 7 (공화력 2년 플로레알 18일)	로베스피에르의 「플로레알 18일의 보고서」	공화국의 기초는 '미덕'이라고 주장하고 그 '미덕'을 상징하는 최고 존재를 위한 예배를 거행하자고 주장하였다. 이 외에도 4대 국민축제(7월 14일, 8월 10일, 1월 21일, 5월 31일)의 확립을 주장하였다.
6. 8 (공화력 2년 프레리알 20일)	최고 존재의 축제 거행.	최고 존재를 숭배하는 예배는 공화력에 입각해 매주 십일제마다 거행하도록 제도화되었다.
6. 10 (공화력 2년	프레리알 22일의 법령.	피고에 대한 변호와 예비심문제도의 폐지, 심증만으로 배심원의 심리 가능, 석방과 처형의 양자택일

연월	사건	내용
프레리알 22일)		만 가능, 혁명의 적의 개념 확대 등을 내용으로 한 프레리알 22일의 법령은 이른바 '대공포정치'를 가져왔다.
1794. 7. 27 (공화력 2년 테르미도르 9일)	테르미도르 반동.	국민공회에서 로베스피에르 체포령이 통과되었다.
7. 28 (공화력 2년 테르미도르 10일)	로베스피에르의 처형.	로베스피에르와 생 쥐스트를 비롯한 로베스피에르 파들이 처형되었다.
8. 24 (공화력 2년 프뤽티도르 7일)	프뤽티도르 7일의 법령.	이 법령을 통해 공안위원회의 기능은 전쟁과 외교에만 국한되어 그 권력이 크게 약화시켰다.
9. 21(제5 상퀼로트의 날)	마라 유해의 팡테옹 안치식.	이후 1795년에 철거되었다.
10. 11 (공화력 2년 방데미에르 19일)	루소의 팡테옹 안치식.	
11. 11 (공화력 3년 브뤼메르 21일)	자코뱅 클럽 폐쇄.	
1795. 4. 1 (공화력 3년 제르미날 12일)	'최후의 민중 봉기.'	국민공회에 침입해 '93년 헌법'을 요구하며 시위를 벌였지만 실패하였고, 다음 달 프레리알의 산발적인 봉기 역시 진압됨으로써 민중운동은 결정적으로 붕괴되었다.
9. 23 (공화력 4년 방데미에르 1일)	'95년 헌법'이 국민투표에 의해 통과됨.	95년 헌법은 양원제(원로원과 500인회)와 행정부로서 5인의 총재, 제한선거제를 채택한 매우 보수적인 헌법이었다.
1796. 3. 11 (공화력 4년 방토즈 21일)	나폴레옹 보나파르트의 이탈리아 원정.	
5. 10 (공화력 4년 플로레알 21일)	'평등주의자의 음모'를 주도한 바뵈프의 체포.	1796년 3월과 4월 공산주의 사상에 근거해 음모를 꾸몄지만 발각되어 처형되었다.
1797. 9. 4 (공화력 5년	나폴레옹 보나파르트의 쿠데타.	제르미날의 선거로 왕당파가 의회를 장악하고 반동을 실시하자 총재정부는 나폴레옹에게 도움을

연월	사건	내용
프뤽티도르 18일)		구했다. 이에 나폴레옹은 쿠데타를 일으켜 의회 내 왕당파를 숙청하였다.
1798. 4~12	제2차 대불동맹 결성.	
5. 19 (공화력 6년 플로레알 30일)	나폴레옹 보나파르트의 이집트 원정 출발.	
7. 27~28 (공화력 6년 테르미도르 9일 ~10일)	자유와 예술의 축제.	
1799. 6. 18 (공화력 7년 프레리알 30일)	의회의 총재정부 공격.	선거를 통해 의회에 진출한 신 자코뱅파들을 중심으로 총재정부에 대한 공격이 강화되고, 자코뱅과 왕당파 즉 좌파와 우파의 공격을 견디지 못한 총재정부는 또 한번 나폴레옹 보나파르트에게 도움을 구했다.
11. 9월 (공화력 7년 브뤼메르 18일)	나폴레옹의 브뤼메르 18일의 쿠데타.	쿠데타에 의해 임시통령정부가 조직되고 총재정부가 해체되었으며, 그로인해 11년간의 혁명도 끝났다.

＊프랑스 대혁명의 원인은 사실 '귀족혁명'과 무관하지 않은데, 여기서 말하는 '귀족혁명'이란 루이 16세와 재무장관의 세제개혁에 대한 귀족들의 저항을 말한다. 귀족들이 세제개혁에 저항하지 않고 동의했더라면 어쩌면 프랑스 대혁명을 일어나지 않을 수 있었다는 점에서 그것이 혁명의 원인으로 거론되고 있는 것이다. 흔히 귀족혁명에는 명사회의 혁명과 고등법원의 혁명이 포함된다.

대혁명의 직접적 원인이 만성적 재정적자임은 다 알려진 사실이다. 그 재정적자를 해결하기 위해 칼론느는 조세의 평등, 즉 면세특권을 누리고 있는 귀족들에게 세금을 부과하는 보조지세라는 세제개혁안을 마련하였다. 칼론느는 그 개혁안을 승인 받기 위해 명사회를 소집하여 호소하였지만 명사회를 구성하고 있는 귀족들은 승인을 거부하였다. 결국 칼론느는 여론의 반대에 부딪혀 사임하고 그의 후임으로 브리엔느가 임명되었다. 하지만 후임자 역시 전임자의 개혁을 전수하는 것 외에는 재정적자를 해결할 묘수가 없었다. 이에 브리엔느는 정면 돌파를 결심하고 보조지세를 부과하는 칙령을 발표해버렸다. 왕과 재무장관의 이런 강압적 개혁조치에 고등법원이 강하게 반발하고 나섰는데, 그것을 고등법원의 혁명이라고 한다.

고등법원은 칙령의 등록의 거부하며 과세동의권을 가진 유일한 기관인 삼부회의 소집을 요구하였다. 이에 브리엔느는 칙령을 강제 등록하고(칙령은 등록이 되어야 효력이 발생하는데, 그 등록 여부는 고등법원이 결정하였다) 고등법원은 칙령의 강제 등록을 불법이라고 선언하고 왕과 전면 대결하였다. 결국 왕과 고등법원과의 이 밀고 밀리는 투쟁에서 왕이 굴복하여 삼부회를 소집함으로써 혁명이 발발하였다. 이런 점에서 명사회를 비롯한 고등법원의 귀족들의 저항이 대혁명을 유도한 셈인데, 종국에는 그들 자신도 대혁명의 희생이 되었다.
　하지만 '귀족혁명'이라는 표현에서 혁명이라는 말에 너무 많은 의미를 두어서는 안 된다. 왜냐하면 그것이 왕의 전제적 권력에 대한 저항이자 그 저항이 대혁명을 유도하였다는 점에서 혁명이라고 불리지만, 사실 그 내용에 있어서는 전혀 혁명적이지 않기 때문이다. 그들이 왕에게 저항한 이유는 오로지 자신들의 특권을 계속 유지하기 위함이었던 것이다.

　**7월 14일 파리 민중들은 전면 무장을 위해 앵발리드(Invalides)를 습격하여 수만 개의 소총을 탈취하였다. 하지만 소총에 끼울 화약이 없었다. 그때 바스티유 감옥에 화약이 숨겨져 있다는 소문이 돌았고 민중들은 즉각 바스티유 감옥으로 향했다. 짧은 공성전 끝에 바스티유를 함락했지만 화약도 감옥에 있어야할 죄수들도 없었다. 죄수들은 겨우 7명이었는데, 모두 정치범과는 거리가 먼 사람들이었다. 4명은 어음 위조범이고 2명은 정신병자, 나머지 한 명은 근친상간죄를 지은 성범죄자였다고 한다.
　이처럼 바스티유 감옥 습격 사건은 '실속 없는' 사건이었다. 그럼에도 불구하고 1년 뒤인 1790년 7월 14일에는 그것을 기념하는 전국적인 대축제인 연맹제가 개최되었으며 19세기 말에는 대혁명 기념일로 공식화되어 오늘날까지 프랑스의 가장 큰 국경일로 이어져오고 있다. 그 이유가 무엇일까? 그것은 실속과는 무관한 그 상징적인 의미 때문이다. 바스티유 감옥은 절대 왕권을 상징하는 '거대한 괴물' 같은 존재였다. 따라서 그것이 붕괴되었다는 것은 절대 왕정이 무너졌다는 것을 상징한다. 게다가 그것을 무너트린 사람들이 누구인가? 바로 민중들이다. 따라서 그 사건은 민중들에 의해 온갖 압제와 폭정을 자행했던 절대왕정이 무너졌음을 상징한다. 이런 상징적 의미로 인해 7월 14일은 대혁명의 시원적 사건으로 신화화되어 오늘에 이르고 있는 것이다.

찾아보기

| ㄱ |

게랭 184, 247
고전주의 293, 294
공교육위원회 126, 127, 155, 231, 233, 304, 306
공안위원회 37, 150, 156, 231, 233, 234, 306
공포정치 248, 249, 250
공화력 162, 167, 170, 171, 175, 225, 226, 250, 268
광인의 축제 206, 214
93년 헌법 125
95년 헌법 168
국민공회 35, 36, 231, 274
국민방위대 33, 35, 50, 52, 53, 63, 69~71, 73, 74, 76, 79, 80, 87, 93, 100~102, 126, 127, 137, 193
국민정원 236, 237, 240
그레고리력 162, 165, 167~169, 170, 171, 175
그레구아르 사제 280, 282

기요틴 133, 147, 220, 257, 272

| ㄴ |

나이별 축제 242, 243, 279, 283, 288~291
나폴레옹 296
노인의 축제 283, 284, 286, 289
뇌프샤토 58, 195, 297
뉘네츠, F. 64

| ㄷ |

다비드, L. 91, 92, 126, 127, 131, 132, 137, 139, 142~151, 156, 191~193, 195, 206, 231, 242~245, 250, 251, 264~266, 268, 269, 271, 275, 294, 297
당통 37, 157
대공포 38, 39, 41, 42, 49, 70, 79, 262
데르부아, 콜로 154, 180, 288
데물랭, 카미유 85, 113, 114

도덕적 축제 169, 275, 284, 285, 289

|ㄹ|

「라 마르세예즈」 33, 34, 126, 216, 234, 235, 241, 288, 312
「라인 주둔군을 위한 군가」 34
라카날 124, 161
라파예트 30, 32, 69, 71, 74, 84
랑베르 88
레클레르크 156, 288
로베르, F. 114, 115, 117
로베스피에르 37, 38, 113, 116, 145, 146, 153~157, 161, 184, 226~229, 232, 242, 244, 247~250, 297, 305, 306
롬 168~170
루, 자크 36, 154, 156
루소 56, 58, 100, 177, 182, 188, 225, 269, 281, 303
루이15세 광장 74, 87, 105, 112, 256, 257
루이 16세 28, 31, 32, 71, 74, 80, 105, 111, 197, 210, 256, 275, 276, 285
루제 드 릴르 34
르펠르티에 188, 190, 191, 193, 195, 264, 265, 294

|ㅁ|

마라, J. P. 95, 153~156, 188, 190~195
마티에, A. 116, 247, 294, 310, 312, 313, 315
메르시에, L. S. 32, 197~200
문자주의 266, 267
미라보 93, 96, 161, 164, 188, 189
미슐레, J. 28, 31, 32, 85, 157, 310~312
민중축제 107, 108, 154, 178, 181, 195, 201, 205~210, 212, 214, 219, 221, 225, 250, 310
민중협회 94, 96, 97, 112, 114~117, 127, 155, 161, 163, 164, 176, 179, 181, 184, 188, 191, 195, 207, 212, 214, 304

|ㅂ|

바레르 199, 282
바렌, 비요 37, 294
바렌느 도주 사건 112~116, 124
바를레 156
바스티유 28, 38, 52, 70, 71, 77, 79, 83, 84, 101, 102, 104, 105, 112, 124, 126, 128~131, 134, 139~143, 147, 151, 169, 203, 257, 258, 272, 276, 277
바조슈의 왕 198, 200

바흐친 39, 212
반달리즘 125, 296
반축제 32, 197, 200
방데 반란 35
방토즈의 위기 179
배우자의 축제 283, 286, 289
베르샤유 28, 30, 38, 198
보벨, M. 39, 219, 314
볼테르 96, 100, 164, 177, 188, 189, 225, 295
부이에 94, 95, 101
브레스트 시 96, 101, 102, 107
비기독교화 운동 161~164, 167, 170, 175, 176, 178, 184, 190, 205, 207, 213, 262

| ㅅ |

「사 이라」 32, 67, 102, 105~108
삼색 휘장 28, 50, 74, 262
상퀼로트 33, 35, 82, 153, 155, 163, 169, 176, 178, 179, 184, 185, 195, 198, 200, 209, 214, 216, 225, 227, 228
샤리바리 204, 208~210
샤이오 언덕 69
샤토비유 축제 91~93, 95, 96, 99, 105~112, 115, 117~120, 145, 256, 272, 295, 306
샬리에 190

샹 드 마르스 32, 50, 55, 57~67, 70, 73, 74, 76~82, 84~86, 91, 99, 105, 107, 112, 116, 126, 134~136, 139, 140, 143, 151, 234, 235, 238, 239, 241, 242, 244, 257, 258, 300
성인숭배의식 193, 194, 232
「세부계획서」 234, 235, 242
셰니에, M. -J. 181, 182, 234, 235, 241, 295
소불, A. 193~195, 314
손수레의 기적 64, 67
손수레의 날들 55, 61, 64, 65, 69, 70, 85, 87
쇼메트 37, 38, 157, 176, 190, 233
승리의 광장 256, 257
시모노 축제 91, 92, 109~112, 115
십일제 162, 167, 169, 172, 175, 176, 206, 220, 225, 226, 230, 250

| ㅇ |

아스만, A. 251, 308, 309
앙라제파 36, 153, 156
앙투와네트, 마리 210, 214
앵발리드 112, 126, 134, 135, 139, 140, 143, 145, 149, 150, 239, 242, 300
에롤 드 세셸 125, 129, 130, 133~137, 143~145, 151, 157

에베르 37, 157, 179
연맹적 축제 50~52
연맹제 33, 49, 50, 52, 53, 55, 56, 58, 60~62, 65, 69, 71, 73, 75~80, 82~88, 93, 120, 126, 255, 258, 284
오월수 41, 42, 44, 45, 49, 50, 204, 279, 282, 283
오주프, M. 92, 93, 194, 217, 314, 315
올라르, F. A. 91, 92, 247, 310~314
왕의 처형 기념일 206, 214, 275, 285
이성의 여신 177, 178, 184
이성의 축제 145, 161, 175, 177~184, 227, 228, 231, 242, 243
인공 산 58, 234~236, 240, 242, 244, 245, 260, 272
인권선언 28, 38, 71, 77, 100, 106
입헌군주파 32, 94, 95, 99, 110

| ㅈ |

자유와 예술의 축제 258, 295, 298~301
자유의 나무 41, 45, 46, 58, 119, 182, 260, 271, 279, 280~283
자유의 순교자를 위한 예배 187, 189, 193~195, 206
자유의 여성 93, 120, 133~135, 145, 148, 216

자코뱅파 92, 150~154, 156, 179, 191, 200, 220, 251
조국 대순례 55, 70, 71, 85, 87
조국의 제단 32, 58~60, 62, 63, 69, 79, 107, 134, 136, 286, 287
지라르, 르네 221
지롱드파 32, 35, 36, 127, 129, 135, 139, 149, 151, 156, 164, 190, 197, 201, 210, 251

| ㅊ |

청년의 축제 283, 284, 287~289
총재정부 168, 250, 251, 258, 285, 297, 306
최고 존재의 축제 145, 206, 225, 226, 227, 228, 231~235, 240, 242, 243, 247~250, 274, 295, 306, 311

| ㅋ |

카니발 관행 175, 178~180, 182, 184, 203~207, 212, 243
카니발 축제 107, 178
카루셀 광장 146, 147
카르마뇰 춤 182, 214
카바니, G 161, 162, 305
캉 259, 260, 262
켕시 91, 92, 110, 271, 297
코르데, 샤를로트 154, 190

코르들리에 클럽 32, 38, 97, 116, 117, 154, 157, 179, 190, 191, 193
쿠통 36, 125
클로츠, A. 157, 176, 233

| ㅌ |

텐느, H. 86
통합의 닫집 237
투앵, A. 280, 297
툴롱 탈환 기념일 206
튈르리 궁 31, 33, 35, 105, 111, 117, 124, 139, 146, 151, 169, 198, 256

| ㅍ |

파랑돌 춤 39, 207, 250, 310
파리 코뮌 38, 52, 73, 126, 127, 155, 157, 178, 225, 234
「파리의 혁명」 61, 92, 106, 108
팔레 루아얄 광장 28, 204, 256
8월 10일의 축제 123, 125, 126, 128, 129, 137, 139, 142, 143, 146, 149~153, 155~157, 164, 179, 273, 295, 306, 311
팡테옹 안치식 96, 108, 164, 187~189, 295
페이앙 225, 227, 228

페이앙파 92, 94, 214
퐁 투르낭 237, 239, 256
푸아소니에르 거리 126, 133, 134, 139, 140, 144
풀콩 83
「플로레알 18일의 보고서」 226, 228, 234, 248

| ㅎ |

헌트, L. 120, 314, 315
헤라클레스 상 135, 149, 150, 191, 265, 266
혁명 광장 126, 133, 134, 139, 140, 142, 143, 145~148, 155, 256~258
혁명 기념제 273, 276, 277
혁명 엘리트 142, 146, 147, 161, 168, 179, 182, 183, 255~257, 259, 263, 264, 266~275, 277, 279~281, 290, 291, 293, 294
혁명적 날들 27, 32, 37~39, 41, 49, 200, 204, 255, 311
혁명정부 179, 180, 188, 206, 216, 221, 222, 225, 248, 250, 267, 277, 283, 290, 291, 304
홀바흐 267

지은이 윤선자는 고려대학교 사학과를 졸업하고 같은 학교에서 석사와 박사학위를 받았다. 박사학위 논문인 「프랑스 대혁명기(1789~99)의 민중축제와 엘리트 축제에 관한 연구」를 비롯하여 「근대 초 도시에서의 샤리바리 의례의 진화와 교회의 비난」 「샤토비유 축제의 공화주의적 성격(1792)」 등 유럽 축제 문화에 관한 다수의 논문을 발표하였다. 논문 발표의 이력에서 보이는 유럽 축제에 대한 그의 특별한 관심은 최근까지 이어져 지금은 전근대 사회의 샤리바리와 군주의 입성식을 비롯해 19세기 정치적 축제(기념제) 등을 연구 중이다. 현재 고려대학교 역사연구소 연구교수로 재직 중이며, 고려대·순천향대·충북대 등에서 서양의 문화와 역사를 가르치고 있다. 저서로는 한길사에서 펴낸 『축제의 문화사』와 『이야기 프랑스사』(청아출판사, 2005)가 있다.